Zeitgeschichte

DAS BUCH:

Jahrelang hat Bonn der Öffentlichkeit eine Untersuchung über die Vertreibungsverbrechen vorenthalten, die die Bundesregierung 1969 in Auftrag gegeben hatte. Diese Dokumentation wird hier zum ersten Mal in kommentierter Form veröffentlicht.
Den Leser erwartet eine umfassende Bilanz, erschütternde Originaldokumente und eine gründliche Untersuchung der historischen und psychologischen Hintergründe jenes ungeheuerlichen Geschehens, das fast 3 Millionen Menschenleben gekostet hat. Ausschließlich am Gedanken der Menschenwürde orientiert und ohne auf tagespolitische Opportunitäten zu schielen, verfolgt der Autor dann die Debatte um die Vertreibungsverbrechen von der historischen Kollektivschuld-Theorie bis in die Gegenwart. Über sein eigentliches Thema hinaus schildert das Buch auch den Leidensweg von Juden, Russen und anderen Osteuropäern und wird so zu einem eigenständigen Beitrag zur Konflikt- und Friedensforschung.

DER AUTOR:

Heinz Nawratil ist bayerischer Jurist sudetendeutscher Abstammung. 1965 wurde er ausgezeichnet mit dem Förderpreis der »Stiftung der Deutschen Gemeinden und Gemeindeverbände zur Förderung der Kommunalwissenschaften«. Er ist Autor juristischer Taschenbuch-Bestseller und Mitarbeiter an einer Einführung in die Sozialpsychologie. Geschichte, Psychologie und Rechtsphilosophie sind seit Jahren seine bevorzugten Studiengebiete.

Heinz Nawratil

Vertreibungsverbrechen an Deutschen

Tatbestand · Motive · Bewältigung

Zeitgeschichte

Zeitgeschichte
Ullstein Buch Nr. 33084
im Verlag Ullstein GmbH,
Frankfurt/M – Berlin

Um den Bildteil gekürzte Ausgabe;
Reprint der 4. überarb. Auflage 1986

Umschlagentwurf:
Rita Nicolay

Mit freundlicher Genehmigung
des Universitas Verlages, München

Printed in Germany 1987
Druck und Verarbeitung:
Clausen & Bosse, Leck

ISBN 3 548 33084 3

November 1987

CIP-Kurztitelaufnahme
der Deutschen Bibliothek

Nawratil, Heinz:
Vertreibungsverbrechen an Deutschen:
Tatbestand, Motive, Bewältigung/Heinz
Nawratil. – Um d. Bildteil gekürzte Ausg.,
Reprint d. 4., überarb. Aufl. 1986. –
Frankfurt/M; Berlin: Ullstein, 1987. –
(Ullstein-Buch; Nr. 33084:
Zeitgeschichte)
ISBN 3-548-33084-3

NE: GT

Inhalt

Meine Lebensaufgabe habe ich darin gesehen, eine Wiederholung der Schrecken zu verhindern. Denn Hitler und Stalin sind heute noch am Leben, aber vielleicht nicht mehr in denselben Ländern.

(Simon Wiesenthal, Leiter des Jüdischen Dokumentationszentrums in Wien)

* * *

Was die Welt braucht, ist bestimmt nicht die Idee, die einen aus den Konzentrationslagern herauszuholen und dafür die anderen hineinzustecken, sondern die Konzentrationslager selbst müssen abgeschafft werden.

(Robert H. Jackson, amerikanischer Chefankläger beim Internationalen Militärtribunal von Nürnberg)

Vorwort

Es ist nicht Berechnung, sondern unbeeinflußter Zufall, daß dieses Buch in einem Zeitpunkt erscheint, in dem infolge des Zerfalls der sozial-liberalen Regierungskoalition sich eine politische Wende in der Bundesrepublik abzuzeichnen beginnt. Als Offenlegung geschichtlicher Tatsachen hat es nichts mit Politik zu tun, mag eine neue Regierung auch vielleicht die (außen-)politische Angemessenheit einer solchen Publikation positiver beurteilen, als es die alte (noch auf Abruf amtierende) Regierung in ihrer Sorge um eine heile Entspannungspolitik getan hätte. Geschichtliche Wahrheit ist nicht teilbar: Verbrechen gegen die Menschlichkeit, zumal solche, die den Umfang und das Gewicht eines Völkermordes annehmen, bleiben Verbrechen, gleichviel, von wem sie begangen werden und wer die Verantwortung dafür zu tragen hat. Es geht nicht an, die marxistisch-leninistische Unterscheidung zwischen »gerechten« und »ungerechten« Kriegen auf die im Krieg, bei Kriegsende und nach dem Krieg an der Zivilbevölkerung begangenen Verbrechen zu übertragen und je nach der Zuordnung der Tätergruppe zu einem »sozialistischen« oder »imperialistischen« Regime zwischen verdammenswerten und entschuldbaren Menschenrechtsverletzungen zu differenzieren.

Die jüngste Vergangenheit und die Gegenwart sind voll von Beispielen dafür, daß auch in unserer hochentwickelten Zivilisation unter bestimmten politischen und gesellschaftlichen Verhältnissen Menschen *jedweder* Herkunft, Rasse und Nationalität zu Untaten fähig sind, die sie unter normalen Verhältnissen nie begehen würden. Man denke nur an die Völkermorde in Kambodscha und Afghanistan und an die Massaker im Libanon, zuletzt in den Palästinenserlagern Sabra und Schatila in West-Beirut. Mit dem Sinnspruch »Lupus est homo homini« (Ein Wolf ist der Mensch dem Menschen) hat der römische Komödiendichter Plautus Titus Macchius im 3. Jahrhundert vor Christus nicht den Menschen eines bestimmten Volkes, einer bestimmten Rasse oder eine bestimmten Klasse, sondern den Menschen schlechthin charakterisieren wollen; freilich zu Unrecht, denn es gibt nicht nur den »Wolf«, sondern auch den »Engel« im Menschen, wofür gerade auch der Verfasser dieses Buches Beispiele bringt.

Vor Jahren stellte ich in Jerusalem einem angesehenen jüdischen Juristen und Publizisten die Frage, ob er glaube, daß zu der Massenvernichtung der Juden im »Dritten Reich« nur Deutsche fähig gewesen seien, oder ob er es für denkbar halte, daß Gleiches unter der Zwangsherrschaft eines »Hitler« und den dadurch geschaffenen politischen und massenpsychologischen Bedingungen auch in anderen Ländern hätte geschehen können. Nach kurzer Besinnung bejahte der Gefragte das letztere. Gleichwohl mag man es hinnehmen und sogar als Gebot der Gerechtigkeit ansehen, daß das deutsche Volk wegen der im »Dritten Reich« von Deutschen an Juden, Angehörigen anderer Minderheiten und politischen und weltanschaulichen Gegnern begangenen Massenmorde auch nach fast vier Jahrzehnten immer und immer wieder auf die Anklagebank gesetzt und verurteilt wird. Schwer verständlich und durch nichts zu rechtfertigen ist es aber, daß die im Krieg und vor allem bei Kriegsende und nach dem Krieg von fremden Truppen, Widerstandskämpfern und fanatisiertem Mob an Millionen von Deutschen verübten Morde und sonstigen Gewaltverbrechen auch heute noch totgeschwiegen, geleugnet oder mit dem Hinweis entschuldigt werden, daß »die Deutschen« es angesichts der auf ihnen lastenden Blutschuld nicht anders verdient hätten.

Das vorliegende Buch unternimmt den Versuch, dieses Schweigen aufzubrechen, das Leugnen zu widerlegen und das Entschuldigen zu entkräftigen. Es stellt dem Leser das unendlich leidvolle, menschenvernichtende Geschehen im Gefolge des deutschen militärischen Zusammenbruchs, des Eindringens sowjetrussischer Truppen in deutsche Lande und der Zwangsaussiedlung großer Bevölkerungsteile vor Augen.

Der Verfasser tut dies in Form einer »Tatbestand« überschriebenen Dokumentation der unter dem Sammelbegriff »Vertreibungsverbrechen« zusammengefaßten Morde, Verstümmelungen, Vergewaltigungen, Verschleppungen und Vertreibungen von Deutschen Männern, Frauen, Kindern, Greisen und Krankenhausinsassen, wobei er jeweils ein besonderes Kapitel den von sowjetischen Truppen, polnischer Miliz, tschechischen »Widerstandskämpfern« und jugoslawischen Partisanen begangenen Verbrechen widmet. Er tut dies in betont sachlicher Weise, führt für seine Behauptungen eine Vielzahl von Quellen und Belegen an und versäumt es auch nicht, Gesten der Hilfsbereitschaft zu erwähnen, die den Flüchtlingen da und dort aus der polnischen, tschechischen und jugoslawischen Bevölkerung zuteil geworden sind.
In einem II. Teil des Buches untersucht der Verfasser die Hintergründe und Motive der an Deutschen begangenen Massenverbrechen. Eine gemeinsame Wurzel sieht er in einem pauschalen Haß gegen alles Deutsche und alle Deutschen. Daneben zeigt er die unterschiedlichen historischen Entwicklungen, Sachinteressen und politischen und militärischen Ziele auf, die Tschechen, Sowjetrussen, Polen und Jugoslawen zu ihren Untaten motiviert haben. Aus seinen Analysen ist folgendes aufschlußreich:
1. Opfer der »Vertreibungsverbrechen« waren nicht nur NS-Funktionäre, PG.s und ihre Sympathisanten, sondern die Deutschen schlechthin, weil man sie mit den Nazis identifizierte und zu Untermenschen bzw. Nicht-Menschen (non human beings) abqualifizierte, wie etwa Ilja Ehrenburg. Damit erklärte man sie in ähnlicher Weise für vogelfrei, wie dies die Nazis hinsichtlich der Juden getan hatten.
2. Bei der Verbrechenshäufung handelte es sich nicht um das zufällige Ineinanderlaufen unzähliger Einzelaktionen blindwütig gewordener Soldaten oder Zivilisten, sondern um ein von führenden Kreisen der UdSSR und der anderen sozialistischen Staaten – mit Billigung der USA und Großbritanniens – »wohlvorbereitetes System zur Dezimierung und Vertreibung der Deutschen« aus den Ostgebieten, um »eine neuartige Form staatlich gelenkter Liquidationspolitik« (Zitat des Autors aus Jürgen Thorwald: Die große Flucht, München/Zürich 1979, S.

91), um die gewollte Folge der von höchsten Stellen ausgegebenen Appelle an Haß, Rachsucht und Tötungsinstinkte.

Es ist vorauszusehen, daß das Buch auf Widerspruch stoßen, Dementis auslösen und vielleicht sogar Anfeindungen des Autors zur Folge haben wird. Und es wird heißen, daß die Deutschen als ewig Gestrige mit solchen Publikationen eigene Kriegs- und Blutschuld gegen angebliche Verbrechen ihrer ehemaligen Gegner aufrechnen wollen. Dafür bietet das Buch keinerlei Anhalt. Der Verfasser will auch keine Haß- und Vergeltungsgefühle wecken. Es geht ihm nur darum, daß schwerste Menschenrechtsverletzungen nicht deshalb dem Blickfeld der Öffentlichkeit entzogen werden, weil die Verantwortung für sie nicht dem deutschen Volk und seiner verbrecherischen NS-Führung, sondern anderen Völkern und Regimen anzulasten ist. Sehr zu Recht stellt der englische Philosoph Bertrand Russel die Frage, ob Massenvertreibungen nur dann Verbrechen seien, wenn sie »von unseren Feinden während des Krieges vorgenommen werden«, dagegen gerechte Mittel für die gesellschaftliche Neuordnung, wenn »unsere Verbündeten sie in Friedenszeiten durchführen« (vom Verfasser zitiert aus Yves Brancion: Die Oder-Neiße-Linie, Stuttgart 1969 S. 91). Eine schonungslose Offenlegung finsterster Kapitel der Menschheitsgeschichte ohne Rücksicht auf die Nationalität der für diese Tragödien Verantwortlichen ist ein Gebot der Wahrheit und der Gerechtigkeit; sie allein kann Grundlage gegenseitigen Verzeihens und echter Verständigung sein. Man kann nicht, wie es in Nürnberg geschehen ist, Deutsche durch die Repräsentanten von Mächten aburteilen lassen, die selbst gleiche Verbrechen angeordnet oder geduldet haben, wie sie dem deutschen Volke vorgeworfen werden.

Es verstieße gegen seine Würde und sein Selbstverständnis, wenn sich das deutsche Volk widerspruchslos auf Generationen hinaus mit der ihm zugedachten Büßerrolle abfinden und zu all dem schweigen würde, was ihm von den Siegern an Furchtbarem angetan worden ist. Eine Besinnung hierauf – fernab von Rache- und Vergeltungsgefühlen – schulden wir Deutschen auch den Millionen der unschuldigen Opfer der Vertreibungsverbrechen, die stellvertretend für das ganze Volk Unsägliches erduldet haben. Mit Recht beklagt der Autor, daß ihnen weder

Denkmäler errichtet sind noch ein Gedenktag gewidmet ist. Der tschechische Staatspräsident Eduard Benesch soll die Vernichtung der sudetendeutschen Volksgruppe nach dem Krieg mit den Worten begründet haben: »Unsere Deutschen... haben den Staat verraten, die Demokratie verraten, uns verraten, die Menschlichkeit verraten und die Menschheit verraten« (Brügel, Tschechen und Deutsche 1939–1946, München 1974 S. 163). In Abwandlung dieser Anklage kann man die von sowjetrussischen Soldaten, von Polen, Tschechen und Jugoslawen gegenüber Deutschen begangenen Vertreibungsverbrechen mit dem Satz überschreiben: Die Initiatoren und Täter dieser Verbrechen haben die Menschlichkeit und die Menschheit verraten.
Das muß vor der Geschichte klargestellt werden.

Ludwig MARTIN, *Generalbundesanwalt a.D., Ehrenvorsitzender der Internationalen Gesellschaft für Menschenrechte e.V.*

Vorbemerkungen

1. Warum dieses Buch geschrieben wurde

Die Idee zu einem Buch kommt selten über Nacht. Auch bei dem vorliegenden waren mehrere Anstöße nötig. Der spektakulärste davon hört sich so an:

Im Konzentrationslager Theresienstadt in Böhmen starb auch ein deutsch-slowakischer Jude namens Müller. Er starb einen ganz »gewöhnlichen« Lagertod; Hunger, mangelhafte medizinische Versorgung und ständige Mißhandlungen waren die Ursachen. Das Ungewöhnliche an diesem Fall ist nur: es war kein Lager der deutschen Nationalsozialisten, sondern eines der tschechischen Nationalisten, und man schrieb Ende 1945.[1]

Als ich diese Geschichte zum ersten Mal las, war meine spontane Reaktion ungläubiges Staunen. Dann versuchte ich genauere Informationen aufzutreiben – und fand sie reichlich. Bei meinen Recherchen kamen noch weitere Fälle deutscher Juden in tschechischen Lagern zum Vorschein, außerdem Prager Ministerialerlasse, die Juden für »national unzuverlässig« erklärten, wenn sie vor dem Krieg die Interessen der deutschen Minderheit auf irgendeine Weise gefördert hatten, und ich lernte auch Landsleute Müllers kennen, mit denen ich über das Unglaubliche sprechen konnte.

Ich begann mich eingehend damit zu beschäftigen, was nach dem Krieg hinter Oder, Neiße und Böhmerwald geschehen war, und stieß dabei nicht nur auf die größte Völkervertreibung der Weltgeschichte, sondern auch auf eine Millionenzahl von Toten. Ich studierte Zahlen und Fakten und mußte bald feststellen, daß sie schon seit längerer Zeit vorliegen, ermittelt von wissenschaftlichen Kommissionen, in amtlichem Auftrag, in jahrelanger Kleinarbeit. Es handelt sich dabei vor allem um die Untersuchung des Statistischen Bundesamts über die deutschen Vertreibungsverluste, die Dokumentation des früheren Bundesvertriebenenministeriums und die Ostdokumentensammlung des Bundesarchivs, insbesondere die zusammenfassende Dokumentation des Bundesarchivs über die Vertreibungsverbrechen. Wieder großes Erstaunen: Die Vertreibungsverbrechen gehören zu den bestdokumentierten, aber am schlechtesten publizierten Massenverbrechen der Geschichte.

Der Fall Müller hat mich lange beschäftigt. In diesem einen Schicksal konzentrieren sich, so schien es mir, Elend und Verwirrung eines ganzen Jahrhunderts. Immer neue Fragen stellten sich ein. Im Zusammenhang mit Kriegs- und Nachkriegsereignissen wird oft von Schuld und Sühne gesprochen. Wenn die Deutschen Schuld auf sich geladen haben, waren dann die Mißhandlungen ungerecht, die Müller vor 1945 als deutscher Jude erdulden mußte, und diejenigen gerecht, die ihn nach dem Krieg als jüdischen Deutschen trafen? Ist der Mensch teilbar? Und, wichtiger noch: Ist die Menschlichkeit teilbar? Warum hört man so wenig von den Vertreibungsmorden? Waren sie Verbrechen, sollte man sie dann nicht öffentlich anprangern? Waren sie ein Gericht Gottes, müßte man sie dann nicht erst recht publik machen, als warnendes Beispiel? – Wie konnte es dazu kommen? Wer waren die Opfer? Wer waren die Täter, was ihre Motive? Können sich solche Ereignisse wiederholen? – Das vorliegende Buch versucht diesen Fragen nachzugehen.

Die Lektüre ist nicht immer angenehm. Die Schrecken der Vergangenheit werden wieder Gegenwart – um der Zukunft willen. Tief verwurzelte Klischeevorstellungen verflüchtigen sich im Licht nüchterner Psychoanalyse oder verschwinden einfach unter einem Berg historischen Dokumentenmaterials, die Vorstellung von den Vertreibungsverbrechen als spontanen Racheakten ebenso wie die von den halbasiatischen Russen, die immer schon mordlüstern und frauenschänderisch durch die Lande zogen. Die früher heiß diskutierte Kollektivschuld-Theorie und andere ausgestandene Probleme der Kriegs- und Nachkriegszeit werden untersucht, und nicht selten erweist sich, daß sie so ausgestanden doch nicht sind. Verdrängtes wird wieder bewußt, manchmal erschreckend, manchmal tröstlich. Kurzum, dieses Buch ist keine bequeme Lektüre, wohl aber eine notwendige; es wendet sich auch nicht an den bequemen Bürger, sondern an den mündigen.

2. Reden oder schweigen

An den Biertischen unseres Landes ist oft zu hören, man solle doch endlich die Vergangenheit auf sich beruhen lassen. Meinungsumfragen bestätigen den Eindruck[1].

Ich habe diese Ansicht nie geteilt; immer mußte ich an eine beiläufige Äußerung Hitlers denken: »Wer redet heute noch von der Vernichtung der Armenier?«[2] Diese Überlegung hat den Diktator vermutlich in seinen Völkermordplänen bestärkt. Man erinnert sich: In den Jahren zwischen 1915 und 1918 wurde im türkischen Reich das armenische Volk ausgerottet. 1,5–2 Millionen Menschen starben damals auf denkbar grausame Weise, von der Weltöffentlichkeit kaum beachtet[3]. Der Dichter Franz Werfel, als deutscher Jude in Prag geboren und damit doppelt sensibilisiert für die Vorboten künftigen Unheils, hat den Armeniern in seinem Roman »Die vierzig Tage des Musa Dagh« ein würdiges Denkmal gesetzt. Im übrigen ist dieser erste planmäßige Völkermord des 20. Jahrhunderts so gut wie vergessen. Der Menschheit wäre vielleicht vieles erspart geblieben, hätte sie ein besseres Gedächtnis gehabt.

In dem Periodikum »Kursbuch« wurde im Oktober 1979 in Nr. 57 eine Diskussion führender deutscher Linkssozialisten abgedruckt. Es ging um ihr Eintreten für die kommunistische Machtübernahme in ganz Indochina, obwohl schon seinerzeit die Greueltaten der Vietcong in Südvietnam und die antikommunistischen Bauernaufstände in Nordvietnam durchaus bekannt waren und von den Diskussionsteilnehmern zugegeben wurden. Einer von ihnen – Dietrich Wetzel – meinte[4]: »Tatsächlich, da wurde ausgeblendet. Aber wenn ich mich richtig erinnere, dann hat – jedenfalls in meinem Kopf, und ich könnte mir vorstellen, bei vielen anderen auch – eine bestimmte Erfahrung da eine Rolle gespielt, eine spezifisch deutsche Erfahrung. In Deutschland ist ja nicht verborgen geblieben, daß z. B. die Rote Armee beim Einmarsch ins Großdeutsche Reich ihrerseits eine ganze Reihe von Greueltaten begangen hat. Deshalb gehörte zu den Anfängen meines politischen Denkens dieser Satz aus dem Alten Testament: ›Wer Wind säet, wird Sturm ernten‹. Die Faschisten haben angefangen, und die Rote Armee hat, angesichts dieser 20 Millionen[5] Opfer in der Sowjetunion, verständlicherweise auch Rache genommen. Es geht also darum, sich gegen den zu wehren, der derartige Eskalationen verursacht. Das waren für uns in diesem Fall eindeutig die Amerikaner. Und das hat eine Rechtfertigung in Gang gesetzt, die dieses alte Muster benutzt hat.«

Das Ergebnis ist bekannt. In Kambodscha z. B. hat nur etwa die Hälfte der Bevölkerung die Herrschaft der Roten Khmer und der vietnamesischen Kommunisten überlebt[6].

Die Reihe der historischen Muster und Vorbilder für neue Verbrechen ließe sich beliebig fortsetzen[7]. Jeder Generation stellt sich von neuem die Frage, die der Religionsphilosoph Romano Guardini 1952 so formuliert hat: »Wie können wir das Geschehene aufarbeiten, damit es nicht wie ein inneres Gift weiterwirke und zum Schema des Kommenden werde?«

Es gibt aber noch andere Argumente gegen das bequeme Schweigen.

a) Elie Wiesel schreibt in seinem Essay »Die Massenvernichtung als literarische Inspiration«[8]: »Erst hat der Feind die Juden getötet, dann ließ er sie in Rauch und Asche aufgehen. So wurde jeder Jude zweimal umgebracht... Heute versucht man die Opfer ein drittes Mal zu töten, indem man sie ihrer Vergangenheit beraubt. Daher meine tiefste Überzeugung: Jeder, der sich nicht aktiv und ständig mit der Erinnerung beschäftigt und andere mahnt, ist ein Helfershelfer des Mordens.«

In der Tat wäre das Vergessen ein nachträglicher Triumph der Mörder.

b) Auf der gleichen Linie liegt die Argumentation des Bundesgerichtshofs in seinem Grundsatzurteil zur Leugnung eines Völkermords[9]. Über die rassisch Verfolgten wird dort ausgeführt: »Es gehört zu ihrem personalen Selbstverständnis, als zugehörig zu einer durch das Schicksal herausgehobenen Personengruppe begriffen zu werden, der gegenüber eine besondere moralische Verantwortlichkeit aller anderen besteht, und das Teil ihrer Würde ist. Die Achtung dieses Selbstverständnisses ist für jeden von ihnen geradezu eine der Garantien gegen eine Wiederholung solcher Diskriminierung und eine Grundbedingung für ihr Leben in der Bundesrepublik. Wer jene Vorgänge zu leugnen versucht, spricht jedem einzelnen von ihnen diese persönliche Geltung ab, auf die sie Anspruch haben. Für den Betroffenen bedeutet das die Fortsetzung der Diskriminierung der Menschengruppe, der er zugehört, und mit ihr unmittelbar seiner eigenen Person.«

Wer die Morde an Juden leugnet, beleidigt jeden von ihnen. Es fordert also auch der Respekt vor den Opfern von Massenverbrechen, die Wahrheit nicht zu leugnen oder zu unterdrücken.

c) Im jugoslawischen KZ Gakovo notierte der Kaplan Matthias Johler am 9. Februar 1946 in seinem Tagebuch, nachdem er wenige Tage vorher den 4500. Todesfall registriert hatte: »Was man schon längere Zeit befürchtet, ist zur Wirklichkeit geworden: Die Grabkreuze werden von den Gräbern gerissen und zum Brennholz geworfen; die Grabhügel aber werden der Erde gleichgemacht. Wie bei Verbrechern! Wohl hat noch nichts so tief unsere Leute erschüttert wie diese Verordnung.«[10]

Dieses Buch möchte dazu beitragen, die Grabkreuze wieder aufzurichten und den Toten endlich die verdiente letzte Ehre zu erweisen. Wenn es wahr ist, daß alle Menschen gleich sind, gleich an Wert und Würde, dann hat jede verfolgte Gruppe einen uneingeschränkten Anspruch auf Würdigung ihrer Opfer, auch und gerade in publizistischer Hinsicht.

d) Der Engländer Northcote C. Parkinson, seit 1958 bekannt durch seine »Parkinsonschen Gesetze« zum Thema Bürokratie, hat sich in letzter Zeit auch mit Kommunikationsproblemen befaßt. Er stellte dabei folgendes fest[11]: »Das wäre dann also Parkinsons neuestes und womöglich letztes Gesetz, welches da lautet: Ein Vakuum, geschaffen durch fehlende Kommunikation, füllt sich in kürzester Zeit mit falscher Darstellung, Gerücht, Geschwätz und Gift.«

Wer im In- oder Ausland auf die Vertreibungsverbrechen zu sprechen kommt, wird Parkinsons Gesetz bald bestätigt finden. Soweit das Problem als solches überhaupt bekannt ist, füllt sich das Vakuum mit der wiedererstandenen Kollektivschuld-Theorie oder Geschichtsklitterung östlicher Provenienz, und nicht selten nutzen rechtsradikale Grüppchen das publizistische Niemandsland für ihre Agitation.

e) Wollte ein übereifriger Antikommunist fordern, die Verbrechen des Nationalsozialismus in Zukunft totzuschweigen, um nicht von den Untaten des Kommunismus abzulenken oder diese zu relativieren, man würde ihn zu Recht auslachen. Nicht weniger lächerlich wirken die umgekehrten Befürchtungen, durch eine redliche intellektuelle Auseinandersetzung mit den Vertreibungsverbrechen könnten die NS-Verbrechen verharmlost oder gegen östliche Verbre-

chen aufgerechnet werden. Sowohl die Überängstlichen als auch die Unbelehrbaren müssen sich sagen lassen, daß die Untaten des Nationalsozialismus von einer solchen Beschaffenheit waren, daß es weder nötig noch möglich ist, sie durch Verschweigen anderer Menschenrechtsverletzungen noch furchtbarer zu machen.
Schon in den Nürnberger Kriegsverbrecher-Prozessen mußte Lordrichter Lawrence den unqualifizierten Versuch der Verteidigung zurückweisen, die Angeklagten durch Erwähnung alliierter Völker- oder Menschenrechtsverletzungen zu entlasten. Aufrechnen kann man mit Geld, nicht mit Menschenleben. Dieser Satz gilt allerdings nach 1945 ebenso wie vor 1945; ein Kindermord bei der Vertreibung ist nicht deswegen weniger schrecklich, weil auch Hitler Kinder ermorden ließ. Aufrechnungsversuche gewinnen nicht an Überzeugungskraft durch den Hinweis, die eine Seite habe ihre Untaten zuerst, die andere erst danach begangen. Man sollte nicht vergessen, daß auch die Nazis ihre wahren Ziele und Methoden im »Ostraum« hinter der Maske eines Rächers zu verbergen suchten. Z. B. versprach Hitlers Erlaß vom 14. Mai 1941 Straffreiheit für Vergehen »aus Erbitterung« über die – zweifellos vorher begangenen – Greueltaten des sowjetischen Systems. Ähnliche Gedankengänge finden sich in dem berüchtigten Kommissarbefehl und in Tagesbefehlen fanatischer Nazigeneräle wie Walther von Reichenau (der deutsche Soldat als »Rächer für alle Bestialitäten«). Ebenso wie der Taschenspielertrick der Aufrechnung ist auch das Aktion-Reaktion-Spiel ein fragwürdiges Spiel; beide entspringen einem zutiefst inhumanen Denken.
f) Gemäß § 66 der Strafprozeßordnung spricht der Vorsitzende bei der Vereidigung zum Zeugen: »Sie schwören, daß Sie nach bestem Wissen die reine Wahrheit gesagt und nichts verschwiegen haben.« Wenn der Zeuge etwas verschweigt, macht er sich des Meineids schuldig. Sieht man im Historiker den redlichen Zeugen der Zeitgeschichte, dann müssen für ihn gleiche Gesetze gelten, auch wenn keine Strafdrohung über ihm schwebt. Eine Geschichtsschreibung, die ohne Abstriche an der Wahrheit nicht glaubt auskommen zu können, richtet sich selbst.

3. Hinweise für den Leser

Allein die Ostdokumentensammlung des Bundesarchivs in Koblenz umfaßt nach einer Schätzung mehr als 13 Millionen Seiten[1] mit Berichten und anderen Dokumenten zum Thema Vertreibung. Hieraus die typischen Geschehensabläufe zu rekonstruieren, war die Aufgabe der »Dokumentation der Vertreibungsverbrechen«. Sie liegt seit 1974 vor und wurde in ihren wesentlichen Teilen von privater Seite veröffentlicht[2]. An ihr orientiert sich dieses Buch in erster Linie.

Die besten historischen Erörterungen werden aber schnell vergessen, wenn sie nicht auch die menschliche Dimension des Vorgangs aufzeigen. Es genügt z. B. nicht zu sagen: »Im KZ X starben soundsoviele«; man muß auch die Überlebenden selbst zu Wort kommen lassen und ihren Lageralltag kennenlernen, ihre konkreten Nöte und Gefühle.

Die Augenzeugen-Berichte und andere zeitgeschichtlich bedeutsame Zitate sind meist als separate »Dokumente« in die einschlägigen Textstellen des Buches eingeblendet. Diese Berichte stammen überwiegend aus dem mehrbändigen Werk des ehemaligen Bundesvertriebenenministeriums »Dokumentation der Vertreibung der Deutschen aus Ost-Mitteleuropa«[3], das in allen größeren Bibliotheken aufliegt. Da aber darin nur ein Bruchteil des vorliegenden Materials veröffentlicht ist, wurde auch auf andere Werke zurückgegriffen, vor allem auf private Dokumentationen und Berichte und die unveröffentlichte »Gesamterhebung zur Klärung des Schicksals der deutschen Bevölkerung in den Vertreibungsgebieten« des Kirchlichen Suchdienstes in München[4], dessen Archivmaterial noch wesentlich umfangreicher ist als das des Bundesarchivs, ferner auf die Untersuchungen, die im Statistischen Bundesamt über die deutschen Vertreibungsverluste angestellt wurden.

Leider kann ich von mir nicht sagen, was Thukydides bei der Beschreibung des Peloponnesischen Krieges bemerkt: »Was mich betrifft, so habe ich ihn ganz miterlebt, war auch in dem geeigneten Alter, um alles zu verstehen, und richtete meine Aufmerksamkeit darauf, zuverlässige Kunde zu erlangen.« Ich habe daher eine Anzahl überlebender Verbrechensopfer ausfindig gemacht und befragt – weniger um zu verifizieren, was schon tausendfach belegt ist, sondern

um die erwähnte menschliche Dimension des Geschehens zu erfassen.
In diesem Buch wurde versucht, zwischen Report und Analyse zu unterscheiden und Tatbestand einerseits (I. Teil) und Motive andererseits (II. Teil) so gut es ging zu trennen; während der I. Teil kommentarlos Fakten aneinanderreiht, waren im II. Teil eine politische und moralische Wertung und damit ein gewisser Stilwechsel unvermeidlich.
Der II. Teil hält sich nicht an den zeitlichen Ablauf der Ereignisse. Chronologisch gesehen hätte man wieder mit den sowjetischen Motiven anfangen müssen. Auf diplomatischer Ebene aber wurde die Liquidation der sudetendeutschen Volksgruppe zuerst beschlossen, so daß hier zum besseren Verständnis der Zusammenhänge die Kapitelfolge etwas anders ist.
Der III. Teil »Bewältigung« hat mehr journalistischen als historischen Charakter. Ich habe ihn nach einigem Zögern angefügt, weil ich wie Simon Wiesenthal glaube, daß Völkerhaß und Völkermord heute noch lange nicht der Vergangenheit angehören.
Für eilige Leser empfiehlt sich zunächst die Lektüre des historischen Überblicks (Kapitel 4) und der Resümees am Ende der drei Hauptteile (Kapitel 11, 17 und 19).

I. TEIL:

Tatbestand

4. Historischer Überblick

Die nachstehende Chronik ist eine Kurzfassung der »Zeittafel der Vorgeschichte und des Ablaufs der Vertreibung...«, die 1959 in Bonn vom Bundesministerium für Vertriebene, Flüchtlinge und Kriegsgeschädigte herausgegeben wurde.
Es handelt sich um wörtliche Zitate, die nur z. T. durch Zusätze in Klammern erläutert sind, z. B. »Arciszewski (Chef des polnischen Exil-Kabinetts in London)«.

1938

29.9.1938	Münchener Abkommen (Großbritannien, Frankreich, Italien, Deutsches Reich) über Anschluß des Sudetenlandes an das Deutsche Reich.
Dezember 1938	Präsident Benesch und (späterer Minister) Ripka erörtern Ausweisung der Sudetendeutschen nach einem erwarteten erfolgreich verlaufenden Krieg.

1939

15.3.1939	Hitler besetzt die Tschechoslowakei; Errichtung des Protektorates Böhmen und Mähren.
1.9.1939	Deutscher Einmarsch in Polen.
17.9.1939	Note der Sowjetregierung an Polen und Einmarsch der Roten Armee in Ostpolen.
19.11.1939	General W. Sikorski (exilpolnischer Ministerpräsident) verkündet bei Presse-Konferenz in London: »Großbritannien und Frankreich stimmen zu, daß Polen in erster Linie eine längere Meeresküste, als sie ihm im Versailler Vertrag zugestanden worden sei, benötige.«

1941

22.6.1941	Das Deutsche Reich erklärt der Sowjetunion den Krieg. Deutsche Truppen marschieren in Rußland ein.
14.8.1941	Atlantik-Charta (Roosevelt und Churchill). Punkt 2 bestätigt: »Die unterzeichnenden Länder wünschen keine Gebietsveränderungen, die nicht mit den frei geäußerten Wünschen der betroffenen Völker übereinstimmen.«
15.8.1941	Beginn der Deportationen der Wolga-Deutschen nach Sibirien und Zentral-Asien, Auflösung der Republik der Wolga-Deutschen in der Sowjetunion.
24.9.1941	Die Sowjetunion und Polen (akzeptieren) nachträglich die Atlantik-Charta. Der exilpolnische Außenminister Raczynski, London, erklärt: »Die künftigen Grenzen Polens sollten Polens Lebensinteresse nach einem breiten Zugang zur See, genügend geschützt vor fremder Einwirkung, und ferner eine wirtschaftliche Entfaltung in einem der Zahl seiner Bevölkerung entsprechenden Verhältnis sichern.«
September 1941	Exil-Präsident Benesch fordert Ausweisung der Sudetendeutschen.
11.12.1941	Deutschland erklärt den USA den Krieg.
16.12.1941	Stalin und Molotow verlangen von Eden (britischer Außenminister) in Moskau Abtretung Ostpreußens an Polen.

1942

September 1942	Die britische Regierung teilt der tschechoslowakischen Exilregierung in London mit, daß sie im Prinzip nichts gegen eine Ausweisung der Sudetendeutschen einzuwenden habe.

1943

14.3.1943	Roosevelt erörtert mit Eden in Washington Überlassung Ostpreußens an Polen, Ausweisung der Deutschen aus Ostpreußen.

12.5.1943	Roosevelt gibt Benesch, der behauptet, bereits die russische Zustimmung zu besitzen, seinerseits Zustimmung zu der geplanten Ausweisung der Sudetendeutschen. Er spricht sich auch für Ausweisung der Deutschen aus Ostpreußen und aus Siebenbürgen aus.
6.6.1943	Botschafter Bogomolow (UdSSR) erklärt sich mit der Ausweisung der Sudetendeutschen einverstanden.
28.11.–1.12.1943	Konferenz von Teheran (Roosevelt, Churchill, Stalin) behandelt u.a. neue polnische Grenzen.
1.12.1943	Churchill schlägt die Oder-Linie als polnische Westgrenze und Abtretung ganz Oberschlesiens an Polen vor. Von der Neiße (westliche oder östliche) ist nicht die Rede. Roosevelt und Churchill stimmten Stalins Forderung nach dem Gebiet von Königsberg zu, der dann bereit war, Churchills Vorschlag zugunsten Polens anzunehmen. Roosevelt regt »Bevölkerungsaustausch« für die betroffenen Gebiete an, Stalin hält Durchführung für möglich.

1944

22.2.1944	Churchill informiert britisches Unterhaus, daß Polen im Norden und Westen zu Lasten Deutschlands Kompensationen erhalten werde, daß die Atlantik-Charta auf Deutschland keine Anwendung findet und daher Gebietsübertragungen und Grenzberichtigungen zu Lasten des Feindeslandes zulässig sind.
August 1944	Russische Truppen sind in Teilen Ostpreußens eingedrungen.
Oktober 1944	Volksdeutsche aus Nord-Siebenbürgen und Ungarn werden behördlich evakuiert nach Österreich und Schlesien; Beginn der Flucht aus dem Memelland und aus Ostpreußen nach Pommern.
21.11.1944	Internierung der Volksdeutschen und Liquidation ihres Besitzes in Jugoslawien beginnt.

10.12.1944	De Gaulle und Außenminister Bidault schließen in Moskau den sowjetisch-französischen Freundschaftsvertrag und kommen überein, das linke Rheinufer an Frankreich, Ostpreußen, Pommern und Schlesien an Polen fallen zu lassen.
15.12.1944	Churchill billigt vor dem britischen Unterhaus eine Ausweitung Polens nach dem Westen mit 200 Meilen Ostseeküste sowie die totale Austreibung der Deutschen aus den an Polen fallenden Gebieten. Starke Bedenken gegen Massenvertreibungen werden von einigen Abgeordneten erhoben.
17.12.1944	Arciszewski (Chef des polnischen Exil-Kabinetts in London) antwortet Churchill, verlangt Ostpreußen, Oberschlesien und Teile von Pommern für Polen, wünscht jedoch weder Breslau noch Stettin.
Dezember 1944 bis Januar 1945	Volksdeutsche aus Rumänien, Ungarn und Jugoslawien werden in die Sowjetunion verschleppt.

1945

3.–12.2.1945	Krimkonferenz in Jalta (Churchill, Roosevelt, Stalin): Polen soll durch beträchtlichen Gebietszuwachs im Westen und Norden für Abtretungen im Osten entschädigt werden. Die endgültige Festlegung der Westgrenze Polens ist bis zur Friedenskonferenz zurückgestellt worden. Ein Geheimprotokoll sieht als Reparationen u.a. die Verwendung von Deutschen als Arbeitskräfte vor.
28.2.1945	Maßnahmen gegen die in Polen zurückgebliebenen Deutschen und Volksdeutschen, wie Unterbringung in Arbeitslagern, Vermögensentzug u.ä. laufen an.
Februar 1945 bis April 1945	Massenverschleppungen von Deutschen aus den von der Roten Armee besetzten Gebieten nach der Sowjetunion.
Mai 1945 bis Juni 1945	Behördlich angeordnete, wilde Ausweisung der Deutschen aus polnisch verwalteten Gebieten öst-

	lich der Oder-Neiße-Linie durch polnische Miliz erzwungen.
8.5.1945	Bedingungslose Kapitulation der deutschen Wehrmacht und Abschluß der Kämpfe in Europa.
Mai 1945 bis Juni 1945	Aus den Gebieten östlich der Oder-Neiße-Linie vor den Kämpfen ausgewichene Deutsche versuchen in die Heimat zurückzukehren, vor allem aus der Tschechoslowakei und aus der russischen Besatzungszone in Deutschland.
14.6.1945	Beginn der Ausweisung der Sudetendeutschen auf Anweisung örtlicher tschechischer Militärkommandanten.
Ende Juni 1945	Alle Deutschen, die in einem Abstand von 100 bis 200 km östlich der Oder und der westlichen Neiße leben, werden plötzlich ausgewiesen.
17.7.1945 bis 2.8.1945	Konferenz in Potsdam (Stalin, Churchill/Attlee, Truman).
2.8.1945	Potsdamer Erklärung – Art. IX: »Die drei Regierungschefs bekräftigen ihre Auffassung, daß die endgültige Festlegung der Westgrenze Polens bis zu der Friedenskonferenz zurückgestellt werden soll.« – Art. XIII: »Die drei Regierungen erkennen an, daß die Überführung der deutschen Bevölkerung oder Bestandteile derselben, die in Polen, der Tschechoslowakei und Ungarn zurückgeblieben sind, nach Deutschland durchgeführt werden muß.«
7.8.1945	Schreiben von Probst Grüber, Berlin, an den Lordbischof von Chichester, England: »Gott schenke den Christen in aller Welt offene Ohren, die Notschreie der deutschen Menschen zu hören, die auf den Landstraßen sterben und verkommen. – Tausende von Leichen spülen die Oder und Elbe ins Meer … Tausende von Leichen hängen in den Wäldern um Berlin … Tausende und Zehntausende sterben auf den Landstraßen vor Hunger und Entkräftung … Kinder irren umher, die Eltern erschossen, gestorben, abhandengekommen.«

Oktober 1945 bis 1948	Austreibung der Deutschen aus Polen und aus den polnisch verwalteten deutschen Provinzen jenseits der Oder-Neiße-Linie (Einzeltransporte bis zum Jahre 1950).
1946	
2.6.1946	Ansprache des Papstes zur Not der Kriegsgefangenen und Vertriebenen. Er fordert Schluß mit dem System der Gefängnisse und Konzentrationslager.
1948	
24.3.1948	Die Konzentrationslager für Deutsche werden in Jugoslawien aufgehoben.

5. Opfer der Roten Armee

»Die Russen kommen!«

Für den Einmarsch der Roten Armee in Ostdeutschland hat das Bundesarchiv den folgenden charakteristischen Geschehensablauf rekonstruiert:

»Sowjetische Panzer, die in den Gemeinden erschienen, haben diese, wie allgemein berichtet wird, schnell wieder verlassen. Ihnen folgende Formationen besetzten unmittelbar darauf Städte und größere Landgemeinden, wo Kommandanturen gebildet wurden; von dort aus wurden in den nächsten Tagen Kommandos in die kleineren Landgemeinden entsandt. Soldaten und auch Offiziere drangen in die Häuser ein. Soweit sie deren Bewohner noch vorfanden, verlangten sie zunächst Uhren und andere Wertgegenstände, stürzten sich hemmungslos auf Frauen, um sie zu vergewaltigen, wobei weder Kinder noch Greisinnen verschont wurden. Sie schossen sie nieder, sofern sie sich wehrten, ebenso Ehemänner und Väter, die sie zu schützen versuchten. In dieser Weise vollzogen sich nach den Aussagen im Berichtsmaterial in den ersten Tagen nach der sowjetischen Besetzung die Mehrzahl der Erschießungen oder Tötungen auf andere Weise durch Dolchstiche und Erschlagen, denen eine große Zahl, möglicherweise sogar die Mehrzahl der Menschen, die durch die sowjetischen Truppen einen gewaltsamen Tod gefunden haben, zum Opfer fiel.«[1]

Da die Dokumentation des Bundesarchivs mehrere Jahre nach der entsprechenden Dokumentation des Bundesvertriebenenministeriums ausgearbeitet wurde, ergaben sich in einzelnen Punkten auch neue Erkenntnisse, z. B. beim Kreis der Opfer. Dazu vermerkt das Bundesarchiv[2]:

»Es wurden nicht, wie es in der einleitenden Darstellung zur ›Dokumentation der Vertreibung der Deutschen aus Ost-Mitteleuropa‹ heißt, ›von den Erschießungen durch einrückende sowjetische Truppen zunächst vor allem Personen betroffen, die exponierte Parteistellen innehatten oder bestimmten nationalsozialistischen Organisationen angehörten‹ und die offenbar durch die den sowjetischen Truppeneinheiten beigegebenen politischen Kommissare aufgespürt worden waren. Befanden sich doch unter den in den Gemeinden Zurückgebliebenen nur noch selten Personen, die exponierte Stellungen bekleidet hatten. In der Mehrzahl waren es Menschen:

- die nicht mehr hatten fliehen können, da die Räumung ihrer Gemeinden zu spät oder überhaupt nicht angeordnet worden war, oder
- Bewohner von Stadtgemeinden, für deren Räumung nur begrenzte Transportmöglichkeiten mit der Eisenbahn bestanden, oder
- Personen, die nicht fliehen wollten, wie vielfach Frauen, deren Männer bei der Wehrmacht waren und die sich mit ihren Kindern nicht von zu Hause entfernen wollten, oder
- körperlich Behinderte und alte Menschen, die die Strapazen der Flucht fürchteten;
- in Landgemeinden blieben aber auch Bauern zurück, die sich von dem ererbten Hof nicht trennen wollten.«

Opfer von Verbrechen wurden demnach zunächst Parteilose, Nazis und Antifaschisten ohne Unterschied. »Man konnte Enttäuschung und Verzweiflung derer erleben, die als Sozialisten und Kommunisten Feinde der Partei gewesen waren und den Tag der Besetzung oder, wie sie dachten, der Befreiung durch die Russen herbeigesehnt hatten.«[4] Später bildeten sich z. T. kurzlebige deutsche Verwaltungen aus Kommunisten und anderen Antifaschisten[5].

Nemmersdorf

Was 1944 in Nemmersdorf/Ostpreußen geschah, sollte sich bald tausendfach in anderen Teilen Ostdeutschlands wiederholen. Die Ereignisse von Nemmersdorf sind aber in zweifacher Hinsicht bedeutsam: Die Greueltaten in dieser Ortschaft gehören nicht nur neben den Morden von Katyn zu den bestbelegten Fällen sowjetischer Verbrechen im Zweiten Weltkrieg; sie waren auch mit ursächlich für die Flucht von Millionen vor der Roten Armee.[6]

Folgendes hatte sich zugetragen:

Am 19. Oktober 1944 eroberten die Russen die Kreise Goldap und Gumbinnen in Ostpreußen. Am 5. November wurden sie durch eine Gegenoffensive wieder zurückgeworfen. Was die deutschen Soldaten in Nemmersdorf und anderen Gemeinden vorfanden, überstieg jedes menschliche Vorstellungsvermögen. Es ist nicht verwunderlich, wenn die Berichte über Nemmersdorf von den Westmächten

Dok. 1

Bericht über russische Greueltaten in Nemmersdorf/Ostpreußen[7]

»Meine Volkssturmkompanie erhielt dann den Befehl, in Nemmersdorf aufzuräumen ...
An dem ersten Gehöft, links von dieser Straße, stand ein Leiterwagen. An diesem waren 4 nackte Frauen in gekreuzigter Stellung durch die Hände genagelt. Hinter dem ›Weißen Krug‹ in Richtung Gumbinnen ist ein freier Platz mit dem Denkmal des Unbekannten Soldaten. Hinter diesem freien Platz steht wiederum ein großes Gasthaus ›Roter Krug‹. An diesem Gasthaus stand längs der Straße eine Scheune. An den beiden Scheunentüren waren je eine Frau, nackt in gekreuzigter Stellung, durch die Hände angenagelt. Weiter fanden wir dann in den Wohnungen insgesamt 72 Frauen einschließlich Kinder und einen alten Mann von 74 Jahren, die sämtlich tot waren, fast ausschließlich bestialisch ermordet bis auf nur wenige, die Genickschüsse aufwiesen. Unter den Toten befanden sich auch Kinder im Windelalter, denen mit einem harten Gegenstand der Schädel eingeschlagen war. In einer Stube fanden wir auf einem Sofa in sitzender Stellung eine alte Frau von 84 Jahren vor, die vollkommen erblindet (gewesen) und bereits tot war. Dieser Toten fehlte der halbe Kopf, der anscheinend mit einer Axt oder Spaten von oben nach dem Halse weggespalten war.
Diese Leichen mußten wir auf den Dorffriedhof tragen, wo sie dann liegen blieben, weil eine ausländische Ärzte-Kommission sich zur Besichtigung der Leichen angemeldet hatte. So lagen diese Leichen dann 3 Tage, ohne daß diese Kommission erschien. Inzwischen kam eine Krankenschwester aus Insterburg, die in Nemmersdorf beheimatet war und hier ihre Eltern suchte. Unter den Ermordeten fand sie ihre Mutter von 72 Jahren und auch ihren alten schwachen Vater von 74 Jahren, der als einziger Mann zu diesen Toten gehörte. Diese Schwester stellte dann fest, daß alle Toten Nemmersdorfer waren.
Am 4. Tage wurden dann die Leichen in zwei Gräbern beigesetzt. Erst am nächsten Tage erschien die Ärzte-Kommission, und die Gräber mußten noch einmal geöffnet werden. Es wurden Scheunentore und Böcke herbeigeschafft, um die Leichen aufzubahren, damit die Kommission sie untersuchen konnte. Einstimmig wurde dann festgestellt, daß sämtliche Frauen wie Mädchen von 8–12 Jahren vergewaltigt waren, auch die alte blinde Frau von 84 Jahren. Nach der Besichtigung durch die Kommission wurden die Leichen endgültig beigesetzt.«

zunächst für Propaganda gehalten wurden[8]. Beweismaterial ist aber mehr als reichlich vorhanden. Der Bericht einer internationalen Ärztekommission ist zwar verlorengegangen[9], dafür existieren Presse- und Fotoreportagen in- und ausländischer Journalisten[10], die sofort nach dem Vorfall verständigt wurden.

Im Genfer »Courrier« schreibt z. B. ein Schweizer Korrespondent am 7.11.1944[11] über seine Eindrücke aus Ostpreußen: »... Verstümmelung und Hinrichtung von Gefangenen und die fast vollständige Ausrottung der deutschen bäuerlichen Bevölkerung, soweit sie in ihrem Gebiet geblieben war... In Brauersdorf habe ich selbst zwei Landarbeiter französischer Herkunft gesehen, ehemalige Kriegsgefangene, die ebenfalls massakriert wurden. Einer konnte identifiziert werden. Nicht weit davon dreißig deutsche Gefangene, die dasselbe Schicksal erlitten hatten. Ich verschone Sie mit der Schilderung der Verstümmelungen...«

Außer einer großen Zahl anderer Berichte[12] von Augenzeugen interessieren hier vor allem die Ermittlungen der Wehrmacht-Untersuchungsstelle, einer Zentralstelle zur Ermittlung alliierter Völkerrechtsverletzungen im Zweiten Weltkrieg. Das Aktenmaterial dieser Stelle wurde erst sehr spät freigegeben und von einem amerikanisch-holländischen Forscherteam kritisch überprüft. Die Ergebnisse der

Dok. 2

Die »Wehrmacht-Untersuchungsstelle für Verletzungen des Völkerrechts« und ihre Beurteilung nach heutigen Erkenntnissen:

»Zusammenfassend führen die innere Folgerichtigkeit der Akten der Wehrmacht-Untersuchungsstelle, die heutigen Aussagen der damals beteiligten Personen und der Vergleich mit anderen historischen Quellen zu dem Ergebnis, daß die Wehrmacht-Untersuchungsstelle eine gewissenhafte justizkonforme Dokumentation betrieben hat, was vielleicht auch damit zu erklären ist, daß die beiden leitenden Personen, Johannes Goldsche und sein Vorgesetzter Dr. Rudolf Lehmann, Chef der Wehrmachtrechtsabteilung, alte Richter waren, die trotz ihrer herausgehobenen Stellungen der NSDAP nicht angehörten und dem Gedankengut des Nationalsozialismus fernstanden.«[15]

Arbeit erschienen 1979 in Buchform[13]. Es würde zu weit führen, die Stellung der Heeresrichter, mit denen die Wehrmacht-Untersuchungsstelle besetzt war, im Dritten Reich im allgemeinen zu beschreiben oder ihr überraschend energisches Einschreiten gegen Verbrechen und Übergriffe deutscher Soldaten oder gar ihren verzweifelten Kampf gegen Judenmorde[14]. Als Fazit ist nur festzuhalten, daß auch im Fall Nemmersdorf kein Anlaß besteht, die Ermittlungen der Wehrmacht-Untersuchungsstelle in Frage zu stellen.
Gewisse Details der Nemmersdorf-Berichte sind aber trotzdem so unfaßbar, daß einzelne Historiker immer wieder den Drang verspürt haben, eine zusätzliche Bestätigung zu finden. Der amerikanische Historiker und Völkerrechtler de Zayas schreibt z. B.[16]: »Auf Berichte über deutsche Zivilisten, meistens Frauen, die an Scheunentore genagelt worden waren, stößt man hier und da in der umfangreichen Sammlung von Erklärungen in den Ostdokumenten. Dieser besondere Vorfall ist dem Verfasser in Gesprächen mit deutschen Flüchtlingen aus Ostpreußen und Schlesien bestätigt worden, aber auch von Belgiern, die als Kriegsgefangene in Ostpreußen gewesen waren und nach ihrer Befreiung 1945 durch die Rote Armee Zeugen solcher Vorfälle wurden.«
Zu ergänzen wäre, daß die Kreuzigung von Frauen auch 1915 beim Völkermord an den Armeniern vorkam[17] – alptraumhafte Wiederholungen der Geschichte!

Vergewaltigung

Unter den Verbrechen der Roten Armee haben besonders die Massenvergewaltigungen den Abscheu der zivilisierten Welt erregt; z. B. schreibt der US-General Frank A. Keating über die Sowjetsoldaten[18]: »In vielen Fällen war ihr hemmungsloses Treiben dem der barbarischen Horden von Dschingis-Khan zu vergleichen.« Die Dokumentation des Bundesarchivs vermerkt dazu[19]:
»Es handelt sich bei den Vergewaltigungen von Frauen und Mädchen durch sowjetische Soldaten und Offiziere nicht etwa um Einzelfälle, sondern um ein Massenvergehen. Sie sind als eine der grauenhaftesten völkerrechtswidrigen Gewalttaten zu verzeichnen.
Sie haben in massenhaftem Ausmaß bei und nach der Besetzung der östlichen Reichsgebiete stattgefunden, auch in den Kreisen, die erst

nach der Kapitulation der Wehrmacht besetzt wurden. Fast allerorts sind sie durch Soldaten und Offiziere der sowjetischen Nachschubformationen verübt worden, vielfach bereits bei deren Begegnung mit Trecks auf den Landstraßen. Sie vollzogen sich oft in brutalster und schamlosester Weise, insbesondere, wenn die Täter unter Alkoholeinfluß standen. Nicht verschont blieben Schwangere, Minderjährige, Insassinnen von Altersheimen, Schwestern in Krankenhäusern und in Klöstern. Viele Frauen mußten in vielfacher Folge nacheinander Vergewaltigungen erdulden, selbst bis zur Todesfolge. Auch wurden Frauen nach den Vergewaltigungen getötet und ihre Leichen in sadistischer Weise geschändet. Viele Frauen sind durch Geschlechtskrankheiten infiziert worden. In erheblicher Anzahl haben die Frauen Selbstmord verübt, um den wiederholten Vergewaltigungen zu entgehen.
Seitens der sowjetischen Kommandaturen ist zumindest in der ersten Zeit der Besetzung gegen die Vergewaltigungen nicht eingeschritten worden. Aber auch später hatten dort erhobene Klagen der Bevölkerung nur wenig Erfolg.«
Die Aussagen ehemaliger Kriegsgefangener in Deutschland bestätigen das kaum vorstellbare Ausmaß der Sexualverbrechen. Z. B. berichteten gefangene Engländer nach ihrer Rückkehr in die britische Besatzungszone[20]:
»Im Gebiet um unser Internierungslager, wo die Städte Schlawe, Lauenburg, Buckow und viele größere Dörfer lagen, vergewaltigten die Roten Soldaten in den ersten Wochen nach der Eroberung jede Frau und jedes Mädchen zwischen 12 und 60 Jahren. Das klingt übertrieben, ist aber die Wahrheit. Die einzigen Ausnahmen bildeten die Mädchen, denen es gelang, sich in den Wäldern zu verstecken, oder die genug Geistesgegenwart hatten, um eine Krankheit vorzutäuschen – Typhus, Diphtherie oder eine andere ansteckende Sache.«
Alexander Solschenizyn beschreibt in seinem Gedicht »Ostpreußische Nächte« sein Zusammentreffen mit einem deutschen Kommunisten, der die vermeintlichen russischen Befreier mit Brot und Salz begrüßt. Nach einigem Hin und Her wird er abgeführt – sicher ein Spion; man weiß ja, daß alle Deutschen Faschisten sind! Noch im Gehen bittet er, zu Hause nach seiner Frau zu sehen. Aber dort findet man nur noch Tote und Sterbende. Der Dichter beschließt die Episode[21]:

»Wer noch Jungfrau, wird zum Weibe,
und die Weiber – Leichen bald,
Schon vernebelt, Augen blutig,
bittet: ›Töte mich, Soldat!‹«

Auch die deutschen Mitglieder des sowjetisch gelenkten »Nationalkomitee Freies Deutschland« mußten – wie z. B. der »Frontbeauftragte« (deutschsprachiger Propagandist) Zahn – oft Szenen wie diese miterleben[22]: »In Schiedlow, südwestlich Oppeln, sah ich einmal zwanzig Rotarmisten vor der Leiche einer zu Tode geschändeten, sicherlich weit über 60 Jahre alten Frau Schlange stehen. Sie johlten und schrien und warteten darauf, ihre viehischen Gelüste an dem bereits leblosen Körper zu befriedigen. Das war das Fürchterlichste, was ich sah.«
Der Arzt Hans von Lehndorff notiert in seinem Ostpreußischen Tagebuch[24]: »Bald hatte keine von den Frauen mehr Kraft zum Widerstand. Innerhalb weniger Stunden ging eine Veränderung mit ihnen vor sich, ihre Seele starb, man hörte hysterisches Gelächter, das die Russen nur noch wilder machte. Kann man überhaupt von diesen Dingen schreiben, den furchtbarsten, die es unter Menschen gibt? Ist nicht jedes Wort eine Anklage gegen mich selbst? Gab es nicht oft genug Gelegenheit, sich dazwischenzuwerfen und einen anständigen Tod zu finden? Ja, es ist Schuld, daß man noch lebt, und deshalb darf man dies alles auch nicht verschweigen.«
An einer anderen Stelle beschreibt der Arzt seine tiefe Dankbarkeit, als er vom Tod seiner Mutter hört; sie war sofort erschossen worden[25].
Zum Schluß dieses Kapitels der Unmenschlichkeit sollte man an die Menschlichkeit der Russen erinnern, die sich der Raserei entgegengestellt haben. Lew Kopelew z. B. wurde verhaftet mit der Begründung: »Kleinbürgerlicher Humanismus, Mitleid mit dem Feind, Schwächung der Kampfkraft der Roten Armee«. Wegen seiner Kritik an den sowjetischen Verbrechen beim Einmarsch in Deutschland wurde auch Alexander Solschenizyn verhaftet und für acht Jahre in den Archipel GULAG verbannt[26]. Weitere Fälle sind überliefert.[27]

Dok. 3

Auf dem Bahnhof Allenstein 1945

Der Träger des Friedenspreises 1981 des Deutschen Buchhandels, der russische Bürgerrechtler und ehemalige Sowjetoffizier Lew Kopelew, berichtet von einem Gang durch den Bahnhof von Allenstein/Ostpreußen[23]:

Hin und wieder ein Toter. Vor einem Personenwagen sah ich die Leiche einer kleinen Frau. Das Gesicht vom hochgerutschten Mantel bedeckt, die Beine, in den Knien angewinkelt, auseinandergerissen. Eine dünne Schneeschicht und ein schamhaft darüber geworfener Stoffetzen verhüllten kaum den verkrümmten, geschändeten Körper. Offenbar hatten mehrere sie vergewaltigt und dann getötet, vielleicht war sie aber auch so gestorben, im schrecklichen Krampf erstarrt. ...
Vom Nachbarwagen herüber plötzlich eine leise Altfrauenstimme: »Soldat, Soldat!«
Ich gehe hin, klettere auf den Wagen. Zwischen Kisten verschiedener Größe ein Nest aus Matratzen und Kissen. Darin eine in Schals und Tücher gewickelte Person, eine dunkle, schneegepuderte Kapuze, halb verborgen darin ein dreieckiges, verhutzeltes Gesichtchen. Große, helle Augen. Sie blicken ganz ruhig, verständig, sogar freundlich.
»Wie sind denn Sie hierhergeraten, Großmutter?«
Sie wundert sich nicht einmal, daß ich deutsch spreche. »Bitte Soldat, erschieß mich. Bitte sei so gut.«
»Wo denken Sie hin, Großmutter! Haben Sie keine Angst, es geschieht Ihnen nichts Böses.«
Zum wievielten Mal wiederhole ich nun schon diese Standardlüge! Nichts Gutes wird ihr geschehen.
»Wohin wollten Sie fahren? Haben Sie Verwandte hier?«
»Niemanden habe ich. Tochter und Enkel wurden gestern von euren Soldaten erschlagen. Der Sohn kam schon früher im Krieg um. Und der Schwiegersohn ist wahrscheinlich auch tot. Alle sind tot. Ich brauche nicht mehr zu leben, ich kann nun auch nicht mehr leben.«
Sie spricht ganz gelassen, einfach, ohne Phrase. Kein Jammern, keine Träne. Völliges Abgeschlossenhaben mit dem Leben. Nur von daher kann eine solche Ruhe kommen. Und, vielleicht, aus Demut und aus dem Bewußtsein menschlicher Würde.

Dok. 4

Leidensweg einer Frau

Die Verfasserin berichtet, wie sie zusammen mit anderen Frauen für Vergewaltigungen ausgesucht wird, die in einem dafür bestimmten Gebäude stattfinden sollen. Sie fährt fort[28]:

»Diese Vergewaltigungen wiederholen sich täglich zweimal, jedesmal mehrere Soldaten, bis zum 7. Tag. Der 7. Tag war mein schrecklichster Tag, ich wurde abends geholt und morgens entlassen. Ich wurde am Geschlecht ganz aufgerissen und hatte armstarkes Geschwulst vom Geschlechtsteil an beiden Oberschenkeln bis an die Knie. Ich konnte nicht mehr laufen und nicht liegen. Dann folgten noch 3 dieser schrecklichen Tage wie bis zum 6. Tag. Dann waren wir nach Ansicht der russischen Soldaten fertig und wurden nackt aus diesem Höllenraum herausgejagt. Andere Frauen traten an unsere Stelle. Eine ältere Frau gab mir eine Decke. Diese Scheußlichkeiten wurden im Beisein von 10 Frauen und oft auch im Beisein der eigenen Kinder durchgeführt. Meinen beiden Kindern blieb jedoch dieses erspart. In diesen schrecklichen Tagen erhielten wir kein Essen, sondern nur Alkohol und Zigaretten.

Danach mußten wir zur Unkenntlichkeit gemarterten Frauen uns sammeln und wurden auf den Todesmarsch nach ... Preußisch-Holland gesetzt.

Man muß überlegen, daß wir keine Schuhe mehr an den Füßen hatten. Wir haben uns Sacklappen um die Füße gebunden, und ich nahm ein Kind auf den Arm und das andere an die Hand. Unter Begleitung russischer Soldaten wurden wir vorwärts getrieben ...«

Anschließend beschreibt die Verfasserin die unmenschlichen Strapazen und die vielen Todesfälle des Marsches.

Zum Schluß berichtet sie von ihren bleibenden psychischen und physischen Schäden.

Tod auf der Flucht

Der Tod im Osten hatte viele Gesichter. Nemmersdorf war nur eines davon. Es sind folgende weitere Komplexe zu nennen:

1) Tod auf der Flucht durch Kälte, Erschöpfung, Hunger, Hungertyphus oder Vernichtung von Flüchtlingstrecks;

2) Tod in Gefängnissen und Lagern;

3) Zwangsarbeit und Deportation;

4) Verelendung und Hungertod der verbliebenen Bevölkerung, vor allem in Ostpreußen.

Den Strapazen der Flucht erlagen meist kleine Kinder, Alte und Kranke. Bei der Vernichtung von Flüchtlingstrecks lassen sich Kampfhandlungen und Kriegsverbrechen nicht leicht auseinanderhalten. Es liegen Anhaltspunkte für Anweisungen an russische Tiefflieger vor, grundsätzlich auf Kolonnen zu schießen, »da dort Soldaten zu vermuten seien«. Flüchtlingskolonnen wurden außerdem oft durch Panzer beschossen. – Soweit die Panzerspitzen der Roten Armee Trecks überrollten, wurden diese meist von nachfolgenden Einheiten geplündert, wobei Tötungen und schwere Vergewaltigungen vorkamen.[29]
Gut dokumentiert ist die Versenkung von Flüchtlingsschiffen, die nach überwiegender Meinung völkerrechtswidrig war. Der Untergang der »Goya« und der Untergang der »Wilhelm Gustloff« sind bis heute die beiden größten Katastrophen der Schiffahrtsgeschichte geblieben. Von 6000–7000 Flüchtlingen an Bord der »Goya« – die Mannschaften usw. nicht gerechnet – konnten z. B. nur 183 gerettet werden[30]. Zum Vergleich: Beim Untergang der »Titanic« starben 1513 Menschen.
Sehr viele Flüchtlinge starben schließlich bei dem anglo-amerikanischen Luftangriff vom 13./14. Februar 1945 auf Dresden, wo sich seinerzeit ca. 600 000 schlesische Flüchtlinge aufhielten. Ob Flächenbombardements damals schon völkerrechtswidrig waren, ist umstritten; 1977 wurden sie in Genf ausdrücklich zu Kriegsverbrechen erklärt. Die Menschenjagd der amerikanischen Tiefflieger jedenfalls, die auf den Elbwiesen und in den Parks die schutzlosen Zivilisten zu Tausenden mit ihren Maschinengewehren niedermähten[31], war schon 1945 nicht Kriegshandlung, sondern Verbrechen. Insgesamt starb in Dresden mindestens eine Viertelmillion Menschen[32]. Diese Zahl entspricht den amerikanischen Gesamtverlusten im Zweiten Weltkrieg. Noch niemals in der Geschichte sind in so kurzer Zeit so viele Menschen getötet worden[33]. Gerhart Hauptmann schrieb damals: »Wer das Weinen verlernt hat, der lernt es wieder beim Untergang Dresdens.«

Internierung und Verelendung

Jenseits von Oder und Neiße zwang man die Zurückgebliebenen vielfach zu sog. Propagandamärschen[34], um ihre Wohnungen besser plündern zu können. Andere schickte man auf sog. Verschleppungs-

märschen in Sammellager und große Gefängnisse. Auf diesen Märschen wurde erschossen oder erschlagen, wer wegen Erschöpfung nicht weiterkonnte[35]. Über die Zustände in den Lagern berichtet die Dokumentation der Vertreibungsverbrechen[36]:
»Tausende von Todesopfern forderten die unmenschlichen Verhältnisse in den sowjetischen Lagern und großen Gefängnissen. Als Beispiele seien hier angeführt das Lager Pr. Eylau und das Zentralgefängnis in Graudenz. Im Lager Pr. Eylau verstarben nach übereinstimmender Überlieferung ca. die Hälfte von 12 000 bis 14 000 Insassen im Jahre 1945 an Hungertyphus und anderen durch Hunger verursachten Krankheiten. Im Zentralgefängnis Graudenz, das 1945 als sowjetischer Gewahrsamsort für Deutsche diente, starben von ca. 8000 Insassen ca. 5000 an Ruhr und Flecktyphus.«
Die Fahndung nach Nazis bzw. dem, was die Sowjets darunter verstanden, verlief meistens planlos und willkürlich[37]. Sie diente offenbar in erster Linie dazu, Zwangsarbeiter für den Einsatz in der Sowjetunion zu bekommen. Dazu wieder die Dokumentation des Bundesarchivs[38]:
»Die Verhafteten wurden in Gefängnisse oder in sogenannte GPU-Keller verbracht und tage- und wochenlangen Verhören unter Bedrohung mit Schußwaffen unterworfen. Es fanden hier schwerste Mißhandlungen, in Einzelfällen mit Todesfolge, statt, um von den Verhafteten eine Unterschrift zu erzwingen, daß sie einer Parteiorganisation angehört haben, wie dieses durch zahlreiche Aussagen übereinstimmend überliefert ist. Die meisten der Verhafteten sind, wie dem Berichtsmaterial zu entnehmen ist, in die Arbeitslager der Sowjetunion verschleppt worden. Offenbar handelte es sich um Personen, die die von ihnen geforderte Unterschrift geleistet haben. Andere, von denen eine Erklärung über eine Zugehörigkeit zu NS-Organisationen trotz der Folterungen nicht zu erlangen war, wurden schließlich entlassen. Ausreichende Aussagen zur Klärung der Frage, ob Exekutionen bei bzw. nach den Verhören stattgefunden haben, waren im Berichtsmaterial nicht zu ermitteln.«
Das nördliche Ostpreußen wurde von der Sowjetunion annektiert; hier wurde die Existenzgrundlage der Bevölkerung nach der Besetzung fast völlig zerstört: Krankenhäuser und Wohngebäude wurden verbrannt oder gesprengt, Lebensmittelvorräte vernichtet[39]. Das Vieh trieb man weg, ließ es aber bald verenden, und so lag an vielen

Orten das tote Vieh herum, oft tote Bauern daneben – wie das Vieh. Am schlimmsten war es in den großen Städten, wo Flugblätter und Kapitulationsurkunden den Bürgern die Unversehrtheit von Gut und Leben versprochen hatten[40]. Neben Vergewaltigung und Plünderung gehörten hier vor allem Brandstiftungen zum Zeitvertreib der sowjetischen Besatzungssoldaten. Joachim Konrad z. B., der Stadtdekan von Breslau, ließ eine Brandwache aufstellen und registrierte bis etwa vier Wochen nach der Kapitulation täglich 20–30 Großbrände in seiner Gemeinde[41]. Der Hunger war in den Großstädten so stark, daß viele Menschenfleisch aßen; auf dem Luisenmarkt in Königsberg wurden sogar Klopse aus Menschenfleisch angeboten, was mehrfach bezeugt ist[42].

Von ca. 100 000 zurückgebliebenen Königsbergern starben schätzungsweise 75 000[43]. Charakteristisch ist eine Äußerung von Kindern, die ein Arzt in Königsberg vor typhusverseuchtem Wasser gewarnt hatte: »Ach was, ist ja ganz egal, woran wir kaputtgehen. Raus kommen wir ja doch nicht.«[44]

Ausführliche Berichte aus dem Ostpreußen jener Tage enthalten Lew Kopelews »Aufbewahren für alle Zeit« und Hans Graf von Lehndorffs »Ostpreußisches Tagebuch«; beide Bücher sind Werke von hohem zeitgeschichtlichem und literarischem Rang.

Die Wolgadeutschen

In seiner Geheimrede auf dem XX. Parteitag der KPdSU geißelte der Erste Parteisekretär Chruschtschow am 25.2.1956 die Deportation der kleinen islamischen[45] Völker asiatischer Herkunft im Nordkaukasusgebiet während des Krieges. Er sprach auch davon, daß die Ukrainer diesem Schicksal nur aufgrund ihrer großen Zahl entgangen seien. Nicht erwähnt wurden vorerst die Krimtataren und die Wolgadeutschen, ganz zu schweigen von den Griechen aus dem Westkaukasus und den Koreanern aus dem Raum Wladiwostok, von deren Verschleppung selbst viele Historiker noch keine Kenntnis genommen haben[46].

Bei den Wolgadeutschen dürfte Chruschtschows Vergeßlichkeit darauf beruhen, daß einige seiner engsten Freunde in die Aktion verstrickt waren[47].

Wie die Krimtataren hat man auch die Bewohner der autonomen Wolgadeutschen Republik (Wolgadeutsche ASSR) und die anderen

Rußlanddeutschen später verbal, aber nicht faktisch rehabilitiert. Insgesamt wurden mindestens 900 000 Rußlanddeutsche verschleppt. Dazu kamen nach dem Krieg noch ca. 300 000 zwangsrepatriierte Flüchtlinge[49]. Die Verschleppung der Rußlanddeutschen stellt die einzige Vertreibung von Westen nach Osten dar. Ziele waren der Ural, Sibirien oder andere asiatische Landesteile, vor allem Kasachstan. Sehr hohe Verluste an Menschenleben ergaben sich durch die katastrophale Unterbringung an den Zielorten (vor allem im Winter), durch ebensolche Zustände während des Transports und teilweise durch Massaker beim Abtransport wie im Fall der Wolgadeutschen.

Dok. 5

Die Vernichtung der Wolgadeutschen Republik[48]

»Zum Chef des Deportationskommandos war Iwan Serow, langjähriger Leiter der NKWD in der SSR Ukraine, ernannt worden, ein Freund Chruschtschows. Er war beauftragt, nicht nur die Deportationen durchzuführen, sondern auch die Anschuldigungen entsprechend zu begründen. Serow ließ ein Bataillon von GPU-Fallschirmjägern in deutsche Uniformen stecken und diese über den deutschen Siedlungen abspringen. In der Meinung, deutsche Soldaten vor sich zu haben, die gekommen waren, um sie mit der Waffe in der Hand zu befreien, fielen die Wolgadeutschen auf diesen Trug herein. Dann kam der entsetzliche Augenblick, in dem die vermeintlichen Befreier plötzlich ihre Absichten erkennen und die Waffen sprechen ließen. Ein gräßliches Blutbad war die Folge. Wahllos wurden nun Männer und Frauen zusammengetrieben und zum Teil noch an Ort und Stelle erschossen. Große Gruppen anderer wurden als ertappte Saboteure und Spione weggeführt, Folterungen unterworfen, um für alle Fälle auch noch schriftliche Schuldbekenntnisse von ihnen zu erpressen. So sind Zehntausende von Wolgadeutschen als Kriegsverbrecher, gleich ob es sich um Frauen, Greise, Kinder, um Kommunisten, Funktionäre, Lehrer, Geistliche oder um Bauern oder Arbeiter handelte, in großen Massentransporten weggeführt worden. Vielfach wurden bereits auf dem nächsten Verladebahnhof Männer und noch halbe Knaben von ihren Familienangehörigen getrennt ...«
(Zitat aus Alfred Bohmann: Strukturwandel der deutschen Bevölkerung im sowjetischen Staats- und Verwaltungsbereich, Bd. 3 des Werks »Menschen und Grenzen«)

Verschleppung

»Paradoxerweise ist gerade jenes Land, das sich selbst ›sozialistisch‹ nennt und dessen Regierungsform als ›Arbeiterrepublik‹ bezeichnet wird, das Zentrum der umfangreichsten und schlimmsten Sklavenhaltung, die heute noch auf der Erde existiert.« Diese ernüchternde Feststellung mußte der amerikanische Gewerkschaftsbund (American Federation of Labor) in seinem Manifest vom März 1947 machen. Wenn hier von Sklaven gesprochen wird, so ist das nicht übertrieben, sondern eher untertrieben.

Am Vorabend des amerikanischen Bürgerkrieges kostete ein guter schwarzer Landarbeiter 1800,– Dollar[50], ein stattliches Kapital, wenn man die damalige Kaufkraft des Dollars bedenkt. Aufgrund ihres Werts wurden die Sklaven immerhin gehalten wie wertvolle Haustiere. Kein Farmer hätte daran gedacht, seinen »Nigger« willkürlich zu töten oder verhungern zu lassen.

Anders die Sowjetunion: Ihr stand bis zur Linie Kiel-Triest die Sklavenjagd offen, ganz abgesehen von den Millionen deutscher Kriegsgefangener und russischer Flüchtlinge, die ihr von den westlichen Demokratien zugeliefert wurden; von ihnen wird später noch die Rede sein. Der Kurswert der Sklaven war minimal. Allein aus der deutschen Zivilbevölkerung wurde fast eine Million Menschen unter unmenschlichen Bedingungen zur Zwangsarbeit verschleppt[51].

Von den sog. Reparationsverschleppten[52], der größten Gruppe innerhalb der Deportierten, starb fast die Hälfte – 45%[53].

Arbeitssklaven holte sich die Sowjetregierung aus mehreren osteuropäischen Ländern, vor allem aus Rumänien, Ungarn, Polen und dem Baltikum. Was die deutschen Verschleppten anging, so kamen sie in erster Linie aus den Oder-Neiße-Gebieten, Polen und den deutschen Sprachinseln auf dem Balkan. Auch geflüchtete Rußlanddeutsche wurden bekanntlich nach dem Krieg zwangsrepatriiert und z. T. als Zwangsarbeiter verwendet.

Allein auf den Transporten nach Rußland starben bis zu 10% der Deportierten an Hunger, Kälte und Mißhandlungen; meistens bildeten das Ende des Zuges zwei besondere Wagen für die Toten des Transports[54]. Aber der Transport war erst die Vorhölle. Über die Zustände in den Kolyma-Lagern, die zu den schlimmsten Lagern der Sowjetunion zählten, läßt Nikolai Tolstoy eine deutsche Jüdin zu Wort kommen; sie schildert das Los junger Frauen, die z. T. des

ukrainischen Nationalismus verdächtig waren[55]: »Sie kamen als junge Mädchen an, doch Kolyma verwandelte sie sofort in vollausgewachsene Prostituierte. ... Doch warum brachen die sowjetischen Offiziere, die die Siebzehnjährigen verhörten, den Mädchen die Schlüsselbeine und traten ihnen die Rippen mit ihren schweren Militärstiefeln ein, so daß sie in den Gefängnislazaretten von Kolyma lagen und Blut spuckten?« Tolstoy fährt dann fort: »Das Leben der Frauen in Kolyma war unglücklich, aber kurz. Dafür sorgten Tuberkulose, Syphilis, Unterernährung und Selbstmord.«
Man schätzt, daß nach Ende des Zweiten Weltkriegs mindestens 12 Millionen Zwangsarbeiter – Russen und Ausländer, Zivilisten und Kriegsgefangene – die düstere Welt der sowjetischen Lager, den Archipel GULAG, bevölkert haben[57].

Dok. 6

Ordensschwestern bei der Zwangsarbeit

Einer der wenigen Briefe von Verschleppten, der im Westen ankam, ist der folgende einer Vinzentinerin[56]:
»Meine lieben Eltern! Nun gibt sich doch eine Gelegenheit, Euch ein Lebenszeichen zu schicken. Aber ob mein Briefchen ankommt? Ob Ihr mich schon gestorben glaubtet? ... Es ist so furchtbar, was wir etwa 1500 Schwestern durchmachen. Wir werden wie Tiere behandelt, mit Schlägen zur Arbeit und von ihr zurückgetrieben. Wir gelten weniger als Tiere, denn auf uns wird gar keine Rücksicht genommen, ob wir zusammenbrechen und tot liegen bleiben oder ob uns eine Wache zu Tode prügelt, ist ganz gleichgültig. Wortlos, mit mutlosem Herzen, fast stumm, wanken wir zur Arbeit. Und wenn die Arbeit nicht rasch genug vorangeht oder die Wache schlecht gelaunt ist, dann saust die Peitsche auf uns. Erst hatten wir an einer großen Brücke über den Dnjepr gearbeitet, schwerste Männerarbeit. Eisenbalken tragen und schieben, hoch über dem breiten Fluß. Wer zusammensank, bekam die Peitsche, wer liegen blieb, den stieß der Wärter hinunter in den Fluß. Den ganzen Tag schwerste Arbeit bei ganz trauriger Ernährung, nur etwas schlechtes Brot und eine dünne Suppe. Viele erliegen den Anstrengungen, und wir beneiden sie um den Tod. Gegenwärtig arbeiten wir in einem Bergwerk, den ganzen Tag unter der Erde, in schlechter Luft. Viele starben ...«

6. Unter polnischer Verwaltung

Vorspiele der Vertreibung

Im Fall Polens ist es schwer zu sagen, wann die Vertreibung angefangen hat. Immerhin wurde vor dem Zweiten Weltkrieg etwa eine Million Deutscher veranlaßt, das Land zu verlassen, die meisten davon in den zwanziger Jahren[1]. Als die Tschechoslowakei im September 1938 das gemischt-nationale Olsagebiet an Polen abtreten mußte, verließ angesichts der unwirtlichen Behandlung durch die neuen Landesherren von den 17 000 Deutschen dieser Provinz über ein Drittel binnen elf Monaten fluchtartig seine angestammten Wohnsitze[2]. Am Vorabend des Krieges zählte man 70 000 Deutsche aus Polen in den Flüchtlingslagern im Reich, nicht gerechnet weitere Tausende in Privatunterkünften[3].

Ursache des Exodus war die extrem nationalistische Minderheitenpolitik Warschaus. Der führende nationaldemokratische Politiker Stanislaw Grabski erklärte im Oktober 1919 im Hinblick auf die Deutschen in den neuerworbenen Gebieten, das »fremde Element« müsse von »14 oder sogar 20 v. H. auf 1½ v. H.« herabgedrückt werden (in Wirklichkeit gab es dort 35,4% Deutsche). In der Wahl der Mittel war man nicht kleinlich. Als Unterrichtsminister drückte Grabski zunächst die Zahl der deutschen Schulen, während seine Kabinettskollegen dafür sorgten, daß das Erbrecht für Deutsche in einem breiten Grenzstreifen nicht mehr galt (Grenzzonengesetz), daß deutsche Bauernhöfe massenhaft enteignet und zwangsgeräumt wurden, von den tausendfach verfügten Ausweisungen und den übrigen Methoden der administrativen Diskriminierung ganz zu schweigen. In den Archiven des Völkerbunds in Genf lagern 20 Kästen mit Protesten und Petitionen ausgewiesener Deutscher aus der Vorkriegszeit[4]. Polen wurde so oft von internationalen Gremien und Gerichten wegen des Bruchs des Minderheitenschutz-Abkommens vom 28.7.1919 verurteilt, daß es sich schließlich 1934 von diesem Abkommen einseitig lossagte[5].

Ähnlich erging es der Bevölkerung der weißrussischen, litauischen und ukrainischen Gebiete, die nach dem Ersten Weltkrieg zu Polen gekommen waren. Über 1½ Millionen Weißrussen hatten 1923 nur noch 37 Volksschulen; die Zahl der ukrainischen Volksschulen wurde von über 2600 auf 500 im Jahr 1931 heruntergedrückt, Militärsiedlungen wurden angelegt und Befriedungsaktionen der polnischen Armee mit beispielloser Brutalität durchgeführt; allein in der Wojwodschaft Lublin z. B. zählte man in einem Jahr 114 zerstörte ukrainische Kirchen. Die weißrussische Führungsschicht begann daraufhin zum Kommunismus, die ukrainische zum Nationalismus zu tendieren[6].

Die ersten größeren Blutopfer forderte der sog. dritte polnische Aufstand in Oberschlesien im Mai und Juni 1921. Dabei handelte es sich um den polnischen Versuch, entgegen dem Ergebnis der international überwachten Volksabstimmung in Oberschlesien vollendete Tatsachen durch militärische Okkupation zu schaffen. Die Aktion war überwiegend von Freischärlern aus Polen und nicht von der polnischen Minderheit in Oberschlesien getragen. Die Operation wurde inoffiziell, aber tatkräftig von der Warschauer Regierung unterstützt. »Die Grenze zwischen Polen und Oberschlesien ist so frei passierbar wie unsere London Bridge«, schrieb am 10. Mai 1921 die Times. In dieser Zeit ereigneten sich zahlreiche Morde und Greueltaten an der deutschen Zivilbevölkerung[7]. Liest man heute z. B. die »Denkschrift der Deutschen Parteien und Gewerkschaften des Kreises Hindenburg O. S. über den 3. Polen-Aufstand« vom Jahr 1921, so glaubt man an manchen Stellen eine Miniaturausgabe der Ereignisse von 1945 vor sich zu haben.

Am 15. Mai 1927 meldete man aus Rybnik pogromähnliche Ausschreitungen gegen Deutsche[8]. Als ab April/Mai 1939 die deutsch-polnischen Beziehungen immer schlechter wurden, kam es vereinzelt zu Morden an Volksdeutschen (Personen deutscher Abstammung und Muttersprache, die nicht die deutsche Staatsangehörigkeit besaßen). Allerdings hatte der Terror nicht das Ausmaß, wie es die NS-Propaganda später behauptete[9]. Immerhin gab es Dörfer, in denen fast alle deutschen Häuser demoliert waren; in einigen ländlichen Gebieten übernachtete man aus Angst vor nächtlichen Überfällen in Wäldern und Feldern; deutschsprachige Zeitungen wurden in rascher Folge beschlagnahmt, es kam zu Massenentlassungen deutscher Arbeiter, und deutsche Kirchgänger und Schulkinder lebten in dauernder Furcht, unterwegs verprügelt zu werden[10]. Wer geglaubt hatte, es könne nicht mehr viel schlimmer werden, wurde nach Ausbruch des Krieges eines Besseren belehrt.

Bereits mehrere Monate vor dem Krieg hatten Rundfunk und Presse

– mit Ausnahme der Linkspresse – einen nationalistischen Propagandafeldzug gegen die Minderheiten geführt, der in der Feststellung gipfelte, »daß im Kriegsfalle kein einheimischer Feind lebend entrinnen wird«. Die Rede von einer bevorstehenden »Bartholomäus-Nacht« ging um, und wohlmeinende Polen warnten deutsche Nachbarn, sich im Kriegsfall auf das Schlimmste gefaßt zu machen. Schon vor Kriegsbeginn wurden zwei große Konzentrationslager – vor allem für Angehörige der deutschen und ukrainischen Führungsschicht – eingerichtet, und am 1. September 1939 begann dann die angekündigte »Jagd auf Deutsche« (Polowanie na Niemcow)[11].

Bei den Ereignissen rund um den »Bromberger Blutsonntag« vom 3.9.1939, die im westlichen Polen etwa 5000, im ganzen Land zwischen 6000 und 7000 Todesopfer[12] forderten, hat man immerhin den ersten Massenmord in der deutsch-polnischen Zeitgeschichte vor sich. Der Schwerpunkt dieses großen und z. T. sehr grausamen Pogroms lag im sog. polnischen Korridor, d. h. in dem Landstrich, den Polen im Versailler Vertrag als Zugang zum Meer erhalten hatte. Epizentrum war die Stadt Bromberg, aber auch aus dem Raum Lodz meldete man blutige Ausschreitungen[13]. Das Geschehen ist nicht nur durch die Ermittlungen der Wehrmacht-Untersuchungsstelle (vgl. letztes Kapitel) und mehrere tausend Aussagen überlebender Deutscher, sondern auch durch die beigezogenen ausländischen Pressevertreter und Ärzte zuverlässig bezeugt[14].

Die meisten Morde wurden von Militär, Polizei und paramilitärischen Jugendeinheiten verübt[15], nur ein geringerer Teil von aufgehetzten Zivilisten.

Der Ablauf war meistens der gleiche. Es begann regelmäßig mit Verhaftung wegen Verdachts der Spionage und subversiver Tätigkeit oder mit Verschleppung ohne Angabe von Gründen. Die bisherigen Forschungen haben aber kaum Anhaltspunkte für die genannten Vorwürfe ergeben[16].

Willkürliches Erschießen oder Erschlagen von Angehörigen der Minderheit standen oft am Ende der Maßnahmen, und auch Vergewaltigungen häuften sich. Kleine Dörfer im Grenzgebiet verloren bis zu 50% ihrer Bevölkerung. Im Osten des Landes ging es den Ukrainern übrigens nicht besser[17]. – Ein Kapitel für sich bildete die Verschleppung der Führungsschicht der Minderheiten:

»Über die Verschleppung liegt eine bisher unveröffentlichte ›Doku-

Dok. 7

Die Zeit des Bromberger Blutsonntags

Erlebnisbericht von Else Zabel aus dem Dorf Hopfengarten, Kreis Bromberg, zitiert nach Rudolf Mühlfenzl (Herausg.): Geflohen und vertrieben. Augenzeugen berichten, Königstein/Ts. 1981, S. 36ff.

»Um sieben Uhr abends bellten die Hunde. Vier Polen, drei waren bewaffnet, kamen auf unseren Hof. Sie lärmten laut und schwenkten ihre Karabiner. Als mein Mann in der Tür erschien, um sie zu fragen, was sie wollten, brüllten sie »Hitlerschwein!«. Sie schlugen ihn nieder. Dann forderten sie ihn auf, die Waffen herauszugeben. Waffen hatten wir aber nie besessen. Dann stießen sie meinen Mann zur Seite und traten in unsere Wohnung. Sie kamen in die Küche und rissen die Schubladen heraus, machten die Tür vom Küchenspind auf und durchwühlten alles. Sie warfen die Sachen auf den Fußboden. Dann rannten sie ins Wohnzimmer und in das Schlafzimmer. Auch hier rissen sie alle Schränke und Schubladen auf, brachen alles auf und warfen die Gegenstände auf den Fußboden. Die Sachen, die ihnen gefielen, steckten sie in ihre Taschen. Die Betten wurden aufgeschlitzt und aufgerissen. Dann schüttelten sie die Federn aus ... Nachdem die Polen nichts Belastendes gefunden hatten, schlugen sie wieder auf meinen Mann ein und traten ihn mit Füßen und johlten laut »Hitlerschwein!«. Dann wollten sie von ihm Geld und seine Taschenuhr ... Zuerst weigerte er sich, das Geld und die Uhr herauszugeben. Aber sie schlugen erneut auf ihn ein. Er blutete aus der Nase und dem Mund, hatte Platzwunden am Kopf. ...

Ich sah vom Blumengarten aus die Quälerei mit an. Ich durfte mich aber nicht bemerkbar machen, da mich die Polen wahrscheinlich genauso behandelt und noch vergewaltigt hätten. Das hatten sie mehrfach mit den Töchtern unserer Nachbarn gemacht, die auch Deutsche waren. Mein Mann fiel mehrmals hin, wurde aber mit Fußtritten und Kolbenschlägen wieder hochgetrieben. Unter großem Gejohle und Beschimpfungen wie »Hitlerowiec, Schwab, deutsches Schwein« trieben sie meinen Mann vom Grundstück ... Die Polen schlugen weiter auf ihn ein, traten ihn und stachen mit den Bajonetten zu. Sie rissen ihn wieder hoch und trieben ihn vor sich her.

Ich war durch diesen Überfall und die Mißhandlungen meines Mannes so verängstigt, daß ich ohne Verpflegung und ohne Gepäck über die angrenzenden Wiesen in eine Lehmgrube floh. Dort fand ich Nachbarn. Sie berichteten auch von Mißhandlungen. Inzwischen war es dunkel geworden. Die ganze Nacht hörten wir von weitem das Lärmen der Soldaten, das Weinen der Kinder, das Jammern der Frauen und der Mädchen. Zwischendurch fielen Schüsse. An mehreren Stellen des Ortes brannten die Häuser der deutschen Bauern ...

(Nach dem Einmarsch der deutschen Truppen) fand ich meinen Mann tot, erschossen, erschlagen. Ich identifizierte ihn anhand seiner Kleidung. Er war fast bis zur Unkenntlichkeit zerschlagen. Er hatte klaffende Wunden in Rücken, Brust und Bauch. Kopf und Schulter waren blutverkrustet. In meinem Schmerz und meiner Ohnmacht bin ich zusammengebrochen ...«

mentation der Verschleppungsmärsche der Deutschen aus Posen und Pomerellen im September 1939‹ im Bundesarchiv Koblenz vor. Diese Dokumentation ist keine Aneinanderreihung der Schilderungen vieler tausend Einzelschicksale, sondern eine Rekonstruktion des Gesamtkomplexes. Die polnischen Behörden hatten von langer Hand Listen zu inhaftierender Personen angelegt. Sie umfaßten die gesamte deutsche Intelligenz der beiden West-Wojewodschaften. An ihrer Hand wurden die Aufgeführten, soweit man ihrer habhaft werden konnte, am 1. und 2. September ohne richterlichen Haftbefehl inhaftiert. Dem folgten weitere Verhaftungen seitens kommunaler Organe. Im Kreise Samter, dessen Starost (Landrat) die Listen unter Verschluß behielt, wurden sieben Deutsche inhaftiert – im Nachbarkreis Obornik etwa siebenhundert, von denen nachweislich 231 dabei umgekommen sind. Die Verschleppten wurden nach Osten in Marsch gesetzt. Die Behandlung auf den Märschen durch Bewachungspersonal und Zivilpersonen war unmenschlich. Wer nicht mehr weiterkonnte, wurde totgeschlagen. Einzelne Marschgruppen wurden fast vollständig aufgerieben ...«[18]

Wenn man bedenkt, daß diese Aktionen bereits vor dem Krieg geplant und vorbereitet wurden, so muß man als überholt betrachten, was Martin Broszat in seinem 1961 herausgekommenen Buch[19] schreibt: »Diese Übergriffe geschahen während der Panik der ersten Kriegstage unter den Bedingungen einer sich durch Rückzug und Räumung auflösenden Ordnung und des dabei herrschenden Erregungszustandes, nicht als geplante, mit kaltem Blut unternommene Ausrottungsmaßnahme.«

Abschließend ist zu erwähnen, daß der Bromberger Blutsonntag auch zum Schulbeispiel nationalsozialistischer Geschichtsfälschung wurde. Um einen Vorwand für brutales Durchgreifen in Polen vorweisen zu können, wurde die entsprechende Dokumentation des Auswärtigen Amts mit »etwa 5400 Morden« zurückgezogen und die frei erfundene »Zahl von 58 000 Toten und Vermißten allein als verbindlich« festgesetzt[20]. Dadurch sollte offenbar der Eindruck erweckt werden, alle 58 000 seien ums Leben gekommen.

Die Lage ab 1945

Nach dem Wüten der Sowjetsoldaten hörte 1945 im Osten der Schrecken nicht auf, er nahm nur andere Gestalt an. So wie dem Löwen die Hyänen folgen, so folgte der Roten Armee bald ein zusammengewürfelter Haufen polnischer Partisanen und Plünderer, frischgebackener Miliz und Marodeure. Über Zusammensetzung und Motive dieses Personenkreises berichtet der II. Teil des Buches ausführlich.

Während in Polen selbst fast alle Deutschen in Konzentrationslager verbracht wurden, führte – wenn auch nicht im gleichen exzessiven Ausmaß – in den Oder-Neiße-Gebieten das Dekret vom 31.8.1944 über die »Strafzumessung für faschistisch-hitlerische Verbrecher« zu willkürlichen Massenverhaftungen[21]. Praktisch alle Verhafteten wurden auf denkbar brutale Weise mißhandelt, häufig bis zu Todesfolge, viele nach Belieben erschossen oder erschlagen[22].

In der Nähe der Folterkeller der polnischen Miliz wollten oft die Bewohner der Nachbarhäuser ausziehen, weil sie die furchtbaren Schreie der Gefolterten nicht mehr aushalten konnten[23].

»Aber auch in den Heimatgemeinden ist ein größerer Personenkreis durch Erschießungen und Erschlagen betroffen worden. Die unmittelbar nach der Eroberung Zentral- und Westpolens durch die Rote Armee hier eingesetzte polnische Miliz beteiligte sich in den dortigen deutschen Siedlungsgebieten an der Erschießung von Deutschen durch sowjetische militärische Einheiten und setzte sie fort, wie dieses insbesondere in dem Berichtsmaterial über zentralpolnische Gebiete zum Ausdruck kommt. In den Reichsgebieten waren es zunächts polnische Partisanengruppen, die in Gemeinden einzelne Personen erschossen. Mißhandlungen wurden Personen vielfach bei Durchsuchungen ihrer Wohnungen durch die Miliz oder in den sogenannten Prügelstuben der Gemeindemiliz oder bei Ausplünderungen durch polnische Zivilisten ausgesetzt.«[24]

In Anlehnung an die Judenpolitik der Nazis zwang man vielerorts in Ostdeutschland, vor allem aber in Westpolen, die Deutschen, bestimmte Armbinden oder Hakenkreuze an der Kleidung zu tragen[25], was die willkürlichen Übergriffe von Halbwüchsigen, Miliz udgl. wesentlich erleichterte.

Auch katholische Priester[26] und aktive Nazigegner blieben von Gewalttaten nicht verschont. In einer Denkschrift der Glatzer Kommunisten heißt es z. B.[27]: »Die polnische Polizei wendet sich in den obengenannten Gebieten in vielen Fällen mit aller Schärfe gegen die alten Kommunisten, gegen Antifaschisten, vereinzelt sogar gegen die

politischen Häftlinge der Nazikonzentrationslager, weil nach ihrer Ansicht jeder Deutsche ein Faschist ist.«
In Niederschlesien trieb man die Dorfbevölkerung vielfach zu 2–3tägigen planlosen Märschen zusammen, welche die Plünderung der Wohnungen erleichtern sollten, aber auch viele Menschenleben kosteten, wie u.a. die Dokumentationen von Bundesvertriebenenministerium und Bundesarchiv belegen[28]. Im polnisch besetzten Teil Ostpreußens versuchte man möglichst viele Bewohner dazu zu bewegen, sich als autochthone Masuren, d. h. oberflächlich eingedeutschte slawische Ureinwohner zu bekennen. Wer sich weigerte, wurde oft Opfer von Gewalttaten[29].
Insgesamt gab es große Unterschiede im Schicksal der verschiedenen Ortschaften. Im Laufe der Zeit besserten sich die Zustände etwas, obwohl auch aus dem Jahr 1947 noch viele Todesfälle berichtet werden[30].
Zahlreiche Menschenopfer forderten auch die Zustände bei den Vertreibungstransporten. Robert Murphy, der politische Berater der US-Militärregierung in Berlin, schrieb dazu am 12. Oktober 1945 in einem Memorandum an das amerikanische State Department[31]:
»Allein auf dem Lehrter Bahnhof in Berlin haben unsere Sanitätsdienststellen täglich im Durchschnitt zehn Menschen gezählt, die an

Dok. 8

Bertrand Russels Leserbrief an die »Times« vom 19. Oktober 1945[32]

»In Osteuropa werden jetzt von unseren Verbündeten Massendeportationen in einem unerhörten Ausmaß durchgeführt, und man hat ganz offensichtlich die Absicht, viele Millionen Deutsche auszulöschen, nicht durch Gas, sondern dadurch, daß man ihnen ihr Zuhause und ihre Nahrung nimmt und sie einem langen schmerzhaften Hungertod ausliefert. Das gilt nicht als Kriegsakt, sondern als Teil einer bewußten ›Friedens‹politik ... Im Potsdamer Protokoll wird vorgeschrieben, daß die Ausweisungen von Deutschen in ›geregelter und humaner‹ Weise durchgeführt werden sollten. Und es ist wohl bekannt – durch öffentliche Berichte wie durch Briefe, die zahlreiche britische Familien von Verwandten und Freunden in den Besatzungsarmeen erhielten –, daß diese Bedingungen von unseren russischen und polnischen Verbündeten nicht beachtet worden sind ...«

Erschöpfung, Unterernährung und Krankheit gestorben sind. Sieht man das Elend und die Verzweiflung dieser Unglücklichen, spürt man den Gestank des Schmutzes, der sie umgibt, stellt sich sofort die Erinnerung an Dachau und Buchenwald ein. Hier ist Strafe im Übermaß – aber nicht für die Parteibonzen, sondern für Frauen und Kinder, die Armen, die Kranken ...«

Lager

Noch mehr Tote als auf den Vertreibungstransporten und in den polnischen Polizeigefängnissen gab es in den Lagern. Aus einem vertraulichen Bericht von R.W.F. Bashford an das Foreign Office vom Jahr 1945 geht hervor[33]:
»Konzentrationslager sind nicht aufgehoben, sondern von den neuen Besitzern übernommen worden. Meistens werden sie von polnischer Miliz geleitet. In Swientochlowice (Oberschlesien) müssen Gefangene, die nicht verhungern oder zu Tode geprügelt werden, Nacht für Nacht bis zum Hals in kaltem Wasser stehen, bis sie sterben. In Breslau gibt es Keller, aus denen Tag und Nacht die Schreie der Opfer dringen.«
Zwar waren manche Lager klein oder bestanden nur eine kürzere

Dok. 9

Selbstmord als Erlösung

Der Lagerarzt berichtet aus dem KZ Lamsdorf/Oberschlesien[35]:
»Am 15. September 1945 wurden 16 Männer vor einen Wagen gespannt und mußten unter ständigen Stockschlägen schwere Eisenteile im Nachbardorf holen. Sie konnten sich kaum halten vor Schwäche und Hunger. Unterwegs im Walde wurden auf diese Männer regelrechte Schießübungen veranstaltet, wobei die Hälfte der Unglücklichen unter Feuer in einen Teich gejagt wurde und darin ertrank. Die anderen, worunter sich auch der jetzt noch lebende Erhard Sch. befand, kehrten blutüberströmt und sich nur mühsam vorwärts schleppend zurück. Drei von ihnen hatten von den Schreckenserlebnissen die Sprache verloren. Einer schrie vor Schmerzen, weil er vier tiefe Bajonettstiche im Körper hatte. Aber er durfte nicht ins Revier oder ärztlich behandelt werden. Er erhängte sich in derselben Nacht neben der Schlafstelle eines Mithäftlings.«

Zeit, doch hat das Bundesarchiv für die Gebiete östlich von Oder und Neiße die erschreckende Zahl von 1255 Lagern ermittelt, ganz abgesehen von 227 Gefängnissen, in denen Gewalttaten an Deutschen begangen wurden.[34]
Allein im Lager Lamsdorf starben von ca. 8000 Insassen 6048[36]. In einem bestimmten kurzen Berichtszeitraum starben im Lager Potulice 48 von 50 Säuglingen[37].
Z. T. wurden Kinder von ihren Müttern getrennt, um die Arbeitskraft der Frauen besser ausbeuten zu können. »Die polnische Regierung betrachtete die von ihren Eltern getrennten deutschen Kinder als Staatseigentum und war bestrebt, sie zu polonisieren«, berichtet die Dokumentation der Vertreibung[38]. Dieser Tatbestand wird übrigens in der einschlägigen UNO-Entschließung vom 9. Dezember 1948 ausdrücklich als Form des Völkermordes bezeichnet.
Planmäßiges Erschießen der arbeitsunfähigen Alten und Kranken wird aus verschiedenen Lagern berichtet[39]. Das einträgliche Vermieten der Internierten durch die Lagerleitung an polnische Privatpersonen erscheint demgegenüber nachgerade harmlos, obwohl die Vorgänge bei der Vermietung[40] fatal an antike Sklavenmärkte erinnerten. Immerhin bekamen die Häftlinge eine Chance, auf diese Weise wenigstens vorübergehend dem Hunger und dem Terror der KZ-Schergen zu entgehen. Andererseits waren die billigen Arbeitskräfte für die Polen ein Grund, die Lager möglichst lange aufrechtzuerhalten[41].
Die Pforten der Lagerhölle schlossen sich nur langsam. Die großen Zentralarbeitslager wie Sikawa bei Lodz und Granowo bei Lissa wurden erst 1949/50 aufgelöst, ebenso das berüchtigte Lager Potulice bei Bromberg[42].
Dieses Kapitel wäre aber nicht vollständig ohne wenigstens ein Beispiel für die Humanität einfacher polnischer Menschen: Eine der wenigen Überlebenden des Massenmords im ostpreußischen Nemmersdorf war eine gewisse Margot Grimm. Ihr Fluchtwagen mit dem Ehemann und sechs polnischen Landarbeiterinnen, die auf dem Grimm'schen Hof gearbeitet hatten, wurde von sowjetischen Soldaten eingeholt, der Mann heruntergerissen und sofort erschossen. Die Arbeiterinnen retteten Frau Grimm das Leben, indem sie sich und ihre Bäuerin als Polinnen bezeichneten. Später legten sie der Frau als schützende Maskerade ihre Tücher um und halfen ihr beim Begraben des Mannes und schließlich bei der weiteren Flucht nach Westen[43].

Dok. 10

Zustände in polnischen Lagern aus richterlicher Sicht[44]

Auszug aus dem Urteil des Landgerichts Hannover vom 20. Dezember 1951 gegen einen deutschen KZ-Helfer (Aktenzeichen 2 KS 1/51 28 a 6/51):

»... Die Deutschen selbst waren im Lager getrennt nach Männern, Frauen und Kleinkindern, kinderlosen Frauen und Mädchen sowie Knaben im Alter bis etwa 15–16 Jahren untergebracht. Familien wurden rücksichtslos auseinandergerissen. Kamen die betreffenden Angehörigen dennoch einmal insgeheim zusammen und wurden sie dabei von der polnischen Miliz gefaßt, dann gab es dafür entsetzliche Prügelstrafen bzw. die Todesstrafe. Vergewaltigungen der Frauen durch Polen waren an der Tagesordnung. Die meisten Polen waren überdies geschlechtskrank. An Verpflegung gab es für die Deutschen täglich mittags ½ Liter Wassersuppe, dazu morgens und abends 3 bis 4 alte, meistens faule, anfangs sogar ungekochte Kartoffeln und eine halbe Scheibe Brot. ...

Andererseits spotteten die hygienischen und sanitären Verhältnisse im Lager aller Beschreibung, so daß eine große Läuseplage herrschte. Die Folge dieser Zustände war, daß viele Menschen am Flecktyphus verstarben. Zwar hatten die Polen den deutschen Lagerinsassen Dr. Esser, der von Beruf Arzt war, zum Lagerarzt gemacht. Jedoch hatten sie ihm keinerlei medizinischen Instrumente oder Medikamente zur Verfügung gestellt, ja sie hatten sogar die Medikamente, die Dr. Esser anfangs aus Abfallgruben und Trümmerhaufen mühsam zusammengesucht hatte, mit Füßen zertreten. ... Infolge dieser Zustände allein verstarben schon viele Leute. Andere wieder wurden planmäßig aus nichtigen Anlässen von den Polen erschossen oder erschlagen. Wieder andere dienten den polnischen Partisanen als lebende Zielscheiben und wurden von den Polen gewissermaßen aus Spielerei erschossen.

... Bei diesen Zuständen lag die Sterblichkeitsziffer im Lager sehr hoch. Die untere Grenze war im allgemeinen bei etwa 10 Toten pro Tag, die obere Grenze bei etwa 30 Toten. Es gab allerdings auch Tage, wo die Polen darüber hinaus in ganz besonderer Weise gegen die Deutschen wüteten. Hierzu zählt einmal die erste Nacht, die der Angeklagte im Lager verbrachte. Er war mit einem Schub von etwa 60 bis 70 Leuten ... nach einem anstrengenden Fußmarsch gekommen. In der ersten Nacht veranstalteten die Polen mit diesen halb verhungerten Menschen eine sogenannte ›Nachtübung‹, wobei sie etwa die Hälfte der Menschen – und zwar solche, die nicht schnell ›auf-nieder‹ machen konnten, – erschlugen ...«

7. Böhmen und Mähren

Der Kreis der Opfer

Anders als Schlesier, Pommern und Ostpreußen hatten die Bewohner des Sudetenlandes schon Erfahrungen unter fremder Verwaltung sammeln können. Zugegeben, nicht immer die besten, aber immerhin waren Leben und Eigentum in den Jahren zwischen 1919 und 1938 im Prinzip unangetastet geblieben. Überwiegend erwartete man, daß es 1945 allenfalls so weitergehen würde wie nach dem Ersten Weltkrieg; denn gemessen an den Schrecken des Krieges und der Diktatur in anderen Teilen Europas waren sowohl Sudetendeutsche als auch Tschechen bis dato von dem Schlimmsten verschont geblieben. Die allgemeine Stimmung im tschechischen Volk wirkte ruhig und alles andere als besorgniserregend.

Im Krieg waren Ernährungsprobleme, Luftangriffe und Partisanenkämpfe im Tschechischen praktisch unbekannt[1]. Auch die Fronten hatten Böhmen – mit geringfügigen Ausnahmen im Westen – noch nicht erreicht, als Jodl in Reims die bedingungslose Kapitulation der Großdeutschen Wehrmacht unterschrieb. Da die Tschechen vom Wehrdienst freigestellt waren, nahm ihre Zahl im Krieg stark zu, während bei den Sudetendeutschen die Kriegsverluste den Geburtenüberschuß überstiegen. Zwar hatten die Nazis das Dorf Lidice zerstört, dort 186 Männer erschossen und eine weit höhere Zahl von Juden und Antifaschisten ermordet, doch im allgemeinen unterschied sich der braune Terror im »Protektorat Böhmen und Mähren« nur wenig von dem im Sudetenland.

Die Zeichen standen 1945 also auf Schönwetter – so glaubte jedenfalls der Mann auf der Straße. Zunächst schienen die Optimisten recht zu haben, denn der russische Einmarsch kam spät und verlief glimpflich. Wer von den vielen aufrechten Widerstandskämpfern hätte sich träumen lassen, daß schon bald einer der ihren, der führende Sozialdemokrat Wilhelm Nießner, das folgende Memorandum an die Prager Regierung würde richten müssen[2]:

»Aus allen Teilen der Republik kommen auch noch heute mir, der ich wohl der älteste unter den früher im Vordergrund unserer Bewegung Gestandenen bin, Hilferufe der treuesten meiner Genossen zu, die mich wegen des bitteren Leidens, das aus ihnen spricht, in tiefster Seele erschüttern. In den verschiedenen Lagern befinden sich noch

immer viele meiner Gesinnungsgenossen, sie haben nicht nur die Freiheit, sondern auch ihre Wohnung und ihr bißchen Eigentum verloren.
Sozialisten und Antifaschisten, darunter solche, die als langjährige Funktionäre der sozialistischen Parteien bekannt sind und von denen manche mit den Waffen in der Hand den nazistischen Banden im Jahre 1938 entgegengetreten sind, werden verhaftet, zusammen mit Faschisten aus ihren Wohnungen gejagt und unbekannt wohin abtransportiert. In der Ernährung sind die Antifaschisten mit den Faschisten auf dieselbe Stufe gestellt und beziehen die gekürzten Lebensmittelkarten, die sie zu einem Hungerdasein veurteilen. In vielen Orten müssen sie gleich den Faschisten das Erkennungszeichen ›N‹ (Nemec = Deutscher) tragen, das sie als diffamiert stigmatisiert.
Ein Dekret verordnet die Bildung antifaschistischer Ausschüsse, doch in manchen Orten ist jetzt nach Monaten damit noch kaum ein Anfang gemacht. In den Lagern bei den Abtransporten haben viele unserer Gesinnungsgenossen und Genossinnen ihr Leben eingebüßt ...«
Nur die wenigsten wußten, was der tschechoslowakische Exil-Regierungschef Eduard Benesch (Edvard Beneš) in seiner Rundfunkbotschaft an die Tschechoslowaken schon am 27. Oktober 1943 gesagt hatte: »In unserem Land wird das Ende des Krieges mit Blut geschrieben werden.« Auch General Ingr, der Befehlshaber der tschechoslowakischen Streitkräfte im Ausland, erklärte mit Blick auf die Sudetendeutschen am 3. November 1944 in einem Aufruf über den Londoner Rundfunk: »Wenn unser Tag kommt, wird die ganze Nation dem hussitischen Schlachtruf folgen: ›Schlagt sie, bringt sie um, laßt keinen am Leben!‹ ...«[3]
Daß diese Reden nach dem Krieg in Hunderttausenden von Fällen blutige Wirklichkeit wurden, läßt sich u.a. aus der Ansprache von Staatspräsident Benesch in Melnik am 14. Oktober 1945 ablesen[4]:
»In letzter Zeit werden wir aber in der internationalen Presse kritisiert, weil die Umsiedlung der Deutschen bei uns in einer unwürdigen und unzulässigen Weise durchgeführt werde. Wir tun angeblich dasselbe, was die Nazisten uns getan haben; dadurch würden wir unsere eigene nationale Tradition und unseren bisher unberührten sittlichen Ruf antasten. Wir würden angeblich einfach die Nazisten in ihren grausamen, unzivilisierten Methoden nachahmen. – Mögen

diese Vorwürfe vielleicht in Einzelheiten wahr sein oder auch nicht, ich erkläre ganz kategorisch: unsere Deutschen müssen ins Reich fortgehen, und sie werden in jedem Falle fortgehen.«

Wenn sich jemand auf seine antifaschistische Vergangenheit berief, so hörte er nur allzuoft die lakonische Antwort: Deutscher ist Deutscher![5] Daß es der Prager Regierung nicht um Antifaschismus, sondern um tschechischen Nationalismus ging, zeigen auch die zahllosen Berichte über Nazigegner in tschechischen Lagern[6]. Rhona Churchill berichtet z. B. am 6.8.1945 in der ›Daily Mail‹[7]:

»Überall im Lande werden jetzt Konzentrationslager für Deutsche eingerichtet. Man schickt die Leute unterschiedslos hinein, während sie auf ihr Visum für Deutschland warten. Sogar deutsche Juden und Nazigegner, die erst kürzlich aus den Konzentrationslagern der SS befreit wurden, sind nicht sicher ...«

In einigen Fällen kamen die Unglücklichen wieder in das alte Lager zurück, das sie noch aus der Nazizeit kannten. – Immerhin verdanken wir diesem Umstand interessante Einblicke; z. B. wird aus Theresienstadt die unglaubliche Tatsache berichtet, daß dort die Essensrationen nach 1945 etwa halb so groß waren wie vor 1945[8].

Das Staatsbürgerschaftsdekret vom 2. August 1945 schuf zwar einige Bagatell-Privilegien für deutsche Antifaschisten; z. B. erhielten sie statt der vorgeschriebenen weißen Armbinden für Deutsche rote Binden und durften auch einige Möbel mitnehmen, »soweit es die Transportverhältnisse zulassen«[9].

Andererseits galt als Antifaschist nur, wer zwei Voraussetzungen zugleich erfüllte: Kampf gegen Nazismus und für die Tschechoslowakische Republik[10]. Außerdem war die Anerkennung oft von der Willkür örtlicher Behörden abhängig[11]. – Immerhin konnte der geschickte Sozialdemokrat Alois Ullmann erreichen, daß 82 600 sudetendeutsche Genossen in einer Sonderaktion ausgesiedelt wurden, davon 44 500 mit Möbeln[12].

Die ungarische Volksgruppe in der Südslowakei wurde – einschließlich ihrer Antifaschisten – zunächst genauso verfolgt wie die Sudetendeutschen[13].

Eine Tragödie eigener Art war das Schicksal der überlebenden sudetendeutschen Juden. (Übrigens zählten auch in Prag und anderen tschechischen Großstädten die Juden großenteils zur deutschen Sprachgruppe)[14]. Mehrere tausend von ihnen gerieten nach Erkennt-

Dok. 11

Neue Regierung – altes KZ

H. G. Adler, als rassisch Verfolgter in der Nazizeit Insasse des Lagers Theresienstadt in Böhmen, Verfasser des 950seitigen Standardwerks »Theresienstadt 1941–1945, Das Antlitz einer Zwangsgemeinschaft« schreibt über das Ende des Krieges auf S. 218 seines Buches:

»Die Befreiung von Theresienstadt hat das Elend in diesem Ort nicht beendet. Nein, nicht allein für die ehemaligen Gefangenen, deren Leiden mit dem Wiedergewinn der äußeren Freiheit gewiß nicht abgeschlossen waren, sondern auch für neue Gefangene, deren Elend jetzt erst begann. In der ›Kleine Festung‹ wurden Deutsche des Landes und reichsdeutsche Flüchtlinge eingeliefert. Bestimmt gab es unter ihnen welche, die sich während der Besatzungsjahre manches hatten zuschulden kommen lassen, aber die Mehrzahl, darunter viele Kinder und Halbwüchsige, wurden bloß eingesperrt, weil sie Deutsche waren. Nur weil sie Deutsche waren ...? Der Satz klingt erschreckend bekannt; man hatte bloß das Wort ›Juden‹ mit ›Deutschen‹ vertauscht. Die Fetzen, in die man die Deutschen hüllte, waren mit Hakenkreuzen beschmiert. Die Menschen wurden elend ernährt, mißhandelt und es ist ihnen um nichts besser ergangen, als man es von deutschen Konzentrationslagern her gewohnt war. Der Unterschied bestand lediglich darin, daß der herzlosen Rache, die hier am Werke war, das von der SS zugrunde gelegte großzügige Vernichtungssystem fehlte. Das Lager stand in tschechischer Verwaltung, doch wurde von ihr nicht verhindert, daß Russen gefangene Frauen vergewaltigten. Zur Ehre der Theresienstädter Juden sei gesagt, daß sich an diesen Gefangenen, die zum Straßenkehren und anderen niedrigen Arbeiten, aber auch zur Pflege von Flecktyphuskranken in die Stadt kommandiert wurden, keiner der alten Gefangenen vergriff, obwohl Russen und Tschechen dazu aufforderten.«

nissen des amerikanischen Gewerkschaftsbundes (American Federation of Labor) in die grausamen Mühlen der Deutschenverfolgung[15]. Das Restitutionsgesetz vom 16. Mai 1946 bestimmte, daß enteigneter Besitz aus der Nazizeit nur an »national zuverlässige« Personen zurückzugeben sei. In einer späteren Verordnung des Innenministeriums vom 13. September 1946, die die Behandlung der Juden grundsätzlich regelte, wurde national unzuverlässiges Verhalten definiert als »Aktivität für den Zweck, die deutschen und ungarischen Interessen zu fördern« – gleichgültig ob vor oder nach 1918 –, z. B. durch die Errichtung deutscher oder magyarischer Schulen und anderer Einrichtungen, ebenso durch die wirtschaftliche und moralische Unterstützung irgendeiner irredentistischen Bewegung oder sogar nur die Beschäftigung von Deutschen oder Ungarn in führenden Positionen irgendeines Unternehmens[16].

Auch schon deutsch gesprochen zu haben, genügte nach den Worten des Innenministers Nosek für den Vorwurf der Germanisierung[17]. Unmißverständlich hat es die Zeitung ›Lidovy Vecernik‹ am 10. Oktober 1945 ausgedrückt, als sie auf einen Leserbrief in einer britischen Wochenzeitung antwortete[18]:

»Dem Verfasser unterlief in seinem Schreiben in ›Time and Tide‹ vom 6.10.1945 ein grundlegender Irrtum. Er begründete seine Information auf rassische Motive. Die Frage der tschechoslowakischen Staatsbürgerschaft wird in der Tschechoslowakischen Republik nur auf der Grundlage der Nationalität entschieden. In der Tschechoslowakei geht es lediglich um die Frage: Tscheche oder Slowake oder Deutscher und Ungar. Um nichts anderes. Wenn sich allerdings ein Jude zur deutschen Nationalität bekannt hat, muß er denselben Weg gehen wie jeder andere Bürger deutscher Nationalität ...«

Daß dieser Weg sogar ins KZ führen konnte, ist mehrfach belegt[19]. Zwar waren die überlebenden Insassen der NS-Lager offiziell von der Verfolgung ausgenommen, doch Willkür und antisemitische Vorurteile lokaler Stellen entwerteten nicht selten die papierenen Privilegien. Nach dem Krieg wurden für Deutsche diskriminierende Vorschriften erlassen, die spiegelbildlich den Judengesetzen der Nazis entsprachen: Kennzeichnung durch weiße Binden oder Stoffteile mit dem Buchstaben N (= Nemec = Deutscher); Verbot der Benutzung öffentlicher Verkehrsmittel und Einrichtungen; Verbot, den Wohnort weiter als 7 km zu verlassen, drastisch gekürzte Lebensmittelrationen usw. All das mußten in zahlreichen Fällen deutsche Juden nun wieder über sich ergehen lassen[20], ... weil sie jüdische Deutsche waren.

Von Interesse ist in diesem Zusammenhang eine Beobachtung des früheren Theresienstadt-Häftlings H.G. Adler, von der er in seinem Buch über dieses Lager[21] berichtet: »...In keinem von Hitler besetzten Lande, auch nicht in Deutschland selbst, kamen ›illegale‹ Rettun-

gen von Juden so selten vor wie in dem Gebiet des ›Protektorates‹. Oft wurden Hilfsdienste sogenannter Freunde auch sehr teuer bezahlt«. – Vielleicht erklärt das z. T. die wiederholten Bemerkungen des tschechischen Lagerpersonals, Hitler habe schlecht gearbeitet; es seien immer noch (zu viele) Juden am Leben[22].
Über die Zahl der aus der ČSR deportierten deutschen Juden liegen widersprüchliche Zahlenangaben vor. Jedenfalls verbot erst am 10.9.1946 – also nachdem die Vertreibung fast schon abgeschlossen war – eine Verordnung des Innenministers ausdrücklich den »Abschub« von deutschen Juden in Transporten von Sudetendeutschen[23].

Lager

Mit Sicherheit sind im tschechischen Machtbereich die meisten Todesfälle in den diversen Lagern und Gefängnissen vorgekommen. Nicht unerwähnt bleiben dürfen aber die sog. wilden Ausweisungen des Jahres 1945. Dabei wurden vor allem die Einwohner grenznaher Gemeinden bei unzureichender Verpflegung von prügelnden und schießenden Wachmannschaften zu Fuß aus der Heimat gejagt. Das größte Ereignis dieser Art war der Todesmarsch von 20 000 Brünner Deutschen nach Niederösterreich Ende Mai 1945; mehrere Tausende kamen allein bei diesem Marsch ums Leben[24].
In der Tschechoslowakei bestanden 1215 Internierungslager, 846 Arbeits- und Straflager sowie 215 Gefängnisse, in denen insgesamt 350 000 Deutsche festgehalten wurden[25]. Die Grausamkeiten in den Lagern übertrafen in einigen Fällen sogar die Brutalität der SS[26].
Ursprünglich wurden diese Orte des Schreckens ebenso unbefangen wie zutreffend Konzentrationslager genannt (Koncentracni tabor). Mit Rücksicht auf die Weltöffentlichkeit sprach man später von Internierungslagern, schließlich von Sammellagern. Das Etikett wechselte, die Zustände blieben[28].
Allein im Hanke-Lager im Kreis Mährisch-Ostrau wurden bereits bis Anfang Juli 1945 350 Insassen zu Tode gefoltert[29].
Die Methoden reichten vom simplen Totprügeln bis zur chinesischen Methode, nach der sich eine Ratte langsam in den Bauch des Gefolterten frißt[30]. Vieles, was sich in den Lagern abspielte, war so unbeschreiblich, daß man die europäische Geschichte um Jahrhunderte zurückverfolgen muß, um auf vergleichbare Zeugnisse menschlicher

Dok. 12

Aus einem tschechischen Konzentrationslager

Eine deutsche Ärztin berichtet aus dem Lager Olmütz-Hodolein (Olomouc-Hodolany)[27].

»Um den Leser nicht zu ermüden, greife ich nur einige Fälle heraus, deren Tod mir ob der tierischen Grausamkeit, mit der er ausgeführt wurde, besonders im Gedächtnis haftengeblieben ist. Das Folgende kann jederzeit im vollen Namen belegt werden.
Magistratsdirektor Dr. C. wurde, nachdem man ihn blutiggeschlagen hatte, getötet, indem man ihm einen Schlauch in den Rektum einführte und ihm so lange kaltes Wasser unter Druck in den Darm einströmen ließ, bis er starb.
Ing. H. wurde zweimal aufgehängt und zweimal wieder abgeschnitten, dann mit einer Riemenpeitsche mit Bleikugeln geschlagen, daß das Gebiet von musculus giutaeus maximus abwärts bis zur Achillessehne ein anatomisches Präparat von bloßgelegten Muskeln, Sehnen, Blutgefäßen und Nerven war. Darin wimmelten in den heißen Sommermonaten Tausende von Fliegenmaden ... Der starke Eiweißverlust und eine hinzukommende Dysenterie machten der Qual endlich ein Ende. In den letzten Tagen vor dem Tode holte ich mir diesen Patienten auf den Armen aus dem Zimmer in den Verbandsraum. Er wog kaum noch 30 kg. Diese Methode, jemanden so sterben zu lassen, war eine der häufigsten. Drei Monate hindurch waren alle Marodenzimmer mit derart zugerichteten Menschen belegt. Bei der Ausdehnung der Wunden und der zerschlagenen Muskulatur war an eine Heilung nicht zu denken. Sie starben alle ...
Der furchtbarste Fall war ein 13jähriges deutsches Mädchen, das vergewaltigt worden war und dem davon ein 30 cm langes Stück Darmschlinge aus der Scheide hing. Der tschechische Professor für Gynäkologie Dr. B. operierte das Mädchen doch. Es blieb auch am Leben. Da Dr. B. inzwischen verstorben ist, darf ich verraten, daß nach seinem Bericht der Täter ein Kapitän der tschechischen Armee war.«

Grausamkeit zu stoßen. Es ist nicht verwunderlich, daß einige KZ-Häftlinge über Nacht weiße Haare bekamen und andere geisteskrank wurden[31].
Auch nicht überraschend ist die mehrfache Mitteilung von Robert Murphy (politischer Berater der US-Militärregierung), die Militär-

stellen seien zunehmend besorgt über die antitschechische Einstellung unter den Soldaten, die im amerikanisch besetzten West-Sudetenland häufig Zeugen von tschechischen Übergriffen gegen Frauen und Kinder wurden. Wiederholt nahmen Amerikaner die Deutschen vor tschechischen Gewalttätern in Schutz[32]. Am 26.5.54 verurteilte ein amerikanisches Gericht der Alliierten Hochkommission den Leiter des KZ Budweis, Vaclav Hrnecek, der nach Westdeutschland geflüchtet war[33].

Pogrome

Seit dem Mittelalter gab es in Prag eine starke deutsche Kolonie. Im Mai 1945 wurde sie vernichtet. Am Nachmittag des 5. Mai 1945 – fünf Tage nach Hitlers Selbstmord, einen Tag nach der Kapitulation der Wehrmacht in Norddeutschland und zwei Tage vor Unterzeichnung der Kapitulationsurkunde in Reims – brach in der tschechischen Metropole der Aufstand aus. Am 6. Mai begannen die Ausschreitungen gegen deutsche Zivilisten, die erst nach Kriegsende ihren grausigen Höhepunkt erreichten[34].

Trotz der Unterstützung durch abgefallene Wlassow-Truppen (russische Verbände, die auf deutscher Seite gegen die Sowjets kämpften) gelang es den Aufständischen nicht, die deutschen Polizei- und Militäreinheiten niederzukämpfen. Lediglich der Prager Rundfunk-Sender fiel in ihre Hände. Er spielte eine verhängnisvolle Rolle beim Anheizen der Pogrom-Stimmung[35]. Überhaupt trug der Prager Aufstand mehr die Züge eines Pogroms als eines Freiheitskampfes[35a].

Bemerkenswert an diesem Ereignis ist letztlich nur die Grausamkeit gegenüber der deutschen Zivilbevölkerung. An Todesarten für Deutsche werden überliefert:

- Erschlagen,
- Erdrosseln,
- Ertränken,
- Erstechen,
- Entmannen,
- Tottrampeln durch Menschen,
- Tottrampeln durch Pferde,
- Verbrennen bei lebendigem Leib,
- Verstümmeln auf verschiedenste Weise[36], ferner

– Vollpumpen mit Jauche
– zu-Tode-Rollen in Fässern[37].

Einzelheiten von der Ermordung schwangerer Frauen[38] sollen hier nicht wiedergegeben werden.

»Alle Tode der Erde, die Tode aller Jahrhunderte starben sie«, so hatte der Schriftsteller und Menschenrechtskämpfer Armin T. Wegener 1919 über die Armenier geschrieben[39]. Wer hätte damals geahnt, daß man diesen Satz schon so bald würde wiederholen müssen?

Pogrome ereigneten sich auch in anderen tschechischen Städten[40], z. B. in Budweis. Die Verfolgungen griffen bald auf die sudetendeutschen Städte über, vor allem in Nordböhmen. Über die Vorgänge in Aussig a. d. Elbe berichtet die Dokumentation des Bundesarchivs[41]:

»Ein Geschehnis besonderer Art waren die Ausschreitungen in der Stadt Aussig am 31. Juli 1945, ausgelöst durch eine Explosion eines Lagers deutscher Beutemunition in dem dortigen Vorort Schönpriesen, die von den Tschechen als deutsche Sabotage-Aktion des ›Wehrwolfes‹ ausgelegt wurde. Mit weißen Armbinden gekennzeichnete Deutsche wurden auf den Straßen niedergeschlagen. Als nach Arbeitsschluß die Arbeiter der Firma Schicht AG über die Elbe-Brücke zu ihren Wohnungen eilten, wurden sie von der aufgehetzten Menge auf der Brücke angegriffen, teils erschlagen oder in die Elbe geworfen. Auch Frauen und Kinder erlitten dasselbe Schicksal. Die Angaben über die Anzahl der Opfer dieser Ausschreitungen sind in den einzelnen Berichten unterschiedlich. Die Schätzungen betragen 700 bis 2700 Personen.« (Fußnote: Hierüber eine größere Anzahl von Aussagen in Ostdok. 2/240, darunter der Bericht eines ehem. Funktionärs der tschechischen Verwaltungskommission in Aussig aus der Emigrantenzeitung ›Londynske Listy‹, worin die Anzahl der Toten mit mehr als 2000 Menschen angegeben wird.)

Die Hintergründe des Massenmords werden wohl nie ganz aufgeklärt werden, doch spricht eine ganze Reihe von Indizien dafür, daß die Explosion von tschechischer Seite ausgelöst wurde[42], um die Liquidation der sudetendeutschen Volksgruppe zu beschleunigen. In einer Rundfunkrede am 20. August 1945 erklärte Minister Ripka in Prag: »Wir erleben großangelegte Sabotageakte wie kürzlich in Aussig an der Elbe. Viele Angehörige unseres Volkes fühlen sich nicht sicher, bis sie wissen, daß die Deutschen fortziehen.« – Der Amerikaner Alfred M. de Zayas bemerkt dazu[43]: »Geradezu makaber klingt es, daß dieser Pogrom gegen die deutsche Bevölkerung von der tschechoslowakischen Regierung als Argument angeführt wurde, um die westlichen Alliierten zu einem beschleunigten Tempo der ›Umsiedlungen‹ zu veranlassen.«

Abschließend muß aber auch noch an diejenigen Tschechen erinnert werden, die sich trotz der Gefahr, als deutschfreundliche Kollaborateure verfolgt zu werden, nicht vom Weg der Menschlichkeit abbringen ließen. Der tschechische Philanthrop Premysl Pitter schuf sofort nach dem Krieg Heime für die überlebenden jüdischen Kinder aus Theresienstadt und begann bald darauf, auch deutsche

Dok. 13

Menschen als Strandgut[45]

Der deutsche Pfarrer Karl Seifert stand am Abend des 20. Mai in der Gegend von Pirna mit einigen Männern seiner Gemeinde am Ufer der Elbe. Er hatte dem zwischen Härte und Gutmütigkeit unberechenbar hin- und herschwankenden sowjetischen Kommandanten seines Ortes die Erlaubnis abgerungen, tote Deutsche zu bestatten, die Tag für Tag an dieses Ufer getrieben wurden. Sie kamen elbeabwärts aus der Tschechoslowakei. Und es waren Frauen und Kinder und Säuglinge, Greise und Greisinnen und deutsche Soldaten. Und es waren Tausende und Abertausende, von denen der Strom nur wenige an jenen Teil des Ufers schwemmte, an welchem der Pfarrer und seine Männer die Toten in die Erde senkten und ein Gebet über ihren Gräbern sprachen. An diesem Abend des 20. Mai geschah es, daß der Strom nicht nur solche Deutsche von sich gab, die zusammengebunden ins Wasser gestürzt und ertränkt worden waren, und nicht nur die Erdrosselten und Erstochenen und Erschlagenen, ihrer Zungen, ihrer Augen, ihrer Brüste Beraubten, sondern auf ihm trieb, wie ein Schiff, eine hölzerne Bettstelle, auf der eine ganze deutsche Familie mit ihren Kindern mit Hilfe langer Nägel angenagelt war. Als die Männer die Nägel aus den Händen der Kinder zogen, da konnte der Pfarrer nicht mehr die Worte denken, die er in den letzten Tagen oft gedacht hatte, wenn er sich mit den Tschechen beschäftigte und wenn Schmerz und Zorn und Empörung ihn übermannen wollten: »Herr was haben wir getan, daß sie so sündigen müssen«. Dies konnte er nicht mehr. Aber er sagte leise: »Herr, sei ihrer armen Seele gnädig!«
(Zitat aus Jürgen Thorwald: Das Ende an der Elbe, neu erschienen in dem Sammelband »Die große Flucht«)

Kinder aus tschechischen Konzentrationslagern zu retten und in seinen Heimen unterzubringen[44].

Ebenso wie der deutsche Schriftsteller Armin T. Wegener, der nach seinem leidenschaftlichen Eintreten für die verfolgten Armenier sein Leben für die verfolgten Juden einsetzte, und der britisch-jüdische Verleger Victor Gollancz, der nach seinem publizistischen Kampf gegen den Ungeist des Nationalsozialismus zum engagierten Ankläger der Vertreibungsverbrechen wurde, bewies Pitter, daß mehr noch als die Unmenschlichkeit die Menschlichkeit eine konstante Größe der Geschichte ist.

8. Jugoslawien

Besonders tragisch war das Schicksal der deutschen Sprachinseln in Jugoslawien. Im Statistischen Bundesamt wurde aufgrund eingehender Untersuchungen festgestellt, daß etwa ein Drittel der Jugoslawiendeutschen durch Krieg und Vertreibung umgekommen ist[1]. Bedenkt man, daß nach dem Abzug der deutschen Truppen weit weniger als die Hälfte der Volksgruppe im Land blieb[2], so ergibt sich weiter, daß von den Zurückgebliebenen rund zwei Drittel getötet wurden. Große Grausamkeit kennzeichnete den Genozid.

Die jugoslawischen Plagen waren dreifach:
1) Deportation in die Sowjetunion,
2) Verhaftung und Massenerschießung,
3) Konzentrationslager.

Das Kapitel Deportation wurde schon unter »5. Die Opfer der Roten Armee« erörtert. Die Besonderheit der Deportation war in Jugoslawien, daß sie zu über 80% Frauen betraf, die man obendrein regelmäßig von ihren Kindern trennte; diese wurden dann in jugoslawische Lager verbracht[3].

Beim Einmarsch der Russen kamen auch Vergewaltigungen und Erschießungen vor, aber nicht so oft wie in Ostpreußen oder Schlesien[4].

Verhaftung und Massenerschießung

Die Machtübernahme der Partisanen nach dem deutschen Rückzug vollzog sich vielfach über die Zwischenstufe der sog. Ortspartisanen[5], d. h. gemäßigte Antifaschisten aus den betreffenden Gegenden. Letztere wurden aber bald von ortsfremden, den sog. regulären Partisanen abgelöst, und nun begannen willkürliche Verhaftungen und Massenerschießungen. Zu diesem Thema berichtet die Dokumentation des Bundesarchivs[6]:

»Bei den Verhaftungen wurde offensichtlich unterschiedlich vorgegangen: Nach dem Berichtsmaterial wurden insbesondere ehemalige Angehörige der Waffen-SS, der Deutschen Mannschaft (Ortswachen, die in deutschen Siedlungsgebieten 1941 nach Beendigung des Balkanfeldzuges gebildet worden waren), bei Volksgruppenorganisationen tätig gewesene Deutsche einschließlich Frauen, deutsche Bürgermeister und Verwaltungsbeamte, Angehörige der intellektuellen Kreise sowie die als besonders wohlhabend geltenden Bürger und Landwirte betroffen. Nach anderen Berichten fanden sich zunächst unterschiedslos alle deutschen Männer festgenommen. Die Verhafteten wurden unter Gewehrkolbenstößen in Gefängnisse oder verliesartige Kellerräume geschleppt – aus kleineren Gemeinden auch in größere Ortschaften getrieben –, zu Verhören gerufen, die unter brutalsten Mißhandlungen stattfanden, sodann geschlossen oder zum Teil zu einem vorher zur Exekution ausgehobenen Graben außerhalb der Gemeinde getrieben und dort erschossen.«

Dok. 14

Massentötungen in den Dörfern

Der Kaplan Paul Pfuhl berichtet aus Filipovo (Batschka)[8]:
»Im Bewußtsein, nichts Unrechtes getan zu haben, blieben die Deutschen zumeist in ihren Dörfern zurück. Wohl in banger Sorge, wie es sein werde, wenn die Russen und die Partisanen kämen. Allgemein aber hoffte man, daß wahrscheinlich nur die ersten Tage ungewiß und schwer sein würden, daß es aber dann wieder zu geordneten Verhältnissen kommen würde...
Ich war in dieser Zeit Kaplan in einer rein deutschen katholischen Gemeinde der Batschka, dem Gebiet also zwischen der Donau und der Theiß. Es war zweifellos die beste katholische Gemeinde des ganzen Siedlungsgebietes. Aus dieser Gemeinde von ungefähr 5000 Einwohnern gingen 40 Priester, über 100 Schwestern und eine große Zahl katholischer Lehrer und Organisten hervor. Es war gleichzeitig die kinderreichste Gemeinde mit über fünf Kindern pro Familie (mehrere Familien mit zehn und noch mehr lebenden Kindern).«
Der Geistliche schildert dann, wie die Partisanen alle Männer des Dorfes zusammentrieben und aus 350 Personen 240 zur Tötung selektierten. Er zitiert einen Partisanen, der beim Massenmord dabei war. Dieser meint, die Filipovoer seien fromme Menschen gewesen: »Als man die Männer niederschlug (er selbst habe sich daran nicht beteiligt), da haben sie gebetet und sich gegenseitig Trostworte zugerufen. – Pfarrer Wagner war bis 1947 Kaplan in Stanischitsch. Er wurde eines Tages in Stanischitsch mit einem dortigen Serben bekannt, der bei der Liquidierung der Filipovoer Männer dabei war. Pfarrer Wagner versuchte, Näheres von ihm herauszubekommen, doch er ging nicht darauf ein und bemerkte nur: ›Strasno je bilo!‹ (Es war schrecklich!) Es waren unsere Besten, die so den Tod fanden: Familienväter mit zehn und mehr Kindern, unsere strammsten Jungmänner, die sich bis zuletzt erfolgreich der Rekrutierung zur SS widersetzten, ein Theologe, drei Priesterstudenten.«

Lager
Nicht weniger unmenschlich als die Partisanenherrschaft in den jugoslawiendeutschen Dörfern war später die Behandlung der verfolgten Minderheit in den Lagern. Dort gab es in der Zeit zwischen Oktober und Dezember 1944 weitere Massenerschießungen. Dazu vermerkt die Dokumentation des Bundesarchivs[7]: »Zu diesen Exekutionen wurden teils nach Verhören, teils willkürlich Gruppen von Insassen herausgeholt. Erschossen wurden u.a. auch durch Krankheit und Schwäche arbeitsunfähig gewordene Deutsche. Unter dem Vorwand, sie für leichtere Arbeiten einzusetzen, waren Akademiker, Lehrer, Kaufleute veranlaßt worden, sich zu melden. Aber auch sie sind dann Opfer von Exekutionen geworden.«
Anfang Dezember 1944 sind dann in den Gemeinden wie in den Lagern die Massenerschießungen angeblich auf sowjetischen Einspruch hin eingestellt worden, wobei die Erfassung von Deutschen für Deportationen in die Sowjetunion im Hintergrund gestanden haben dürfte.
Etwa im Mai 1945 waren praktisch alle übriggebliebenen Jugoslawiendeutschen in Lagern interniert[9]. Die Zustände dort unterschieden sich nicht wesentlich von denen im polnischen und tschechischen Machtbereich. Bezeichnend ist, daß die Mißhandlung der Häftlinge erst 1947 offiziell verboten wurde[10]. Daß das Prügeln und vor allem das beliebte Auspeitschen[11] deswegen nicht sofort aufhörte, braucht nicht eigens betont zu werden.
Bemerkenswert sind auch die Protestnoten der US-Regierung betreffend die Behandlung amerikanischer Staatsbürger jugoslawiendeutscher Abstammung in den Lagern. Dort ist die Rede davon, daß Internierung in Konzentrationslagern ohne gerichtliches Verfahren und Sklavenarbeit gegen die Menschenrechte und die Gepflogenheiten zivilisierter Völker verstießen[12]. Ähnlich wie im Fall der polnischen Lager bedeutete aber gerade der Sklavenmarkt eine Überlebenschance für viele[13].
Man unterschied offiziell dreierlei Lager: Zentralarbeitslager, Ortslager und Konzentrationslager für Arbeitsunfähige[14]. Die letzteren wurden inoffiziell auch Endlager oder Vernichtungslager genannt, weil dort die Sterberate ganz besonders hoch war. Dazu vermerkt das Bundesarchiv[15]: »Das größte Lager dieser Art, Knicanin (Rudolfsgnad), passierten ca. 33 000 Menschen, von denen nach geretteten

Dok. 15

Mütter im KZ

Ein Augenzeuge berichtet aus dem jugoslawischen Konzentrationslager Gakovo[17]:

»Vielen Müttern brach das Herz, da sie mit ansehen mußten, wie ihre Kinder elend zugrunde gingen, ohne daß sie in der Lage gewesen wären, ihnen zu helfen. Viele Mütter sind Hungers gestorben, weil sie das bißchen Essen, das sie faßten, ihren Kindern gaben und lieber Hunger litten als die Kinder verderben ließen. Andere rafften sich auf, stahlen sich des Nachts aus dem Lager, um in den umliegenden Dörfern, bei Kroaten, Ungarn und selbst Serben, etwas Nahrung für ihre Kinder zu erbetteln. In diesen Tagen tauschten die Frauen alles, was sie noch an Wertsachen versteckt halten konnten. – Zum Ruhme der Kroaten, Ungarn und auch der Serben muß man anerkennen, daß sie im großen und ganzen sich sehr hilfsbereit zeigten und gerne etwas gaben. – Da es mancher dieser bettelnden Frauen geglückt ist, unbemerkt wieder ins Lager zu kommen, konnte wohl manches Kind, aber auch mancher Erwachsene vom Hungertod errettet werden. Oft aber kam es vor, daß sie von den Posten erwischt wurden, dann ging es ihnen schlecht. Was sie hatten, wurde ihnen weggenommen, man schlug sie oft bis aufs Blut und außerdem wurden sie noch für einige Tage in den Keller geworfen. Weil bald immer mehr Menschen sich aus dem Lager stahlen und betteln gingen, gab eines Tages der Kommandant den Befehl heraus, daß alle erschossen würden, die beim Betteln angetroffen würden. Trotz dieses Verbotes schlichen sich Frauen aus dem Lager.
In Krusevlje, einem Nachbarort, der ebenfalls in ein Lager umgewandelt worden war, wurden zwei Frauen gefangengenommen; man führte sie vor das Gemeindeamt, und dort wurden sie im Angesicht ihrer Kinder erschossen. Nachher wurden sie auf einen Schubkarren geladen und auf den Friedhof gebracht, während ihre Kinder nebenher gingen. Eine von diesen Frauen war noch nicht tot, unterwegs zum Friedhof kam sie zu sich, sah ihre Kinder neben sich und sagte ihnen: ›Kinder, eure Mutter muß sterben, weil sie euch so gern gehabt hat. Bleibt brav.‹ Es kam ein Partisane hinzu und schoß ihr aus seiner Pistole eine Kugel durch den Kopf. Später kamen ihre Kinder nach Gakovo ins Kinderheim. Als ich eines dieser Kinder dort fragte, ein Mädchen von ungefähr zwei Jahren: ›Rosi, wo ist deine Mutter?‹, sagte es: ›Schossen‹ (erschossen).«

Aufzeichnungen eines Lagerarztes 9503 verstorben sind, davon 8012 Erwachsene und 491 Kinder unter 14 Jahren. Als weitere Beispiele seien genannt: Gakovo mit 18 000 Insassen, davon ca. 8800 Todesfälle, Backi Jarek mit 18 000 Insassen und 6400 Todesfällen, Krusevlje mit 10 000 Insassen, davon rund 3000 Todesfälle.«
Der Suchdienst des Deutschen Roten Kreuzes hat 1562 Lager und Gefängnisse ermittelt, in denen Deutsche festgehalten wurden[16].

Dok. 15a

Blutrausch der Partisanen

Eine Augenzeugin berichtet aus dem Lager Kikinda:

»Am 3. November (1944) war ich Augenzeuge der ersten Abschlachtung einer größeren Gruppe (Deutscher) ... Zunächst wurden die Männer nackt ausgezogen, mußten sich hinlegen, und es wurden ihnen die Hände auf den Rücken gebunden. Dann wurden alle mit Ochsenriemen entsetzlich geprügelt und man schnitt ihnen nach dieser Tortur bei lebendigem Leibe Streifen Fleisch aus dem Rücken, anderen wurden die Nasen, Zungen, Ohren oder Geschlechtsteile abgeschnitten. ... Die Gefangenen schrieen und wanden sich in Krämpfen. Dies dauerte etwa eine Stunde, dann wurde das Schreien leiser, bis es verstummte. Noch am nächsten Tag, wenn wir über den Hof gingen, lagen überall Zungen, Augen, Ohren und dergl. menschliche Körperteile herum, außerdem war der ganze Hof mit gestocktem Blut bedeckt. ...
Freitag, Samstag und Sonntag wurden immer eine Menge Leute abgeschlachtet. ... Montag, Dienstag, Mittwoch, Donnerstag wurden dazu benutzt, um das Lager wieder neu aufzufüllen, Leute aus der Umgebung wurden hereingetrieben. Am Freitag ging dann die Schlächterei von neuem los. Später konnte ich nicht mehr zusehen, aber wir hörten alles. Die Opfer, wie sie schrieen, und die Partisanen, wie sie sich lustig machten.«

(Zitat aus Wilfried Ahrens: Verbrechen an Deutschen, Dokumente der Vertreibung, Arget 1983, S. 304 ff)

9. Andere Gebiete

Rumänien

Die rund 100 000 Todesfälle, die das Statistische Bundesamt als Nachkriegsverlust der Siebenbürger Sachsen und der anderen Rumäniendeutschen errechnet hat[1], gehen fast ausschließlich auf das Konto sowjetischer Deportationen; im Durchschnitt überlebten dabei nur 55%[2]. Die Schätzungen schwanken allerdings z. T. stark[3]. Verschleppt wurde ohne Rücksicht auf die politische Haltung alles, vom SS-Mann bis zum aktiven Kommunisten[4].
Die Rumänen verhielten sich im allgemeinen korrekt; Übergriffe waren selten. Plünderungen und einzelne Gewalttätigkeiten gab es vor allem in Gebieten, wo die deutschen Truppen auf ihrem Rückzug schon einen Teil der Bevölkerung evakuiert hatten[5]. Zu einer Vertreibung der deutschen Volksgruppe kam es nicht. Allerdings wurden unter kommunistischer Regie 1951 plötzlich ca. 40 000 Banater Schwaben zur Zwangsarbeit in die ostrumänische Baragan-Steppe deportiert »unter Bedingungen, die den Gesetzen der Menschlichkeit und der Menschenwürde Hohn sprechen«, wie der Bundestag in seinem Protest vom 17. Oktober 1951 feststellte[6].

Ungarn

Das Schicksal der Ungarndeutschen wird folgendermaßen beschrieben[7]:
»In Ungarn, wo die Zahl der Volksdeutschen rd. 600 000 betrug, floh ein kleiner Teil vor der Roten Armee nach Österreich. Rund 40 000 Deutsche wurden von den Russen in russische Arbeitslager verschleppt, aus denen die Mehrzahl nicht zurückkehrte. Die eigentliche Vertreibung der Deutschen, die im Potsdamer Protokoll gutgeheißen war, erfolgte im Januar 1946 zumeist ohne Ausschreitungen. Die Ausstreibung der Volksdeutschen aus Ungarn wurde aber nur zum Teil durchgeführt. Insgesamt wurden rd. 290 000 Deutsche ausgewiesen, 270 000 Volksdeutsche sind in Ungarn verblieben.«
In sowjetischer Sicht war Ungarn zwar auch ein Feindstaat. Da es aber in der Roten Armee keine gezielte Hetze gegen Ungarn gegeben hatte, gab es beim russischen Einmarsch nur vereinzelt schwerere Übergriffe und Verbrechen[8]. Allerdings litten die Magyaren auch unter Deportationen in die UdSSR. Aus ganz Ungarn wurden schät-

zungsweise 600 000 Menschen – Kriegsgefangene und Zivilarbeiter, Ungarn und Volksdeutsche – zur Zwangsarbeit nach Rußland verbracht[9].
Die Haltung der ungarischen Regierung zur Vertreibungsfrage war schwankend, der regionale Ablauf sehr unterschiedlich. Vor allem aus dem Jahr 1947 werden allerdings Gewalttätigkeiten bei der Vertreibung berichtet, die stark an die Zustände in den Oder-Neiße-Gebieten erinnern[10]. Kardinal Mindszenty hat dagegen mehrfach scharf protestiert[11].

Slowakei
Die Slowaken galten traditionsgemäß als deutschfreundlich, auch wenn es bei ihnen die verschiedensten Strömungen gab: Autonomisten und Prag-Anhänger, Kommunisten und Katholisch-Konservative[12]. Trotzdem mußte die Dokumentation des Bundesarchivs vermerken[13]:
»Aus dem Gebiet der Slowakei waren nach dem dortigen Aufstand mehr als 80% der Karpatendeutschen im Winter 1944/45 in die Sudetenländer evakuiert worden und teilten dann das Schicksal der dortigen Bevölkerung. Die Zurückgebliebenen wurden nach Besetzung der Slowakei durch die Rote Armee und Errichtung des neuen Regimes, sobald sie als Deutsche erkannt wurden, in Lager interniert und zum Arbeitseinsatz ›vermietet‹. Die Verhältnisse in den Lagern, die zumindest in den ersten Monaten unter Aufsicht ehemaliger Partisanen standen, unterschieden sich im allgemeinen nicht von denen in Böhmen und Mähren. Auch hier wird von hohen Sterblichkeitszahlen infolge Unterernährung berichtet sowie von Ausschreitungen teils sadistischer Art gegenüber den Insassen.«
Wenn es Massenverbrechen gab wie etwa die Vernichtung eines ganzen Rücksiedlerzuges in Prerau/Mähren unweit der slowakischen Grenze am 18.6.1945[14], so waren meist kommunistisch beeinflußte Partisanengruppen beteiligt; im großen und ganzen fehlten die erschreckenden Begleitumstände der Vertreibung, wie sie aus Böhmen und Mähren berichtet wurden[15].

10. Die Zahl der Opfer

Statistische Probleme

Wer sich mit der Zahl der Vertreibungsopfer beschäftigt, kann viel aus der Diskussion um die Statistik der Opfer von Hitlers »Endlösung der Judenfrage« lernen; sie ist seit jeher Tummelplatz von Apologeten und Rechtfertigungsliteraten. Georges Wellers[1] hat sich einmal die Mühe gemacht, die krassesten Beispiele zusammenzustellen. Er verweist auf R. Faurisson, für den es sich um einen »vorgetäuschten Völkermord« handelt. Richard Harwoods Buch »Did 6 Million Really Die?« – Anfang der siebziger Jahre in England stark verbreitet – schreibt von »Größenordnungen von Tausenden und nicht von Millionen«. Manfred Röder schätzt 200 000, F. Schlegel 300 000–400 000, P. Rassinier 500 000–1,5 Millionen, und so geht es fort.

Auch bei den seriöseren Schätzungen findet man noch eine gewisse Bandbreite[2], was keinen überraschen wird, der sich je mit den komplizierten bevölkerungsstatistischen Problemen der osteuropäischen Vielvölkerstaaten befaßt hat. Entscheidend bleibt, daß kleinere oder auch mittlere Abweichungen am Tatbestand des Völkermordes nichts ändern.

Ähnlich wie bei den Naziopfern liegen die Dinge bei den Vertreibungsopfern; auch hier schießt die Geschichtsklitterung – vor allem in der kommunistischen Propaganda – mächtig ins Kraut. Es darf sich daher niemand wundern, trotz der Überfülle an Beweismaterial über östliche Rundfunkwellen[3] Töne wie diese zu hören:

»Es ist gut bekannt, daß der sowjetische Soldat gegen Kinder und Frauen nicht gekämpft hat, und bekannt ist auch, daß einzelne Fälle von disziplinären Ausschreitungen in unserer Armee aufs strengste bestraft wurden, obwohl es sich um Soldaten handelte, deren überwiegende Mehrheit nach Deutschland gekommen war, nachdem sie im Ergebnis der faschistischen Aggression Heim, Familie, die nächsten und teuersten Menschen verloren hatten. Keine andere als die Sowjetarmee nahm die Versorgung und die Belieferung der Zivilbevölkerung in den von ihr eingenommenen Gegenden auf sich, was unter den Verhältnissen jener Zeit die Rettung des Lebens von Millionen und Abermillionen Deutschen bedeutete.« (Der sowjetische

Propaganda-Sender ›Radio Frieden und Fortschritt‹, 23. Februar 1975)

»Man braucht nicht viel Phantasie, um zur Erkenntnis zu kommen, daß die rund um die sogenannte Dokumentation entfesselte Kampagne über an Deutschen begangene Verbrechen eine schamlose Geschichtsfälschung bedeutet.« (Radio Prag, 5. August 1974)

Auch das kommunistische Polen möchte hier offenbar nicht zurückstehen und verkündet durch Dr. Stanislaw Schimitzek, Warschau[4], die Schlußfolgerung, »...daß die Zahl der Verluste, welche die Zivilbevölkerung der Oder-Neiße-Gebiete vor dem Ende der Kampfhandlungen westwärts der Ostfront bzw. unmittelbar im Kampfgebiet erlitten hatte, ungefähr ebenso hoch war wie der Verlustsaldo der von tendenziösem Beiwerk gesäuberten Bevölkerungsbilanz. Es geht daraus auch hervor, daß die Ereignisse ostwärts der Front und die spätere Aussiedlung der noch zurückgebliebenen Deutschen auf die Höhe dieser Verluste keinen entscheidenden Einfluß haben konnten.«

Geschichtsklitterungen dieser Art werden, wie schon angedeutet, keinen Kenner überraschen. Erstaunlich ist allenfalls die Tatsache, daß Schimitzeks Mohrenwäsche 1967 in einer bundesdeutschen Zeitschrift stattfinden konnte; nach heutiger Rechtslage wären solche Geschichtsfälschungen überdies als Verunglimpfung der Opfer strafbar.

Glücklicherweise existieren über die Zahl der Vertreibungsopfer sehr sorgfältige wissenschaftliche Untersuchungen, die 1955–1957 im Statistischen Bundesamt angestellt wurden und seither nur unwesentlich korrigiert werden mußten.

Grundlagen der Berechnung

Zuerst muß der betroffene Personenkreis abgegrenzt werden, d. h. die potentiellen Opfer von Vertreibungsverbrechen sind zu ermitteln. Allgemein wird heute eine Zahl von über 16,5 Millionen Deutschen für die Vertreibungs- und Deportationsgebiete in Ostdeutschland, Ost- und Südosteuropa (ohne die Sowjetunion in den Grenzen von 1937) angenommen, wovon auf das Reichsgebiet von 1937 9,29 Mio., auf Danzig, Memel, Sudetenland und die anderen Regionen rund 7,25 Mio. entfallen[5].

Es ist dies die Zahl der alteingesessenen Bewohner der genannten Ge-

biete, vermindert um die Kriegsverluste, also gefallene Soldaten, Bombenopfer usw. Was fehlt, sind die nach 1939 Zugezogenen und die Rußlanddeutschen.
Die rußlanddeutschen Siedlungsgebiete werden nach der Bonner Sprachregelung als »Deportationsgebiete« bezeichnet. Im Rahmen dieses Buches besteht aber kein Anlaß, sie zu übergehen, zumal ihre Bewohner nicht nur von einem Ufer der Oder auf das andere, sondern von Europa nach Asien vertrieben wurden. Bei Hitlers Einmarsch in Rußland lebten nach amtlichen sowjetischen Unterlagen knapp anderthalb Millionen Deutsche im Land. Wegen der Tendenz der russischen Statistiker, die Zahl der Minderheiten möglichst niedrig erscheinen zu lassen, schätzt man die tatsächliche Zahl der Deutschen z. T. auf bis zu 2 Millionen Menschen[6].
Das Schicksal der einheimischen Ostdeutschen teilten die Zugezogenen. Es waren dies einmal die Luftkriegsevakuierten. Man muß bedenken, daß z. B. aus Berlin insgesamt 1,5 Millionen evakuiert wurden. Allein in den Oder-Neiße-Gebieten zählte man 825 000 Evakuierte[7]. Dazu kommen noch die Evakuierten in den anderen Vertreibungsgebieten wie Sudetenland und »Warthegau«, die als wenig luftkriegsgefährdet galten. – Unter Berücksichtigung aller Umstände muß hier weit über 1 Million Menschen angesetzt werden.
Bei der zweiten Untergruppe, den Zugezogenen aus den westlichen Landesteilen, findet man nur bruchstückhafte Angaben, etwa daß sich in den besetzten tschechischen Gebieten (»Protektorat Böhmen und Mähren«) 400 000 Reichsdeutsche aufhielten[8], daß schon 1940 im Sudetenland über 200 000 Deutsche zugezogen waren, oder daß in Danzig und den besetzten polnischen Gebieten 460 000 (nach einer anderen Quelle 590 000) Reichsdeutsche lebten[9]. In diesem Zusammenhang ist auch an die zahlreichen Industriebetriebe zu erinnern, die aus den bombengefährdeten west- und mitteldeutschen Gebieten nach Osten verlegt wurden. Das bedeutet, daß 1–1,5 Millionen weiterer Bewohner vor 1945 in Wirtschaft und Verwaltung der Vertreibungsgebiete gearbeitet haben müssen, Familienangehörige inbegriffen.
Insgesamt ergibt sich ein Zugang von 2–2,5 Millionen Menschen in den Vertreibungsgebieten, was mehrere Autoren[10] ausdrücklich bestätigen.

Die erste Zwischenbilanz lautet daher:

16,5 Mio. einheimische Deutsche in allen Vertreibungsgebieten ohne Sowjetunion (Grenzen von 1937)
1,5 Mio. Rußlanddeutsche (Mindestschätzung)
2 Mio. zugezogene Deutsche aus den westlichen und mittleren Landesteilen (Mindestschätzung)

---

20 Millionen deutsche Aufenthaltsbevölkerung in den Vertreibungs- und Deportationsgebieten gegen Ende des Krieges.

Diese Personenzahl ist doppelt so hoch wie die Zahl der seinerzeitigen Einwohner von Australien und Neuseeland zusammen. Sie entspricht etwa der seinerzeitigen Summe aller Einwohner der Republiken Irland, Finnland und Island und der Königreiche Norwegen, Schweden und Dänemark[11].

Abgesehen von Resten der Ungarn- und Rumäniendeutschen gibt es das alte Ostdeutschland und die deutschen Sprachinseln im Osten heute nicht mehr. Noch niemals in der Geschichte ist eine so große Bevölkerung liquidiert und mit einem einzigen Federstrich aus Atlanten und Geschichtsbüchern getilgt worden – »Unperson« im Sinn von George Orwell.

Man wird vergeblich in der Geschichte nach Vergleichbarem suchen. Zu Zeiten des Neuassyrischen Reiches wurden unter Assurnasirpal (883–859 v. Chr.) und Assurbanipal (669–627 v. Chr.) 4,5 Millionen gewaltsam vertrieben[12]. Die nächstgrößere Gruppe dürften die 7,5 Millionen indische Flüchtlinge der Nachkriegszeit bilden[13].

Es kann kein Zweifel daran bestehen, daß die Liquidation der deutschen Stämme und Volksgruppen im Osten die größte Völkervertreibung der Weltgeschichte darstellt.

Bilanz des Todes

Um die eigentlichen Vertreibungs- oder auch Nachkriegsverluste zu ermitteln, hat man im Statistischen Bundesamt alle Kriegsverluste (gefallene Soldaten, Opfer des Bombenkriegs usw.) aus den Bevölkerungsbilanzen zu eliminieren versucht und ist zu folgender Statistik der Vertreibungstoten gekommen:

Die deutschen Vertreibungsverluste
(ohne die Verluste der Rußlanddeutschen und der zugezogenen Bevölkerung; alle Zahlen abgerundet)

	In absoluten Zahlen	In Prozent der (deutschen) Einwohner
Ostpreußen	299 000	14
Ostpommern	364 000	20
Ostbrandenburg	207 000	35[14]
Schlesien	466 000	10
Danzig	83 000	20
Baltische Staaten einschl. Memelland	51 000	21
Tschechoslowakei einschl. Sudetenland	272 000	8
Polen	185 000	14
Ungarn	57 000	15
Jugoslawien	135 000	25
Rumänien	101 000	12

Es ergibt sich eine Summe von rund 2,23 Millionen Todesopfern[15]. Die Schätzungen wurden »mit größter Vorsicht vorgenommen«, stellen also Mindestzahlen dar[16].

Die im Statistischen Bundesamt ermittelten Ergebnisse decken sich im wesentlichen mit der »Gesamterhebung zur Klärung des Schicksals der deutschen Bevölkerung in den Vertreibungsgebieten«, die der Kirchliche Suchdienst in München einige Jahre später (1965) vorlegte. Der Suchdienst arbeitet zwar nach einem anderen System; seine Erkenntnisse sind aber besonders wertvoll, weil dort fast 30 Millionen Orts-, Straßen- und Namenskarteien bzw. Karteikarten vorliegen und 18 637 957 Personen aus den Vertreibungsgebieten (Stand 31.12.80) namentlich erfaßt sind[17].

Nicht in der Bilanz des Statistischen Bundesamts enthalten sind die Verluste der verschleppten Rußlanddeutschen.

Sie werden heute auf mindestens 350 000 geschätzt und ergeben sich aus den Opfern, welche die Verschleppung von 900 000 Rußlanddeutschen in den asiatischen Teil der Sowjetunion während des Krieges und die Zwangsrepatriierung von über 270 000 geflüchteten Rußlanddeutschen nach dem Krieg kostete.[18]

Bleiben noch die west- und mitteldeutschen Zuwanderer und Evakuierten in den Vertreibungsgebieten, deren Zahl weit über 2 Millionen lag. Grundsätzlich stellt die Dokumentation des Bundesvertriebenenministeriums fest, daß dieser Personenkreis ähnlich hohe Verluste zu beklagen hatte wie die einheimische Bevölkerung[19]. Nur in Einzelfällen, wie z. B. Ostbrandenburg, gelang wenigstens die bevorzugte Evakuierung der Bombenflüchtlinge[20]. Andererseits gab es besonders viele zugezogene Verwaltungsbeamte in Gegenden mit einer relativ hohen Verlustquote, z. B. in den besetzten tschechischen Gebieten. Während im Sudetenland nur 6,6% der Deutschen getötet wurden, waren es im ehemaligen »Protektorat Böhmen und Mähren« 14,5%[21]. Die Verluste der Zugezogenen insgesamt dürften daher – wenn überhaupt – nur geringfügig unter dem statistischen Mittel aller Vertreibungsgebiete liegen. Um aber jede Gefahr der Überschätzung auszuschließen, wird man die Menschenopfer der nichteinheimischen Deutschen etwa ein Fünftel unter dem allgemeinen Mittelwert von 14,3% ansetzen, also bei mindestens 11%, was bei einer (Mindest-)Zahl von 2 Millionen 220 000 ausmacht. Es ergibt sich damit folgende Synopse:

Vertreibungs- und Deportationsverluste
der deutschen Zivilbevölkerung im Osten
(Zahlen in Millionen)

Ostdeutschland, Ost- und Südosteuropa (ohne Rußlanddeutsche und zugezogene Bevölkerung)	2,23
Rußlanddeutsche	0,35
Später zugezogene Bevölkerung	0,22
	2,80

Lediglich am Rand sei vermerkt, daß die genannten Zahlen bei weitem nicht alle Nachkriegsverbrechen erfassen, die im Osten an Deutschen verübt wurden. An dieser Stelle wäre z. B. an die zahlreichen Gewaltverbrechen der Roten Armee während des Einmarsches in Mitteldeutschland[22] zu denken, die sich z. T. nicht von denen östlich von Oder und Neiße unterschieden. Zu nennen wären ferner die 185 000 Zivilpersonen, die nach 1945 in der Sowjetzone festgenommen, teilweise in den Lagern Buchenwald, Sachsenhausen usw. interniert und teilweise in die Sowjetunion abtransportiert wurden; von ihnen starb ein hoher Prozentsatz[23].

Obwohl es auch im Westen Fälle völkerrechtswidriger und grausamer Behandlung der deutschen Kriegsgefangenen gab – in Frankreich z. B. kamen mindestens 24 000 ums Leben[24] –, verdient doch das tragische Schicksal der Kriegsgefangenen im Gewahrsam osteuropäischer Staaten besondere Erwähnung. Nach den Berechnungen der von der Bundesregierung beauftragten Wissenschaftlichen Kommissionen für deutsche Kriegsgefangenengeschichte starben in Rußland rund 1,1 Millionen, in Jugoslawien 80.000 usw.[25]. Da es sich bei den Zahlen der Wissenschaftlichen Kommission aber nur um Mindestschätzungen handelt[26], wird angenommen, daß im Osten wahrscheinlich 2 Millionen Kriegsgefangene zu Tode kamen[27].

Die Gefangenengeschichte der Wissenschaftlichen Kommission umfaßt 22 Bände; Paul Carell hat 1980 eine populäre Kurzfassung unter dem Titel »Die Gefangenen« herausgebracht.

Addiert man alle genannten Zahlen und die Zahl der Vertreibungsopfer, so ergibt sich, daß annähernd 5 Millionen unschuldiger Menschen allein im Osten sterben mußten. Ihr einziges Vergehen bestand darin, Deutsche zu sein.

Vergleich der Schätzungen

Wie zurückhaltend die beauftragten Behörden bei ihren Schätzungen – im Gegensatz zu den parteigebundenen Historikern und Propagandisten des Ostblocks – zu Werke gingen, zeigt z. B. folgende Stelle aus einer deutschen Dokumentation[28]:

»Auch wurden Flüchtlingskolonnen von Panzern unter Beschuß genommen. Soweit dieses in der Dämmerung geschah, kann es allenfalls als Kriegshandlung gedeutet werden, da möglicherweise von den Panzern aus nicht zu erkennen war, ob es sich etwa um militärische bzw. Volkssturmeinheiten handelte.«

Es muß in diesem Zusammenhang noch einmal betont werden, daß die ermittelte Verlustzahl von 2,8 Millionen Menschen auf Mindestschätzungen beruht und daß die tatsächliche Zahl der Opfer vermutlich höher liegt.

Durchaus realistisch erscheint daher die Angabe von 3 Millionen bzw. »mehr als 3 Millionen« Vertreibungs- und Deportationsopfern, die sich in einer Anzahl seriöser Publikationen findet[29]. Soweit Zahlen unter 2,8 Millionen genannt werden, erklären sie sich regelmäßig daraus, daß nicht alle betroffenen Personengruppen einbezogen sind oder die Zahl von 2,23 Millionen umgekommener Einheimischer in

Ostdeutschland und Osteuropa (ohne Rußland) einfach auf 2 Mio. abgerundet wird.

Zahlen unter 2 Millionen sind, soweit sie auf seriösen Untersuchungen beruhen, nur Teilgrößen[30] und ergeben sich z. B. bei einer Differenzierung zwischen Todesfällen aufgrund gezielter Tötungshandlungen einerseits und als Folge von Hunger, Erschöpfung, Selbstmord usw. andererseits[31]. Auch bei den Naziverbrechen haben Wissenschaftler untersucht, welcher Prozentsatz der Opfer durch direkte Ermordung starb und wieviele »an Überarbeitung, Seuche, Hunger und Elend« zugrunde gingen[32]. Keine dieser Spezialuntersuchungen erhebt Anspruch darauf, die gewonnenen Gesamtergebnisse zu korrigieren.

Als Bilanz des Geschehens östlich und südöstlich von Oder, Neiße und Böhmerwald ist festzustellen: Nach dem bisherigen Stand der Erkenntnisse liegen die Vertreibungsverluste (einschließlich der Deportationsverluste) der deutschen Zivilbevölkerung im Osten zwischen 2,8 und 3 Millionen; das entspricht etwa der seinerzeitigen Einwohnerzahl der Republik Irland.

Definitionsprobleme

Das Statistische Bundesamt hat in seiner Untersuchung über die deutschen Vertreibungsverluste die Opfer auch als »Nachkriegsverluste« bezeichnet. Man könnte dagegen einwenden, daß die Verfolgung der Jugoslawiendeutschen 1944 begann und daß ein sehr großer Teil der Todesfälle, die auf sowjetische Rechnung gehen, vor dem Waffenstillstand eintrat.

Dazu ist allerdings zu sagen, daß sich einmal die Morde in den Konzentrationslagern ganz überwiegend in der Nachkriegszeit abspielten; im Sudetenland z. B., das sehr spät besetzt wurde, dürften die Todesfälle überhaupt zu 99% in der Nachkriegszeit liegen. Auch die Verbrechen der Roten Armee spielten sich im wesentlichen hinter der Front ab in Gebieten, für die der Krieg schon vorbei war. Sie dienten der sowjetischen Politik der Entvölkerung der Gebiete und hatten nur wenig mit dem Krieg zu tun. – Gegen den Gebrauch des anschaulichen Worts »Nachkriegsverluste« ist nichts einzuwenden, da es sich um Verluste handelt, die nach den Kriegshandlungen eingetreten sind.

»In Kambodscha wiederholt sich heute Holocaust«, meinte 1979 der amerikanische Strafrechtsexperte Albert Blaustein[33].
1982 bezeichnete Bundeskanzler Schmidt die Zigeunerverfolgung im Dritten Reich als Völkermord[34].
Die Vorgänge bei der Umsiedlung der Krimtataren und der anderen »bestraften« Sowjetvölker hat der Friedens-Nobelpreisträger Sacharow als Genozid bezeichnet[35], ebenso Robert Conquest in seinem Buch »Stalins Völkermord«[36].
In einer Grundsatzrede vor dem amerikanischen Repräsentantenhaus vom 16.5.1957[37] nannte Carroll Reece auch die Vorgänge bei der Vertreibung der Ostdeutschen Völkermord. Als Völkermord betrachtet sowohl das deutsche Strafrecht (§ 220a StGB) als auch die UNO-Resolution über den Genozid nicht nur die ganze oder teilweise physische Vernichtung bestimmter Gruppen, sondern auch andere Formen der Vernichtung der Identität der Gruppe, z. B. durch die Überführung von Kindern in eine andere Gemeinschaft.

Dok. 16

Der Tod eines Landes

Der amerikanische Diplomat und Historiker George F. Kennan beschreibt in seinen Memoiren den Zustand Ostpreußens nach 1945[39]:
»Die Katastrophe, die über dieses Gebiet mit dem Einzug der sowjetischen Truppen hereinbrach, hat in der modernen europäischen Geschichte keine Parallele. Es gab weite Landstriche, in denen, wie aus den Unterlagen ersichtlich, nach dem ersten Durchzug der Sowjets von der einheimischen Bevölkerung kaum noch ein Mensch – Mann, Frau oder Kind – am Leben war, und es ist einfach nicht glaubhaft, daß sie allesamt in den Westen entkommen wären. Die Wirtschaft der Gegend war total zerstört. Ich selbst flog kurz nach Potsdam* mit einer amerikanischen Maschine in ganz geringer Höhe über die gesamte Provinz, und es bot sich mir ein Anblick eines vollständig in Trümmern liegenden und verlassenen Gebiets: vom einen Ende bis zum anderen kaum ein Zeichen von Leben. ... (Die Russen hatten aus dem Land) die einheimische Bevölkerung in einer Manier hinausgefegt, die seit den Tagen der asiatischen Horden nicht mehr dagewesen ist.«

* Potsdamer Konferenz vom 17.7.–2.8.1945

Zweifellos ist die Identität der ostdeutschen Volksgruppen vernichtet; die Stämme der Ostpreußen, Schlesier, Pommern etc. existieren praktisch nicht mehr[38]. Angesichts dieses Sachverhalts und angesichts der Millionenzahl von Toten erscheint das Wort Völkermord in doppelter Weise gerechtfertigt.

11. Resümee

Als Fazit des historischen Tatbestands ist festzuhalten:
Die Vertreibung der Deutschen aus Ostdeutschland und Osteuropa in den Jahren 1945–1948 war die größte und konsequenteste Völkervertreibung der Weltgeschichte; für über 20 Millionen Menschen bedeutete sie Flucht, Vertreibung oder Verschleppung, Mißhandlung oder Diskriminierung. 2,8–3 Millionen verloren dabei ihr Leben. Das Geschehen in den Vertreibungsgebieten ist als Völkermord zu bezeichnen.
In den obengenannten Zahlen nicht enthalten sind die Opfer sowjetischer Gewaltverbrechen in und Deportationen aus Mitteldeutschland sowie die im Osten zugrundegegangenen Kriegsgefangenen (bei Einbeziehung auch dieser Personengruppen ergäbe sich die Feststellung, daß jenseits des Eisernen Vorhangs fast 5 Millionen unschuldiger Menschen deutscher Abstammung zu Tode gekommen sind).
Das Schicksal der Bevölkerung in den einzelnen Gebieten war verschieden; es unterschied sich oft sogar von Dorf zu Dorf.
In den Oder-Neiße-Gebieten und in Polen sind als wichtigste Todesursachen zu nennen:
1) Massenverbrechen beim Einmarsch der Roten Armee und in den ersten Wochen danach;
2) Vernichtung von Flüchtlingstrecks bzw. Tod auf der Flucht wegen Erschöpfung, Kälte usw.;
3) Tod in Gefängnissen und Lagern (allein im polnischen Verwaltungsbereich wurden 1255 Lager gezählt);
4) Zwangsarbeit und Deportation;
5) Verelendung und Hungertod der verbliebenen Bevölkerung, vor allem in Ostpreußen.
Die Bewohner der Wolgadeutschen Republik und der anderen deutschen Siedlungen im europäischen Rußland wurden ab 1941 zwangsweise nach Kasachstan, Sibirien und anderen Gegenden östlich des Urals umgesiedelt. Katastrophale Verhältnisse, vor allem beim Transport und an den Zielorten, forderten dabei hohe Opfer.
In Prag und anderen tschechischen Städten mit deutscher Minderheit fanden Pogrome von unerhörter Grausamkeit statt. Im Sudetenland, wo die Rote Armee sehr spät einmarschierte, starben die Menschen

vor allem in den Konzentrationslagern an Mißhandlung, Folter und Hunger.
In Jugoslawien wurde die deutsche Bevölkerung von Partisanen durch Massenerschießungen und in Lagern fürchterlich dezimiert; von den im Land verbliebenen Deutschen überlebte nur jeder dritte.
In Ungarn mußte etwa die Hälfte der deutschen Volksgruppe das Land verlassen. In einigen Sammellagern starben Menschen aufgrund unmenschlicher Zustände; die meisten Todesfälle jedoch ereigneten sich bei der Verschleppung von Zwangsarbeitern in die UdSSR.
In Rumänien waren die Verluste der deutschen Minderheit ganz überwiegend eine Folge sowjetischer Deportationen. Eine Vertreibung hat es dort nicht gegeben.

II. TEIL

Motive

12. Tschechische Motive

Täter und Motive

Wer über die Motive der Vertreibung und der Vertreibungsverbrechen nachdenkt, sollte bei den Tschechen anfangen; denn die Liquidierung des Sudetenlandes und die Vertreibung seiner Bewohner wurde beraten und beschlossen, lange bevor man entschied, auch die Schlesier, Pommern und Ostpreußen aus der Liste der Stämme und Völker dieser Welt zu streichen. Das Verdikt über die Sudetendeutschen hat Signalwirkung für die folgende Entwicklung gehabt.

Wer waren nun die Tschechen, die im Frühsommer 1945 allmählich ins Sudetenland einströmten und dort die schwersten Verbrechen begingen, die es in der Geschichte der deutsch-tschechischen Beziehungen je gegeben hat?

Die Dokumentation des Bundesarchivs über die Vertreibungsverbrechen beschreibt den Täterkreis folgendermaßen[1]:

»An den hier gegenüber der deutschen Bevölkerung verübten Gewalttaten waren beteiligt:

- die teilweise kommunistisch beeinflußte Revolutionsgarde, ursprünglich gebildet aus Insurgenten während des Prager Aufstandes; ihre Angehörigen nannten sich Partisanen, obwohl sie größtenteils erst nach Beendigung der Kampfhandlungen der Garde zugeströmt waren;
- Soldaten und Offiziere der in der Sowjetunion unter General Swoboda gebildeten tschechischen Befreiungsarmee;
- die SNB (Wache der Nationalen Sicherheit), die die Funktion des Staatssicherheitsdienstes sowie der Gendarmerie und Polizei ausübte, und schließlich
- auf den Straßen der tschechische Mob.«

Dazu ergänzt eine andere Dokumentation[2]:

»Eine üble Rolle spielte dabei wieder die ›Revolutionsgarde‹. Sie hatte nach Beendigung der Kampfhandlungen einen starken Zulauf aus denjenigen Bevölkerungsschichten erhalten, die nun ohne ein persönliches Risiko sowohl an dem Nimbus, mit dem die Partisanen umgeben waren, als auch an den ihnen zugedachten Vorteilen im neuen Staat teilhaben wollten. Die Jugendlichen unter ihnen mochten noch aus patriotischem Gefühl oder ungestilltem Betätigungsdrang in die Reihen der Revolutionsgarde eingetreten sein. Unter den Älteren waren die aus bürgerlichen Schichten stammenden Anhänger, die im Kampf gegen die Deutschen eine nationale Befreiungstat gesehen hatten, nun entweder schon in ihren Zivilberuf zurückgekehrt oder in den Hintergrund gedrängt worden.«

Bevorzugte Beteiligung am Vermögen der enteigneten Deutschen und Ungarn hatte schon die provisorische tschechische Regierung in ihrem Programm vom 5. April 1945 den Partisanen versprochen[3].

In einer Pressenotiz vom 11. August 1945 [4] über »Privilegien für Mitglieder der Widerstandsbewegung« heißt es:

»Für Mitglieder der Widerstandsbewegung werden Posten als Staatsbeamte, in Betrieben, Fabriken und in staatlichen und privaten Geschäften reserviert werden. Sie werden bevorzugte Behandlung bei Erteilung von Handelslizenzen und Zuteilung von konfisziertem Land oder industriellem Eigentum der Deutschen erhalten. Das gilt auch mit Bezug auf freies Studium. Als Mitglieder der nationalen Widerstandsbewegung werden angesehen: Mitglieder der Auslandsarmee, der Partisanenabteilungen und der Widerstandsbewegung daheim.«

Es ist nicht verwunderlich, wenn kurz darauf ein anderes tschechisches Blatt schreiben mußte[5].

»Heute ist jedermann ›Partisan‹. Der eine deshalb, weil er einen Partisanen gesehen hat, der andere deshalb, weil er von ihnen etwas gehört hat, der dritte deshalb, weil er sie angeblich unterstützt hat, der vierte erhielt im Mai eine Flinte in die Hand gedrückt, der fünfte arbeitete den ganzen Krieg über gegen die Deutschen usw. Jeder will für seine großartige Tätigkeit und seine Verdienste auch die größten Rechte in Anspruch nehmen. Überall bemüht er sich, sich vorzudrängen, und hat in sich nichts von dem, was der echte Partisan hat, was ihm blieb, was er aus den Bergen mitbrachte, aus dem Kampf, nämlich die brüderliche Liebe des einen zum anderen.

Wo sind denn die echten Partisanen? Sie sind schweigend in den Hin-

tergrund gedrängt. Keiner von ihnen kämpfte dafür, daß er einmal in der befreiten Republik Vorteile dafür erhalte...«
Für diesen neuen Typ, der sich sehr schnell in den Vordergrund schob und im Sudetenland eine verhängnisvolle Rolle spielte, erfand der tschechische Volksmund Namen wie »5-Minuten-Partisanen«, »Räubergarden«, »Goldgräber (Zlatokopci)« usw.[6].
Über ihr Aussehen berichtet z. B. Alois Ullmann, ein sudetendeutscher Sozialdemokrat, der die Jahre zwischen 1938 und 1945 im KZ Dachau zugebracht hatte. Der prominente Antifaschist beobachtete in Aussig kurz vor dem großen Pogrom das Eintreffen eines tschechischen Schlägertrupps und bemerkt dazu[7]: »Am Bahnhof sah ich gerade, wie einem aus Prag kommenden Zug ca. 300 Personen sehr zweifelhaften Aussehens entstiegen. Diese Leute waren ungefähr im Alter von 18 bis 30 Jahren, und ich bekam den Eindruck, daß wieder einmal irgendwo eine Strafanstalt entleert worden ist.«
Die Beteiligung der echten tschechischen Widerstandskämpfer an Verbrechen im Sudetenland war vergleichsweise gering. Einige von ihnen wurden sogar wegen »Kollaboration« eingesperrt, weil sie sich gegen die Verbrechen ihrer eigenen Landsleute gewendet hatten[8].
Eine parallele psychologische Erscheinung findet man in Frankreich. Die französischen Widerständler, denen übrigens schon der sowjetische Chefpropagandist Ehrenburg mangelnden Deutschenhaß vorgeworfen hatte, verhielten sich nach dem Krieg viel nüchterner als andere Franzosen. »Eben weil sie in Konzentrationslagern gewesen waren, eben weil sie in Gefängnissen gewesen waren, waren sie nüchtern«, analysierte Professor Alfred Grosser, Paris, 1963 in einem Vortrag dieses Phänomen.
Andererseits liegen zahlreiche Berichte vor über tschechische Kollaborateure aus der NS-Zeit, die sich durch besondere Aktivität bei der Deutschenverfolgung rehabilitieren wollten, und auch über ehemalige deutsche SA-Männer, die sich nach 1945 als Kapos bei Folterungen hervorgetan haben[9]. In diesem Zusammenhang sei daran erinnert, daß es den Nazis im »Protektorat Böhmen und Mähren« gelungen war, mit einer Handvoll von ortsfremden Gestapo-Leuten das wohl dichteste Netz von einheimischen V-Männern aufzubauen, das es in Hitlers Europa gab.
Massive Propaganda tat ein übriges. Da man die Vernichtung des Dorfes Lidice schlecht als Grund für die Vernichtung einer ganzen

(unbeteiligten) Volksgruppe heranziehen konnte, mußten chauvinistische Parolen nachhelfen. So hieß es in einer Broschüre der in Prag führenden »Nationalsozialistischen Partei« (die Benesch-Partei hieß zufällig genauso wie die Hitler-Partei): »Der Teufel spricht deutsch ...Es gibt keine guten Deutschen, es gibt nur schlechte und noch schlimmere, ... Derjenige tschechische Vater, der seine Kinder nicht zum Haß gegen die deutsche Lügenkultur und Unmenschlichkeit erzieht, ist nicht nur ein schlechter Vaterlandsanhänger, sondern auch ein schlechter Vater ...«[10]

In einem Zeitungsartikel vom 15. August 1945 konnte man lesen[11]: »Der Deutsche hat keine Seele, und die Worte, die er am besten versteht, sind – nach Jan Masaryk[12] – die Salven von Maschinengewehren.«

Erwähnenswert ist auch das Beispiel des Prager Pogroms. Die Aufständischen sendeten über Radio Prag nonstop Haßparolen und Nachrichten über angebliche Greueltaten der Nazis, z. B. »Die SS nagelt Kinder an die Wände[13].« So glaubten manche Tschechen ein Gleiches tun zu müssen. Ein bezeichnender Vorfall wird aus der Gegend von Olmütz (Mähren) berichtet. Dort hatten deutsche Bauern erschossene tschechische Widerständler ausgraben müssen. Bei der späteren öffentlichen Aufbahrung der Leichen stellten sie fest, daß nachträglich die Nasen abgeschnitten und die Augen ausgestochen worden waren, um für Propagandazwecke Nazigreuel vorzutäuschen[14].

Neben der Propaganda wirkte noch die Straffreiheit, die den Tätern schon früh verheißen und durch Gesetz vom 8. Mai 1946 dann auch offiziell gewährt wurde[15]. Dieses Gesetz Nr. 115 bestimmte in § 1: »Eine Handlung, die in der Zeit vom 30. September 1938 bis zum 28. Oktober 1945 vorgenommen wurde und deren Zweck es war, einen Beitrag zum Kampf um die Wiedergewinnung der Freiheit der Tschechen und Slowaken zu leisten, oder die eine gerechte Vergeltung für Taten der Okkupanten oder ihrer Helfershelfer zum Ziele hatte, ist auch dann nicht widerrechtlich, wenn sie sonst nach den geltenden Vorschriften strafbar gewesen wäre.«

Rache für Naziverbrechen

Während die Motivation der Täter selbst an Hannah Arendts Wort von der Banalität des Bösen erinnert, ist für die Einstellung der verantwortlichen Politiker eher der Bericht einer amerikanischen Quäkerin über ihre Unterredung mit dem tschechischen Exilminister Stransky vom 28. November 1944[16] bezeichnend: »Stransky ... glaubt, die Verhältnisse im Sudetenland nach dem Waffenstillstand würden derartige sein, daß sich das deutsche Problem zum guten Teil ohne Transfer von selber lösen wird. Die sudetendeutsche Bevölkerung würde sogar ohne offiziellen Transfer drastisch reduziert werden ... Es wird ein schreckliches Elend geben (bude hrozna bida). Es wird daher erwartet, daß es in der ersten Periode nach der Befreiung im Sudetenland eine sehr hohe Sterblichkeit geben wird.«

Eingeleitet wurde die Entwicklung durch die Agitation des tschechischen Exilpräsidenten Benesch und ab Frühjahr 1945 durch die provisorische »Regierung der Nationalen Front der Tschechen und Slowaken«, bestehend aus einer Koalition von Kommunisten und bürgerlichen Nationalisten[17]. Offizielle Begründung für die Liquidation der sudetendeutschen Volksgruppe war »Verrat an der tschechoslowakischen Nation« einerseits und kollektive Bestrafung wegen der Untaten der Nazis andererseits[18].

Bei letzterem Gesichtspunkt ist zunächst zu bedenken, daß in Hitlers Planungen dem sog. Protektorat Böhmen und Mähren als »Luftschutzkeller und Waffenschmiede des Reiches« eine Sonderstellung zugedacht war. Zwar herrschte zwischen 1939 und 1945 auch in Prag der bekannte Individualterror totalitärer Diktaturen, doch der verheerende Massenterror, der in jenen Jahren den Boden Osteuropas mit dem Blut von Millionen tränkte, blieb dem tschechischen Volk durch glückliche Fügung erspart.

Wie schon im 7. Kapitel (Böhmen und Mähren) erwähnt, lebten die Tschechen bis Anfang 1945 in einem äußerlichen Frieden, wie ihn damals außer den neutralen Staaten und vielleicht Dänemark kein weiteres Land in Europa kannte[19]. Partisanenkämpfe und Bombenangriffe waren praktisch unbekannt, und der russische Einmarsch in Böhmen in der letzten Woche des Krieges traf auf keinen nennenswerten Widerstand mehr. Sabotage in der Rüstungsindustrie war seltener als im Reich. Der Leistungsgrad der tschechischen Arbeiter lag 15–18 % über dem der deutschen, der Viehbestand der Landwirtschaft Anfang 1945 über dem von 1938 und das Bevölkerungswachstum über dem der Vorkriegszeit[20]. In seiner Propagandarede vom 2.11.1944 in Wsetin konnte Ministerpräsident Krejci von der tschechischen Protektoratsregierung seinen Landsleuten vorrechnen, daß das tschechische Volk im 1. Weltkrieg 200 000 Gefallene zu beklagen hatte, während es sich im 2. Weltkrieg bis dahin um 180 000 Köpfe vermehrt habe[21].

Daß die Tschechen vom Wehrdienst freigestellt waren, ist nur dem Eigensinn Hitlers zu verdanken, der die entsprechenden tschechischen Angebote immer wieder ablehnte[22]. An Offerten hatte es nicht gefehlt. General Kalal, der Vorsitzende der tschechischen Soldatenverbände, und andere Rechtskreise hatten mehrfach vorgeschlagen, zumindest tschechische Freiwilligenformationen in den »Kreuzzug gegen den Bolschewismus« zu schicken. – Auch agrarische Kreise fühlten vor, ob sich nicht tschechische Bauern an einem Siedlungsprogramm in der Ukraine beteiligen könnten[23].

Schon vor Hitlers Einmarsch in Prag hatte sich im Winter 1938/1939 die damalige tschechische Regierung bei den Nazis lieb Kind gemacht, indem sie ca. 30 000 Antifaschisten aus dem soeben besetzten Sudetenland, die in der Tschechei Zuflucht suchten, an Berlin auslieferte – z. T. noch in ihren tschechischen Uniformen[24].

Behaglich konnte Hitler in einem seiner Tischgespräche feststellen[25], man könne die Tschechen schon jetzt zu fanatischen Anhängern des Reichs machen, wenn man ihnen als Feinschmeckern doppelte Rationen gebe und sie nicht in den Kampf im Osten schicke. Sie würden es dann als moralische Verpflichtung ansehen, in der Rüstungsindustrie und so weiter doppelt zu arbeiten.

Aber die Knödelidylle trügt. Man denke nur an das Blutbad von Lidice. – Die Ereignisse von Lidice sind bekannt: Schon 1941 hatte das tschechische Exilkabinett in London den Tod von Reinhard Heydrich beschlossen. Heydrich, de jure stellvertretender Reichsprotektor in Prag und de facto Vormund der tschechischen Protektoratsregierung, hatte durch eine raffinierte Politik von Zuckerbrot und Peitsche aus Böhmen und Mähren ein braunes Musterländle gemacht. Da es vor Ort an geeigneten Widerstandskämpfern fehlte, ließ man zwei Attentäter durch ein britisches Flugzeug absetzen. Nach dem Anschlag am 29. Mai 1942 ließen die Nazis das Dorf Lidice bei Kladno in Böhmen zerstören, wo sich die Täter auf der Flucht versteckt hatten. 186 Menschen[26] – alle Männer des Dorfes vom 15. Lebensjahr an – wurden erschossen, die übrigen Bewohner verschleppt. Einige Frauen kamen später in Lagern um; Beweise für eine Ermordung von Kin-

dern aus Lidice konnten allerdings in den NS-Prozessen nicht gefunden werden[27]. Ähnliches ereignete sich später im Dorf Lezaky, wo 33 Einwohner erschossen wurden.
Gewiß zwei schwere Kriegsverbrechen, die nach Sühne verlangen. Auf welche Weise hat man nun die verletzte Rechtsordnung wieder hergestellt? Wenn man dem tschechischen Staatsoberhaupt Benesch glauben darf, durch Liquidation der sudetendeutschen Volksgruppe. – Abgesehen davon, daß auch die tschechische Okkupation des Sudetenlandes in den Jahren 1918/1919 das Leben vieler Unschuldiger gekostet hat[28], und abgesehen davon, daß man nicht einen Mord an Unschuldigen durch einen anderen Mord an Unschuldigen sühnen kann, verdienen auch die Relationen der »Sühne« Aufmerksamkeit.
Im Jahre 1965 erschien in Prag ein amtliches Ortsverzeichnis, das in einem Ergänzungsband ein alphabetisches Verzeichnis aller seit 1945 aufgelassenen Gemeinden nach dem Stand vom 1. Juli 1961 enthielt. In diesem Verzeichnis wurden bereits 459 Ortschaften im deutschen Siedlungsgebiet als »gelöscht« (zanikla) bezeichnet. Eine Untersuchung über diese zerstörten Gemeinden und ihre Aufteilung nach den ehemaligen Gerichtsbezirken hat ergeben, daß das Ausmaß des Verfalls seither in erschreckender Weise weiter fortgeschritten ist. Nach den letzten Untersuchungen muß angenommen werden, daß mindestens 650 ehemalige deutsche Ortschaften nicht mehr existieren[29].
Wer das Schlagwort »Rache für Lidice« ernstnimmt, muß sich zu einer gespenstischen Bilanz bekennen: hier ein bzw. zwei vernichtete Dörfer als Hochwassermarke des NS-Terrors, auf der anderen Seite 459 oder 650 ausgelöschte Ortschaften als Produkt der tschechischen Demokratie. Hier 219 erschossene Männer während des Krieges, dort 272 900 zu Tode gemarterte Männer, Frauen und Kinder im Frieden. Wegen dieser Tatsachenfeststellung sollte allerdings kein Ewiggestriger in unserem Land heimliche Genugtuung empfinden. Die Nazis haben mehr als einen traurigen Weltrekord der Unmenschlichkeit aufgestellt. Eben nur nicht in Böhmen.
Sicherlich hat das Naziregime eine beträchtliche Zahl tschechischer Antifaschisten und unbeteiligter Terroropfer auf dem Gewissen[30]. Allerdings herrschte der Gestapoterror in Hitlers ganzem Machtbereich; allein nach dem Attentat vom 20. Juli 1944 wurden in Deutschland Nazigegner zu Tausenden hingerichtet und eine viel größere

Zahl mißhandelt und interniert. Besonders hart betroffen war das Sudetenland, wo sofort nach der Angliederung ans Reich im Jahr 1938 ca. 20 000 Antifaschisten verhaftet wurden. Tausende folgten bald nach und verschwanden z.T. auf Nimmerwiedersehen im KZ. Dazu eine Vergleichszahl: In ganz Deutschland zählte man Ende Juli 1933 nur 26 789 politische Häftlinge[31]. – Hilfswillige gab es bei Sudetendeutschen und Tschechen gleichermaßen und Opfer ebenso.

Apologeten und Verharmloser der Verbrechen an den Sudetendeutschen haben sich alle erdenkliche Mühe gegeben, eine spezielle Schuld dieser Volksgruppe zu konstruieren. Außer dem Altnazi und zeitweiligen Staatsminister für Böhmen und Mähren Karl Hermann Frank kam aber nicht viel mehr zum Vorschein als ein unbekannter Rechtsanwalt namens Hergl aus Reichenberg, der 1937 in einem Brief an Hitler die Vertreibung der Tschechen gefordert haben soll, und einige obskure braune Ehrendolch-Träger[32]. Die Objektivität dieser Historiker mag daran bemessen werden, daß ihnen z. B. zum Aussiger Pogrom nur ein einziger deutscher Augenzeuge bekannt ist, der von 200 Opfern berichtet[33], während in der Ostdokumentensammlung des Bundesarchivs in Koblenz eine Vielzahl von deutschen und tschechischen Berichten nachzulesen ist, die mehrheitlich von einer zehnfachen Zahl der Opfer sprechen.

Als weiterer Grund für die durchgeführte Vertreibung der Deutschen wird die angeblich geplante (!) Vertreibung der Tschechen ins Feld geführt. Richtig hieran ist, daß das Dritte Reich von kriminellem Brainstorming aller Art voll war und daß einmal auch Hitler selbst gegenüber dem Präsidenten der tschechischen Protektoratsregierung, Dr. Emil Hacha, von einer möglichen »Aussiedlung der Tschechen« gesprochen hat, um ihn gefügig zu machen[34]. Andere Äußerungen ergeben, daß dies nur als Einschüchterung gedacht war und daß keine konkreten Pläne hinter der Bemerkung des Diktators standen. Soweit ersichtlich, dachte Hitler an eine »Eindeutschung der Tschechei« in Jahrhundert-Dimensionen[35].

Als letztes Argument wird manchmal die Kulturpolitik der Nationalsozialisten in Böhmen und Mähren genannt. Tatsächlich wurden die tschechischen Hochschulen nach Studentendemonstrationen geschlossen und bis Kriegsende nicht wiedereröffnet; die übrigen tschechischen Schulen blieben erhalten. Es war auch Hitlers Vorstellung, die tschechische Sprache »wieder auf die Bedeutung eines Dia-

lekts zurückzudrängen«[36]. Kurioserweise ging Hitler dabei nicht soweit wie die französische Kulturpolitik in der Bretagne, im Elsaß und einigen anderen Regionen, wo die Schüler ihre Muttersprache nur als Fremdsprache lernen dürfen (frühestens mit neun Jahren) und wo auch im Kindergarten nur Französisch erlaubt ist[37]. Die alte Universität Straßburg wurde übrigens schon 1793/94 als »Hydra des Deutschtums« aufgelöst[38]. Als großen Erfolg feierten die Elsässer z. B. Anfang 1981 die grundsätzliche Anerkennung ihres Dialekts (!) als Teil des kulturellen Erbes[39] durch Kultusminister Lecat.
Daß hinter den »guten Gründen« der Befürworter der Vertreibung die wahren Gründe eines archaischen slawischen Nationalismus standen, ist im tschechischen Exil und auch in Kreisen Prager Bürgerrechtler z. T. schon erkannt worden[40].

Verrat an der Nation

Als zweites Vertreibungsargument der tschechischen Nationalisten diente der Vorwurf, die Sudetendeutschen hätten durch das Ausscheiden aus ihrem Machtbereich 1938 »Verrat an der tschechoslowakischen Nation« begangen. Bei diesem Anklagepunkt kommt man ohne ein gewisses Minimum an historischen Vorkenntnissen nicht weiter; daher in dem folgenden Kästchen etwas Geschichte im Zeitraffer-Tempo.

Das deutsch-tschechische Verhältnis im 20. Jahrhundert

1914: Gespräche zwischen dem russischen Außenminister Sasanow und dem späteren tschechischen Staatsoberhaupt Masaryk in Rotterdam. Masaryk fordert Einverleibung des Sudetenlandes und des Burgenlandes (als slawischer Korridor der künftigen Tschechoslowakei nach Jugoslawien[41]).
29. Oktober 1918: Die Abgeordneten aus Deutsch-Böhmen proklamieren ihr Gebiet als »eigenberechtigte Provinz des Staates Deutsch-Österreich« und setzen Landesregierung ein[42]. Andere sudetendeutsche Landesteile folgen ihrem Beispiel.
14. Dezember 1918: Tschechische Truppen marschieren in Reichenberg ein, der größten Stadt Deutsch-Böhmens[43].

22. Dezember 1918: Masaryk unterscheidet in seiner ersten politischen Botschaft zwischen »bodenständigen Tschechen« und sudetendeutschen »Immigranten und Kolonisten«[44].
4. März 1919: Blutbad tschechischer Milizsoldaten unter friedlichen Demonstranten, die Verbleib bei Österreich fordern; 54 Todesopfer, weitere bei späteren Demonstrationen[45].
10. März 1919: Bericht des Vorsitzenden der US-Expertenkommission Archibald C. Coolidge für die Pariser Friedensverhandlungen[46].
»...Würde man den Tschechoslowaken das ganze Gebiet zuerkennen, das sie beanspruchen, so wäre das nicht nur eine Ungerechtigkeit gegenüber vielen Millionen Menschen, die nicht unter tschechische Herrschaft gelangen wollen, sondern es wäre auch für die Zukunft des neuen Staates gefährlich und vielleicht verhängnisvoll ...
Das Blut, das am 4. März geflossen ist, als tschechische Soldaten in mehreren Städten auf die deutsche Menge feuerten, ist – obwohl es im Vergleich zu den Opfern, deren Zeugen wir geworden sind, nur ein Tropfen ist – auf eine Art und Weise vergossen worden, die nur schwer verziehen werden kann ...«
10. September 1919: Frieden von St. Germain-en-Laye. Die neuen Staatsgrenzen werden sanktioniert. Obwohl es in dem Vielvölkerstaat CSR neben den Tschechen und 3,3 Millionen Deutschen nur 2,3 Millionen Slowaken gibt, wird als Staatsname Tschechoslowakei gewählt.
1. Juni 1920: Anläßlich der Eröffnung des Prager Parlaments erklärt der Deutsche Parlamentarische Verband[47]: »Die Tschechoslowakische Republik ist daher das Ergebnis eines einseitigen tschechischen Willensaktes und hat diese Gebiete widerrechtlich und mit Waffengewalt besetzt ... Wir verwerfen daher die Fabel vom rein tschechischen Staate und von der ›tschechoslowakischen Nation‹.«
1934: Konrad Henlein, der Organisator der Sammelpartei SdP (Sudetendeutsche Partei), erklärt: »Wir stehen nicht an zu erklären, daß uns ein grundsätzlicher Unterschied vom Nationalsozialismus trennt. Wir werden niemals auf die Freiheit des Individiuums verzichten.«[48]
1935: Wahlsieg der Sudetendeutschen Partei bei den letzten freien Wahlen.
1935/1936: Einstellung der Angriffe der Nazis gegen Konrad Henlein.[49]
1937: Arnold Toynbee nach einer Reise in die CSR[50] im ›Economist‹: »Und was die Methoden betrifft, mit denen die Tschechen heute ihre Vorherrschaft über die Sudetendeutschen ausüben, so sind sie undemokratisch.«
April 1938: Henlein fordert in seinem Karlsbader Programm Autonomie für das Sudetenland etwa nach Schweizer Vorbild, wie sie bei den Pariser Friedensverhandlungen von tschechischer Seite angekündigt worden war[51].
Juli 1938: Henlein trifft Hitler beim deutschen Turnfest in Breslau[52].
Anfang September 1938: Inspektionsreise des britischen Regierungs-Beauftragten Lord Runciman durch Böhmen und Mähren. Runciman berichtet von wirtschaftlicher, kultureller und administrativer Diskrimi-

nierung der Sudetendeutschen und befürwortet Selbstbestimmungsrecht dieser Volksgruppe.
29. September 1938: Münchener Abkommen über Abtretung des Sudetenlandes durch die CSR[53]:
Dezember 1938: Präsident Benesch und späterer Minister Ripka erörtern (Teil-)Vertreibung der Sudetendeutschen[54].
März 1939: Hitler marschiert in Prag ein. Kommentar des britischen Botschafters Henderson[55]: »Bis zum März, so habe ich in meinem anschließenden Bericht geschrieben, führte das Schiff des deutschen Staates die deutsche Nationalflagge. In diesen Märztagen hißte dann der Kapitän herausfordernd die Piratenflagge mit dem Totenkopf und gekreuzten Knochen und zeigte seine wahren Farben als prinzipienloser Feind des Friedens und der europäischen Freiheit.«
Ende 1939: Konkrete Pläne zur Vertreibung der Sudetendeutschen im tschechischen Exil in Paris[56].
Oktober 1940: Benesch fordert »Aussiedlung von 1 Million Deutschen«[57].
Mai – September 1941: Benesch »akzeptiert den Grundsatz des Bevölkerungstransfers«[58].
1942: Benesch vor Militärs[59]: »Ein weiteres und ein brennendes Problem ist, wie wir die Deutschen loswerden sollen. Selbst glaube ich, daß es möglich sein wird, sich etwa zwei Millionen Deutscher zu entledigen. Das Problem wird sehr schwer sein. Am besten wird sein, es via facti zu erledigen, sonst durch Übereinkommen. Alle jungen Deutschen bis zu einem bestimmten Alter müssen weg ...«
Mai 1945: Benesch in einer Rede in Brünn[60]: »Es ist Ihnen und allen von uns klar, daß die Liquidierung der Deutschen hundertprozentig sein muß.«
Juli 1945: Benesch-Anhänger fordern Teile von Schlesien, Lausitz, Ostbayern, Niederösterreich und dem Burgenland[61].
August 1945: Außenhandelsminister Ripka in Nachod: »Wir verlangen nur, was für unsere strategische Sicherheit unentbehrlich ist und was wir zur Überwindung unserer Transportschwierigkeiten brauchen. Wir verlangen, daß die Grenze vom Kamm unserer Berge auf den Fuß des Gebirges auf der deutschen Seite verlegt werden soll.«[62]
Frühjahr 1946: Während des Wahlkampfs in der Tschechoslowakei streiten Nationalisten und Kommunisten um die größeren Verdienste bei der Liquidierung der sudetendeutschen Volksgruppe und um die Priorität bei der Idee, wobei sehr frühe Vertreibungspläne zum Vorschein kommen[63].
November/Dezember 1946: Auf der Konferenz des Außenministerrates in New York schlägt die Prager Regierung weitere Grenzberichtigungen zu Lasten Deutschlands im Norden und Westen vor[64].

Die Ereignisse rund um das Münchener Abkommen von 1938 hat Präsident Benesch später als sudetendeutschen »Dolchstoß in den Rücken des tschechoslowakischen Staates«[65] bezeichnet. Bei diesem Vorwurf ist an Folgendes zu erinnern: Tatsache ist zunächst, daß man die Sudetendeutschen im Gegensatz zu den Saarländern (1935) nie gefragt hat, ob sie sich ans Reich anschließen wollten oder nicht; wie im Fall Österreich hat es darüber keine demokratische Abstimmung gegeben.
Tatsache ist weiter, daß Hitler später das Münchener Abkommen im vertrauten Kreis wiederholt als großen Rückschlag und nicht als Erfolg bezeichnet hat[66]. Es war ihm letztlich nicht um das Selbstbestimmungsrecht, sondern um dessen Gegenteil, um expansiven Kolonialismus gegangen. Dadurch, daß er das deutschsprachige Eger und das tschechische Prag nicht zugleich, sondern nur nacheinander angliedern konnte, hatte er die Maske fallenlassen müssen und sich die tödliche Gegnerschaft Londons zugezogen.
Nachdem die Sudetendeutschen 1919 wie 1938 nur Objekt und nicht Subjekt des Geschehens waren, kann man getrost alle Überlegungen ins Reich der Spekulation verweisen, ob sie vielleicht damals Hitler und die Trennung von Prag begrüßt haben oder ob sie beides abgelehnt haben oder ob sie nur Hitler abgelehnt haben usw. usw.
Immerhin schrieb der spätere tschechoslowakische Minister Ripka in seinem Buch »Munich Before and After«: »Die Mehrzahl der Sudetendeutschen sympathisierte nicht mit dem revolutionären Nationalsozialismus.«[67] Der tschechische Kommunistenführer Gottwald äußerte sich am 26. Oktober 1943 in der ›Prawda‹ ähnlich[68].
Unbekümmert um die historischen Tatsachen fand Benesch für die Vernichtung der sudetendeutschen Volksgruppe nach dem Krieg folgende bündige Begründung[69]: »Unsere Deutschen hingegen haben den Staat verraten, die Demokratie verraten, uns verraten, die Menschlichkeit verraten und die Menschheit verraten.«
Seltsamerweise vergaßen die Chauvinisten, daß man ihre barbarischen Gedankengänge jederzeit zur Liquidation des tschechischen Volkes selbst hätte verwenden können, das nach ihrer eigenen Diktion eigentlich das alte k. u. k. Österreich »verraten« hat. Mit einer Dolchstoßlegende à la Benesch versuchten u. a. auch die Türken im 1. Weltkrieg die Vernichtung der Armenier zu rechtfertigen. Entrüstet

schrieb damals ein deutscher Beobachter[70]: »...daß armenische Soldaten zum Feinde übergegangen sind, mag auf Wahrheit beruhen; erscheint dies doch nur zu begreiflich nach der harten Unterdrükkung ... Ähnliches ist auch bei den Mittelmächten mit polnischen und tschechischen Regimentern geschehen, und doch hat niemand bei uns daran gedacht, dafür Unschuldige zu bestrafen, etwa die gesamte polnische Bevölkerung Deutschlands in die Ostsee zu schütten oder die tschechische Bevölkerung Österreichs auf den Pässen der Hochgebirge, den Gletschern Tirols erfrieren zu lassen.«
Auch alle historischen »Befriedungsaktionen« und Grausamkeiten gegenüber den Kolonialvölkern ließen sich mit einer modifizierten tschechischen Verräter-Theorie zwanglos rechtfertigen. Kolonialismus und Sklaverei haben eine gemeinsame Wurzel. Aristoteles beschreibt in seiner klassischen Verteidigung der Sklaverei[71] den Sklaven als »ein mit Leben versehenes Werkzeug ...«, das nur dazu tauge, »Besitz eines anderen zu werden«. Da entlaufene Sklaven gegen die natürliche Ordnung verstießen, pflegte man sie in der Antike hinzurichten.

13. Sowjetische Motive

Die Schule des Hasses

»Die Schule des Hasses«, so hieß ein Werk von Scholochow, das am 23. Juni 1942 in mehreren russischen Zeitungen abgedruckt wurde und großen Erfolg hatte[1]. »Die Schule des Hasses« machte Schule, und unter den Literaten, Journalisten und Propagandisten in Moskau bildete sich mit allerhöchster Förderung tatsächlich so etwas wie eine Schule des Hasses gegen »den Deutschen«.

Alexej Tolstoj, Simonow, Surkow, Scholochow und Ehrenburg waren bald die Favoriten im Wettlauf um den Haßrekord. »Töte den Deutschen!« – in dieser Forderung schienen sich, wie ausländische Beobachter berichten, für die Sowjetmenschen alle zehn Gebote zu vereinigen[2]. Nach Scholochow erntete Simonow Ruhm mit dem Gedicht »Tötet ihn!«[3], während Surkow mit dem Gedicht »Ich hasse« groß herauskam. Das Poem schließt:[4] »Die Preußen haben mein Haus besudelt, ihr trunkenes Gelächter bringt mich um den Verstand. Und mit diesen meinen Händen möchte ich jeden von ihnen erwürgen.«

Dem Schriftsteller und Propagandisten Ilja Ehrenburg aber wurde ein geniales Talent beim Schüren des Deutschenhasses bescheinigt[5]. Er ließ keine Zweifel daran aufkommen, daß nicht die faschistische Besatzungsmacht, sondern das deutsche Volk der Feind der Russen sei. Einmal schlug er vor, die Deutschen als Untermenschen zu behandeln[6], ein anderes Mal, die deutsche Rasse zu vernichten und den letzten »Fritz« (Deutschen) im Zoo auszustellen[7]. Er konstatierte: »Die Deutschen sind keine Menschen«; und: »Für uns gibt es nichts Lustigeres als deutsche Leichen.«[8] Ehrenburg gab auch die Devise aus: »Es genügt nicht, die Deutschen nach Westen zu treiben. Die Deutschen müssen ins Grab hineingejagt werden!«[9]. Am 17.9.1944 schrieb er in der Frontzeitung ›Unitschtoshim Wraga‹[10]: »Die deutschen Frauen werden die Stunde verfluchen, in der sie ihre Söhne – Wüteriche – geboren haben. Wir werden nicht schänden. Wir werden nicht verfluchen. Wir werden nicht hören. Wir werden totschlagen.« Tatsächlich hat die Rote Armee Ehrenburgs Vorsätze – mit Ausnahme des »wir werden nicht schänden« – kurz darauf verwirklicht. Noch in den letzten Tagen des Krieges tat er alles, um keine ›Humanitätsduselei‹ aufkommen zu lassen[11]:

Dok. 17

»Töte den Deutschen!« – Sowjetische Flugblatt-Propaganda

Auszug aus Ilja Ehrenburgs Aufruf »Töte!«, in Zeitungen und als Flugblatt verbreitet, abgedruckt in Ehrenburgs Buch »Der Krieg« (Moskau 1943):
»Die Deutschen sind keine Menschen. Von jetzt ab ist das Wort ›Deutscher‹ für uns der allerschlimmste Fluch. Von jetzt ab bringt das Wort ›Deutscher‹ ein Gewehr zur Entladung. Wir werden nicht sprechen. Wir werden uns nicht aufregen. Wir werden töten. Wenn du nicht im Laufe eines Tages wenigstens einen Deutschen getötet hast, so ist es für dich ein verlorener Tag gewesen. Wenn du glaubst, daß statt deiner der Deutsche von deinem Nachbarn getötet wird, so hast du die Gefahr nicht erkannt. Wenn du den Deutschen nicht tötest, so tötet der Deutsche dich. Er wird die Deinigen festnehmen und sie in seinem verfluchten Deutschland foltern. Wenn du den Deutschen nicht mit einer Kugel töten kannst, so töte ihn mit dem Seitengewehr. Wenn in deinem Abschnitt Ruhe herrscht und kein Kampf stattfindet, so töte den Deutschen vor dem Kampf. Wenn du den Deutschen am Leben läßt, wird der Deutsche den russischen Mann aufhängen und die russische Frau schänden. Wenn du einen Deutschen getötet hast, so töte einen zweiten – für uns gibt es nichts Lustigeres als deutsche Leichen. Zähle nicht die Tage. Zähle nicht die Kilometer. Zähle nur eines: die von dir getöteten Deutschen! Töte den Deutschen! – dieses bittet dich deine greise Mutter. Töte den Deutschen! – dieses bitten dich deine Kinder. Töte den Deutschen! – so ruft die Heimaterde. Versäume nichts! Versieh dich nicht! Töte!«[12]

Auszug aus dem Flugblatt »Schlag den Deutschen – den Satan!« (ohne Verfasserausgabe):
»... Töte den Deutschen, wo du ihn antriffst. Schlag ihn auf der städtischen Straße, im Hause, spreng ihn mit der Granate, stich das Bajonett in ihn, die Mistgabel; spalt ihn mit dem Beil, setz ihn auf den Pfahl, zerschneid ihn mit dem Messer – schlag wie du kannst – ABER TÖTE! Töte ihn, und du rettest dein Leben und das deiner Familie. Töte ihn, und du rettest deine Heimat, dein Volk. Überall mußt du die Bestie schlagen! Wenn er haltmacht und schläft – zerfleische den Schlafenden. Passiert er den Wald, da möge er den Tod finden. Ist er unterwegs – eine Mine soll ihn zerreißen. Fährt er in der Eisenbahn – laß den Zug am Abhang entgleisen. Zerdrücke, zerspalte, zersteche ihn im Wald, auf dem Feld, auf Straßen, vernichte ihn überall! ...«[13]

»Deutschland ist eine Hexe ... Wir sind in Deutschland. Die deutschen Städte brennen, und ich bin glücklich darüber. Die Deutschen haben keine Seele. Ein englischer Politiker hat gesagt, die Deutschen seien unsere Brüder. Nein! Es ist eine Blasphemie, wenn man diese Kindermörder zu der großen Völkerfamilie rechnet ...«

Die kleinen Schreiber versuchten es den großen gleichzutun. Z. B. schrieb am 25.1.1945 der Reporter einer Frontzeitung[14]: »Es gibt kaum ein erziehenderes Beispiel als eine brennende feindliche Stadt. Man sucht in seiner Seele nach einem Gefühl, das dem Mitleid ähnlich wäre, aber man findet es nicht ... Brenne, Deutschland, du hast es nicht besser verdient. Ich will und werde dir nichts verzeihen von dem, was uns angetan wurde durch dich ... Brenne, verfluchtes Deutschland!«

Andere Aufrufe forderten ausdrücklich zur Vergewaltigung deutscher Frauen auf; besonders bei einem Gegenangriff der Wehrmacht im Raum Königsberg im Februar 1945 wurden zahlreiche einschlägige Papiere – Zeitungen, Flugblätter und Briefe sowjetischer Soldaten – erbeutet[15]. Auch sowjetische Kriegsgefangene bestätigten, daß die Politoffiziere ihnen schrankenlose Handlungsfreiheit gegenüber Frauen und Mädchen in Deutschland versprochen hatten[16]. Diese Politik in Verbindung mit der allgemeinen Haßpropaganda führte dazu, daß es, wie die Bonner »Dokumentation der Vertreibung der Deutschen« feststellt[17], in vielen Fällen nicht bei der Schändung blieb, sondern daß die deutschen Frauen anschließend getötet und mitunter auf sadistische Weise entstellt wurden.

Überdurchschnittlich viele Verbrechen wurden von den Soldaten der 3. Weißrussischen (Bjelorussischen) Front begangen. Von ihr wird später noch zu berichten sein. Ihr Befehlshaber, der Marschall Tschernjakowski, erließ anläßlich des Einmarsches in Ostdeutschland am 12. Januar 1945 folgenden Tagesbefehl[18]:

»Zweitausend Kilometer sind wir marschiert und haben die Vernichtung all dessen gesehen, was wir in zwanzig Jahren aufgebaut haben. Nun stehen wir vor der Höhle, aus der heraus die faschistischen Angreifer uns überfallen haben. Wir bleiben erst stehen, nachdem wir sie gesäubert haben. Gnade gibt es nicht – für niemanden, wie es auch keine Gnade für uns gegeben hat. Es ist unnötig, von Soldaten der Roten Armee zu fordern, daß Gnade geübt wird. Sie lodern vor Haß

und vor Rachsucht. Das Land der Faschisten muß zur Wüste werden...« – Marschall Schukow und andere agitierten ähnlich[18a].
Bezeichnend ist eine Stelle in dem offiziellen sowjetischen Werk »Die Geschichte des Großen Vaterländischen Krieges«, an der es heißt[19]:
»Eine der wichtigsten Aufgaben der politischen Arbeit war nach wie vor die Erziehung zum glühenden Haß gegen die faschistischen Okkupanten. Die Kommandeure und Politarbeiter begriffen sehr wohl, daß man keinen Feind besiegen kann, wenn man ihn nicht aus vollster Seele haßt. In Flugblättern und Zeitungsartikeln wurden die Verbrechen der faschistischen Eroberer auf sowjetischem und polnischem Boden beschrieben.«
Daß die Verbrechen in Ostdeutschland nicht zwangsläufiges und »selbstverständliches« Ergebnis der Besatzungspolitik der Nazis (Pendelschlag-Theorie) waren und auch nicht die Folge eines ungezügelten wilden Temperaments (Untermenschen-Theorie), sondern Produkt einer jahrelangen gezielten Haßkampagne, ergibt sich aus einer Reihe von Umständen:
1) Obwohl auch Ungarn als Feindstaat galt und die ungarischen Truppen in Rußland nichts anderes getan hatten als die deutschen, waren dort die Ausschreitungen seltener[20].
2) In Deutschland dagegen wurden sogar Schilder aufgestellt, auf denen zu lesen stand[21]: »Rotarmist: Du stehst jetzt auf deutschem Boden – die Stunde der Rache hat geschlagen!«
3) Schon im 1. Weltkrieg waren die Russen in Ostpreußen eingebrochen und hatten über 1000 Personen – teilweise unter Spionageverdacht – erschossen[22]. Aber was war das gegen die millionenfachen Verbrechen der Jahre 1944 und 1945?
Gegen Vergewaltigung wurde 1914 russischerseits energisch eingeschritten; die Täter wurden in der Regel hingerichtet[23].
4) Schließlich berichtet die Dokumentation des Bundesarchivs[24]:
»Daß etwa das Ausmaß der Übergriffe mit der Intensität der vorangegangenen Kampfhandlungen in Verbindung stand, läßt sich allgemein nicht nachweisen. Eine Anzahl von Gemeinden, die als Schwerpunkte des Geschehens zu verzeichnen sind, waren kampflos besetzt worden. Auch waren in einzelnen Kreisen, in denen der deutsche Widerstand relativ gering war, eine größere Anzahl an Schwerpunkten und Übergriffen gegenüber der Bevölkerung festzustellen als in solchen, in denen harte Kämpfe stattgefunden hatten. Für das Aus-

maß der Übergriffe war auf Grund der vorliegenden Materialien vielmehr in erster Linie entscheidend, in welchem Umfang eine Evakuierung der Kreise stattgefunden hatte bzw. in welchem Umfang zurückgebliebene oder auf der Flucht befindliche Bevölkerungsteile dort angetroffen wurden.«

Plötzlich wie sie aufgetaucht war, so verschwand die Schule des Hasses wieder. Die Gründe waren einleuchtend: die Entvölkerung der Oder-Neiße-Gebiete, das wichtigste Ziel der Hetze, war weitgehend erreicht. Die eigene Besatzungszone bis zur Elbe ebenso zu verwüsten, wäre widersinnig gewesen. Außerdem brauchte man deutsche Hilfswillige, um in dieser Zone eine Verwaltung aufzubauen. Die Disziplin der Roten Armee verfiel; die Führung hatte die Truppe nicht mehr in der Hand. Man sah, wie die Alliierten im Westen leicht vorankamen, während die deutschen Truppen im Osten verzweifelt kämpften[25]. Hier schlugen sie sich eben nicht für Ruhm und Ehre, schon gar nicht für Führer und Partei, sondern schlicht für ihre Kinder und Frauen, deren furchtbare Schreie nur allzuoft über die Frontlinie nach Westen herüberhallten[26]. – In der sowjetischen Militärliteratur tauchen bei der Charakterisierung der deutschen Soldaten in dieser Zeit immer wieder Begriffe auf wie »erbitterter Widerstand«, »verzweifelter Kampf« oder »unglaublich hartnäckig«.

Vorboten des Umdenkens zeigten sich schon am 9. Februar 1945 in einem Leitartikel des »Roten Stern«[27], der sich mit den massenhaften Exzessen der Roten Armee befaßt:

»Unsere Soldaten werden es nicht zulassen, daß so etwas geschieht, nicht aus Mitleid mit dem Feind, sondern aus dem Gefühl für ihre persönliche Würde. Sie wissen, daß jeder Bruch der militärischen Disziplin nur die siegreiche Rote Armee schwächt ... Unsere Rache ist nicht blind. Unser Zorn ist nicht unvernünftig ... In einem Anfall blinder Wut ist man fähig, eine Fabrik im eroberten Feindgebiet zu zerstören – eine Fabrik, die für uns wertvoll sein kann. Eine solche Haltung spielt nur dem Feind in die Hände.«

Am 14. April 1945, als die Rote Armee die Flüsse Oder und Neiße erreicht hatte, erschien in der ›Prawda‹ der oft zitierte Artikel des Chefideologen des Zentralkomitees F. G. Alexandrow »Der Genosse Ehrenburg vereinfacht zu sehr«. Stalin persönlich hatte ihn angeordnet[28] und damit die Schule des Hasses geschlossen. Alexandrow wiederholte in scharfer Form noch einmal alle Vernunftgründe, die aus

Moskauer Sicht gegen einen weiteren Amoklauf sprachen, beschuldigte Ehrenburg in kaum verhüllter Form, die Ausrottung der Deutschen gepredigt zu haben[29], und zitierte plötzlich wieder das Stalin-Wort: »Die Hitlers kommen und gehen, aber das deutsche Volk wird es immer geben.« Ehrenburg hatte seine Schuldigkeit getan – der Mohr konnte gehen. In seinen Memoiren versuchte der Propagandist später, sich als Verfolgten des Stalinismus und großen Humanisten[30] zu präsentieren. Der Nachwelt freilich dürfte er als großer Opportunist und noch größerer Schreibtischtäter in Erinnerung bleiben.

Auch nach Alexandrows Grundsatzartikel in der ›Prawda‹ nahmen die Verbrechen der Roten Armee nur langsam ab. Erst nach dem Waffenstillstand war die Erleichterung spürbar[31].

Das Ergebnis der jahrelangen Agitation resümiert Sabik-Wogulow, ein ehemaliger Offizier der Roten Armee, mit folgenden Worten[32]: »In diesen Hetzartikeln und Flugblättern wurden die Schrecken, die die Henker Hitlers verbreiteten, eingehend geschildert und ausgemalt, so daß der russische Soldat der Meinung war, die Deutschen seien nur ausgemachte Schurken, Gauner und Verbrecher und daß es in ganz Deutschland keinen einzigen Deutschen gibt, den man nicht als seinen Feind betrachten müßte.«

In Ostdeutschland vermerkte z. B. Jurij Uspenski, ein anderer Sowjetoffizier, in seinem Tagebuch[33]: »Die Deutschen haben diese Greueltaten verdient ... Gewiß, es ist unwahrscheinlich grausam, Kinder zu töten, aber die deutsche Kaltblütigkeit ist hundertmal schlimmer gewesen.«

Daß ein Großteil der Roten Armee aufgrund der propagandistischen Beeinflussung in jedem Deutschen, ob Mann oder Frau, ob Greis oder Kind, einen Faschisten sehen mußte, haben die späteren Untersuchungen im Bundesarchiv ausdrücklich bestätigt[34].

Sogar aus dem entlegenen Kasachstan berichtet eine verschleppte Rußlanddeutsche[35]: »Nun bringen sie uns in eine Schule im Kolchos Schulji. Da stehen schon viele Leute herum, bei denen wir Unterkunft finden sollen, meistens Bäuerinnen, die uns ansehen, als ob wir der Hölle entsprungen wären. Sie haben es schon oft gehört: die Deutschen sind Teufel. Sie gucken, ob wir wirklich Hörner haben, und wundern sich, daß wir wie ihresgleichen aussehen.«

... und die Freiheit zu töten

»Die plötzliche Allmacht und die Freiheit zu töten sind ein zu starker Wein für die Natur des Menschen; der Schwindel überfällt sie, der Mensch sieht rot, und alles endet in einem wilden Delirium«, berichtet der französische Historiker Taine aus dem Paris der Großen Revolution[36].

Auch bei den Massenverbrechen der Roten Armee spielte »die Freiheit zu töten« eine entscheidende Rolle. Die Dokumentation der Vertreibungsverbrechen bemerkt dazu[37]: »Von erheblicher Bedeutung für das Vorgehen der sowjetischen Truppen gegenüber der Bevölkerung war schließlich die Handlungsfreiheit, die den Truppen nach Besetzung eines Gebietes von der sowjetischen Führung für eine gewisse Zeit gewährt wurde.« Während sogar in Hitlers Wehrmacht die Kriegsgerichte bei Vergewaltigungsfällen überraschend konsequent und scharf durchgriffen[38], wurde auf sowjetischer Seite in der Regel nicht gegen den eingeschritten, der ein Verbrechen beging, sondern oft genug gegen den, der es verhüten wollte. Noch im April 1945 stützt sich eine Anklage u.a. auf »Verteidigung der Deutschen und Hetze gegen den Schriftsteller Ehrenburg«[39]. Auf andere Fälle wurde schon im 5. Kapitel (»Opfer der Roten Armee«) hingewiesen.

Zu der Haßpropaganda und den materiellen und sexuellen Anreizen (Plünderung, Vergewaltigung) kam also noch die totale Handlungsfreiheit.

Auch aus dem Kambodscha der Pol-Pot-Zeit wird berichtet, daß durch die offizielle Duldung des Terrors für jugendliche Kommunisten das Töten zum Spiel wurde, »das gleiche wie eine Eidechse zu töten oder einen Schmetterling zu fangen«.[40]

Daß die Tötungshemmung auch im Durchschnittsmenschen viel geringer ist als man normalerweise glaubt, hat Prof. Milgram in einem berühmt gewordenen psychologischen Experiment bewiesen, das heute in allen einschlägigen Lehrbüchern nachzulesen ist[41]. Ähnliches mußten die Richter nach dem Krieg in den großen NS-Prozessen gegen das Lagerpersonal feststellen[42]: »Von den Exzeßtätern abgesehen, waren die an den Massenmorden in den Vernichtungslagern Beteiligten in der Regel weder die Ungeheuer, als die man sie häufig hinstellt, noch die gleichsam antriebslos agierenden Partikel einer ferngesteuerten Terrormaschinerie, als die sie sich später selbst gerne

sahen. Kaum einer von ihnen dürfte in einer unter rechtsstaatlichen Verhältnissen lebenden Gesellschaft kriminell geworden sein.«
Auch Alexander Solschenizyn berichtet in seinem »Archipel GuLag«[43], nach drei Wochen Krieg in Deutschland habe jeder Bescheid gewußt: deutsche Mädchen dürfe man vergewaltigen und danach erschießen, und das gelte fast noch als kriegerische Tat.

Dok. 18

Sowjetmoral im Krieg

Der Bürgerrechtler Lew Kopelew schildert eine Diskussion mit einem kommunistischen Agitator während des Einmarsches in Ostpreußen[44]:
»Wir sind Materialisten, wir müssen uns klar darüber sein. Das heißt: was ist zu tun, damit der Soldat Lust zum Kämpfen behält? Erstens: er muß den Feind hassen wie die Pest, muß ihn mit Stumpf und Stiel vernichten wollen. Und damit er seinen Kampfwillen nicht verliert, damit er weiß, wofür er aus dem Graben springt, dem Feuer entgegen in die Minenfelder kriecht, muß er zweitens wissen: er kommt nach Deutschland und alles gehört ihm – die Klamotten, die Weiber, alles! Mach, was du willst! Schlag drein, daß noch ihre Enkel und Urenkel zittern!«
»Heißt das also, er darf Frauen und Kinder umbringen?«
»Was kommst du mit Kindern, Idiot. So was gibt's doch nur in Ausnahmefällen. Lange nicht jeder wird Kinder töten. Wir beide jedenfalls nicht. Aber wenn du schon davon anfängst: laß die, die es in blinder, leidenschaftlicher Aufwallung tun, auch kleine Fritzen* töten, bis es ihnen selbst über ist! Du hast doch ›Die Haidamaken‹** gelesen? Wie Gonta – erinnerst du dich – seinen eigenen kleinen Söhnen, weil sie katholisch waren, die Kehlen aufschlitzte? Das ist Krieg, Bruder, keine Theorie und keine Literatur. In Büchern, natürlich, da muß es das alles geben: Moral, Humanität, Internationalismus. Das ist alles schön und gut und theoretisch richtig. Aber jetzt laß erst mal Deutschland in Rauch und Flammen aufgehen, danach kann man dann wieder richtige und schöne Bücher schreiben über die Humanität und den Internationalismus.«

* Russischer Spitzname für Deutsche
**Historisches Epos von Taras Schewtschenko

Diese Mentalität vor allem hat sein Kollege Lew Kopelew vor Augen, wenn er schreibt[45]: »Es sind archaische Instinkte, die Kinder zu Tierquälerei veranlassen, grausame Instinkte – bei Knaben häufiger als bei Mädchen –, vormenschliches, animalisches Erbe aus der allerfrühesten Beziehung zur Welt. In ihrer vollsten Ausprägung treten diese Instinkte beim grausamen Feigling in Erscheinung. Und am schändlichsten, am gemeinsten ist jene Feigheit, die nicht nur grausam, sondern auch ehrgeizig ist, die sich prunkvoll ideologisch verbrämt. Sie erzeugt lebensfrohe Mörder und wollüstige Henker, die nicht nur schamlos und skrupellos zu Werke gehen, sondern sich dessen auch noch stolz-bescheiden rühmen, mit ihrer eigenen Grausamkeit prahlen in der Überzeugung, dem Staat, dem Vaterland, dem Gesetz oder sonst einem hohen abstrakten Begriff zu dienen.«

Die Täter

Zum Täterkreis wurde im Bundesarchiv ermittelt, »daß dem Berichtsmaterial zufolge Angehörige von Panzerverbänden im allgemeinen Gewaltakte an zurückgebliebener Bevölkerung in den Gemeinden nicht verübt haben. Was die Nachschubtruppen anbetrifft, so war ihr Vorgehen gegenüber der deutschen Bevölkerung im allgemeinen, zumindest in der ersten Zeit der Besetzung, unterschiedslos durch Gewalttaten gekennzeichnet, auch in den südlichen Teilen Schlesiens, die erst am Tage der Kapitulation besetzt worden sind, wenn dort auch das Ausmaß der Gewalttaten geringer gewesen ist als in Ostpreußen. Zuweilen gelang es einzelnen Offizieren und Soldaten, die Gewaltmaßnahmen ablehnten, das Vorgehen sowjetischer Einheiten gegenüber der Bevölkerung zu mildern bzw. einzelne Gewalttaten zu verhindern.«[46]

In dem Moskauer Standardwerk »Geschichte des Großen Vaterländischen Krieges«[47] heißt es:

»Vor dem Angriff verstärkten neue Kader die Politorgane. Bei den Politabteilungen der Divisionen, Korps und Armeen wurden Reserven von Parteiarbeitern geschaffen. Aus den rückwärtigen Truppenteilen und der Reserve kamen die besten Kommunisten und Komsomolzen in die Partei- und Komsomolorganisationen der Kampfeinheiten, besonders der Schützen- und Maschinengewehrkompanien ... Bei der 2. und 3. Bjelorussischen Front machten die Kommu-

nisten und Komsomolzen fast die Hälfte des gesamten Personalbestandes aus.«
Dazu wiederum teilt das Bundesarchiv[48] mit: »Es dürften jene Truppenteile gewesen sein, vor denen, wie mehrfach berichtet wird, die in den Ortschaften Verbliebenen wie auch Flüchtlinge durch deutschsprechende Angehörige sowjetischer Panzereinheiten gewarnt wurden: ›Die nach uns kommen sind schlecht‹ oder ›Nach uns kommen Stalin-Schüler‹.«
Immer wieder hörte man Äußerungen gewalttätiger Sowjetsoldaten, sie wendeten sich nur gegen Kapitalisten. Der Kreis der Klassenfeinde wurde allerdings nach osteuropäischen Begriffen sehr weit gezogen; aus Görlitz berichtet Pfarrer Franz Scholz[49]: »Russische Soldaten sehen ja eine deutsche Arbeiterwohnung mit Wasserleitung, elektrischem Strom und Gas, Gardinen, Radio, Porzellangeschirr und Nähmaschine als Kapitalistenwohnung an.«
Der Ruf der Soldaten mongolischer Abstammung war besonders schlecht, was von russischer Seite auch zugegeben wurde[50]. Speziell aus Königsberg und Elbing sind Exzesse dieser Asiaten überliefert. Nach den bisherigen Aufklärungsversuchen vermutet man, daß sie mehrheitlich aus Sibirien stammten, wo die KP traditionsgemäß besonders stark ist[51].

Die Deportation der Rußlanddeutschen und die sowjetische Nationalitätenpolitik

Die Deportation unbotmäßiger Völker als Strafe oder auch bloß als Vorbeugungsmittel läßt sich in der russischen Geschichte erstmals unter Iwan III. (1462–1505) sicher feststellen. Seitdem haben »wywod« (Wegführung) und »razwod« (Auseinanderführung) als Radikalmittel der Assimilation einen festen Platz in der Moskauer Politik[52].
Später überwölbten die marxistisch-leninistischen Theoretiker die altrussischen Verschleppungspraktiken mit einem kunstvollen ideologischen Überbau.
Völker, Rassen und Nationen legte schon Marx auf die Waage des Fortschritts und prüfte, inwieweit sie dem Sozialismus, der Industrialisierung und der Revolution nützlich oder hinderlich waren. In letzterem Fall waren sie »reaktionäre Völker«, sterbende Nationalitäten«, »Natiönchen«, »Völkerabfälle«, »konterrevolutionäre Na-

tionen«, »ohne Zukunft«, »ohne raison d'être«, zumindest ohne Recht auf Unabhängigkeit. Eine Politik, die den historischen Fortschritt vorantreibt, lasse sich nun einmal nicht durchsetzen, ohne dabei »manch sanftes Nationenblümlein gewaltsam zu zerknikken«[54]. U.a. zählten Marx und Engels zu den reaktionären Nationen[55]:

Die Schweizer –

»... ein grenzenlos aufgeblasenes Volk von vorsintflutlichen Alpenhirten, vernagelten Bauern und schmutzigen Spießbürgern, – arm, aber rein von Sitten, dumm, aber fromm und wohlgefällig vor dem Herrn, brutal, breit von Schultern, wenig Gehirn, aber viel Wade.«

Die Norweger –

»... eine brutale, schmutzige, seeräuberische, altnordische Nationalität – in der sich die christlich-germanische Barbarei in ihrer ursprünglichen Gestalt beinahe bis aufs Eichelfressen erhalten hat.«

Die Polen –

die »nie etwas anderes in der Geschichte getan (haben) als tapfere krakeelsüchtige Dummheiten gespielt. Auch nicht ein einziger Moment ist anzugeben, wo Polen, selbst nur gegen Rußland, den Fortschritt mit Erfolg repräsentiert oder irgend etwas von historischer Bedeutung tat.«

Alle Balkanvölker –

die unfähig zum Aufbau einer eigenen staatlichen Ordnung und zu ihrer Verteidigung seien. »Was wäre aus diesen zersplitterten kleinen Natiönchen, die eine so erbärmliche Rolle in der Geschichte gespielt haben, was wäre aus ihnen geworden, wenn sie nicht von Magyaren und Deutschen zusammengehalten und gegen die Heere Solimans geführt worden wären, wenn nicht ihre sogenannten ›Unterdrücker‹ die Schlachten entschieden hätten, die zur Verteidigung dieser schwachen Völkerschaften geschlagen wurden!«

Auch antisemitische Äußerungen von Karl Marx – vor allem aus seinen Briefen – ließen sich in Hülle und Fülle zitieren[56]. Die sozialistische Bewegung des 19. Jahrhunderts war bis zur letzten Dekade antisemitisch geprägt. Edmund Silberner, der diesem Komplex ein Buch gewidmet hat, schließt eine neuerliche Annäherung von Sozialismus und Antisemitismus nicht aus[57]. Gegenüber Reichsaußenminister v. Ribbentrop ließ Stalin durchblicken, er warte nur auf das Heranreifen von genügend eigener Intelligenz, um mit dem Judentum als Führungsschicht Schluß zu machen[58]. Im August 1952 wurden 26 repräsentative Juden in einem Geheimprozeß verurteilt und hingerichtet. Am 13. Januar 1953 wurde ein jüdisches »Ärztekomplott« bekanntgegeben. Man nimmt an, daß der von Stalin beabsichtigte Spionage-, Terror- und Diversionsprozeß die Massendeportation der Juden einleiten sollte[59]. Der Tod des Diktators am 5. März 1953 bewahrte die Juden vor dem Schlimmsten.

Da der russiche Kolonialismus nach der Oktoberrevolution der Festigung der Sowjetmacht und damit dem »Fortschritt« diente, war die nun folgende Entwicklung in der UdSSR vorgezeichnet. Scheinbare Ansätze von Föderalismus in der Ära Lenin z. Zt. der größten Gefährdung des Systems waren mehr taktische Schachzüge als echte Kurskorrekturen. Lenin selbst war zwar kein Antisemit und auch kein prinzipieller Gegner der Selbstverwaltung im sowjetischen Vielvölkerstaat[60], doch hatte er mit der Berufung Stalins zum Volkskommissar für Nationalitätenfragen den Bock zum Gärtner gemacht. Zu spät mußte er erkennen, daß die Revolution mit ihren föderalistischen Ansätzen »in diesem Meer des chauvinistischen großrussischen Packs ertrinken wird wie die Fliege in der Milch«.[61]

Einem russischen Zeitungsbericht von 1957 ist z. B. zu entnehmen: »Der erste Baschkirenkongreß trat am 19. Juli 1917 in Orenburg zusammen ... Es wurde die konterrevolutionäre Losung ›Baschkirien den Baschkiren‹ aufgestellt.«[62]

Von den dauernden Säuberungen und Befriedigungsaktionen der dreißiger Jahre bei den kleineren Völkern und Volksgruppen in der Sowjetunion und der fast vollständigen Liquidierung ihrer Führungsschichten[63] über die Deportation von mindestens einer Million Menschen allein aus den baltischen Ländern bis hin zur Beseitigung der Krimtataren und Wolgadeutschen führt eine gerade Linie, die u.a. Robert Conquest in seinem Buch über Stalins Völkermord sorgfältig belegt hat[64].

Zwischen 1926 und 1959 hat sich z. B. die Zahl der Russen in der Ukraine verdoppelt; 1979 zählte man schon 21,1 % Russen. In Lettland erhöhte sich ihr Anteil vom Einmarsch 1940 bis zum Jahr 1979 gar auf 32,8 %, und in der estnischen Hauptstadt Tallinn (Reval) leben heute fast 50 % Russen[65]. In der lettischen Hauptstadt Riga sind die Russen bereits in der Mehrheit[65a].

Schon vor vielen Jahren hat W. Starlinger das Fazit gezogen, daß

»heute aller Sowjetpatriotismus letzthin großrussischer Patriotismus« ist und daß am Ende der einheitlich denkende und sprechende imperiale Großraum steht[66]. Das Schicksal der Rußlanddeutschen ist nur einer von vielen Meilensteinen am Weg des Sowjetimperialismus. Über den weiteren Verlauf dieses Weges macht sich z. B. Ayshe Seytmuratowa, eine tatarische Bürgerrechtlerin in den USA, wenig Illusionen:

»In Afghanistan geschieht nichts Neues. Dort führen die Russen nur weiter, was sie auf der Krim und in Zentralasien schon immer getan haben. In zehn Jahren werden die Afghanen das kyrillische Alphabet lernen müssen, und wenn die Stämme dagegen rebellieren, werden sie nach Sibirien verschleppt.«[67] – Allein bis 1982 töteten die Sowjets dem Vernehmen nach 1 Million Afghanen; über 4 Millionen sind nach Pakistan und Persien geflohen[68].

Offizielle Motive

Nach diesem Exkurs zurück zu den Massenverbrechen der Roten Armee in Ostdeutschland. Nach heutiger offizieller sowjetischer Lesart hat es sie nie gegeben.

In seinem Opus »An der Spitze des Hauptstoßes« schreibt z. B. Marschall M.J. Katukow, zweifacher Held der Sowjetunion[69]: »Bevor wir in deutsches Gebiet einmarschierten, rief der Kriegsrat die Truppen auf, sich auf gegnerischem Territorium würdig zu verhalten ... Der Haß, den unsere Menschen gegen die Faschisten hegten, machte diesen Appell notwendig ... Doch dieser Haß durfte sich nicht gegen die deutsche Zivilbevölkerung richten ... Unsere Erziehungsarbeit war erfolgreich: Der Kriegsrat brauchte sich nicht mit unwürdigem Verhalten gegenüber der deutschen Zivilbevölkerung auseinanderzusetzen.«

Etwas offener gaben sich die Sowjetmarschälle gleich nach dem Krieg gegenüber westlichen Pressekorrespondenten. So berichtet Alexander Werth von seinem Interview mit Marschall Sokolowskij im Berlin des Jahres 1945[70]:

»Gewiß«, sagte Sokolowskij, »es sind eine Menge häßlicher Dinge passiert. Aber haben Sie etwas anderes erwartet? Sie wissen, was die Deutschen mit den russischen Kriegsgefangenen anstellten, wie sie unser Land verwüsteten, wie sie mordeten und raubten und plünderten. Haben Sie Maidanek oder Auschwitz gesehen? Jeder unserer

Soldaten hat Dutzende seiner Kameraden verloren. Jeder von ihnen hat seine persönliche Rechnung mit den Deutschen zu begleichen, und im ersten Rausch des Sieges empfanden unsere Soldaten eine gewisse Genugtuung, wenn sie es den Frauen dieses ›Herrenvolks‹ zeigen konnten. Aber das ist jetzt vorbei. Wir haben diese Dinge weitgehend abgestellt. Im übrigen«, grinste er, »ist es auch nicht gerade so, daß die meisten deutschen Frauen keusche Jungfrauen wären. Unsere Hauptsorge ist das erschreckende Ansteigen der Syphilis bei unseren Soldaten.«

Form und Inhalt der letzten Sätze bedürfen wohl keines Kommentars, so daß man gleich zur Sache kommen kann, nämlich den Leiden der Sowjetbürger im Zweiten Weltkrieg. Zwar hatten die Sowjets auf ihrem Rückzug im eigenen Land eine Taktik der verbrannten Erde betrieben, die sich nur wenig von der Hitlers beim Rückzug der Wehrmacht unterschied[71], zwar geht ein Teil der Millionenverluste der Roten Armee auf das Konto der Menschenverachtung ihrer eigenen Führer, etwa nach dem Motto: »Wenn wir an ein Minenfeld kommen, greift unsere Infanterie genauso an, als wäre es nicht da« (Äußerung von Marschall Schukow gegenüber General Eisenhower[72]), doch es ist unbestreitbar, daß Hitlers Überfall große Not über Millionen von Russen, Ukrainern und Weißrussen brachte.

Sokolowskijs Statement beginnt bei den russischen Kriegsgefangenen. Ihre Behandlung war tatsächlich vielerorts[73] schlecht, z. T. sogar skandalös. Seuchen und Hunger haben in den Lagern oft furchtbare Ernte gehalten. Das Schicksal der gefangenen Russen stellt eine der großen Tragödien unserer Zeit dar[74]; das Besondere dieser Tragik lag darin, daß die sowjetischen Gefangenen zwischen zwei unmenschlichen Diktaturen standen.

Während Hitler sich über das Los der Gefangenen keine Gedanken machte, erklärte Stalin:

»Es gibt keine russischen Kriegsgefangenen. Der russische Soldat kämpft bis zum Tod. Wenn er sich stattdessen gefangennehmen läßt, ist er automatisch aus der russischen Gemeinschaft ausgeschlossen.«[75] Sicher hat die Behandlung der Gefangenen durch die Nazis viel böses Blut gemacht, doch scheint sich der Schrecken der beiden Systeme irgendwie die Waage gehalten zu haben; z. B. nehmen die Historiker an, daß die besetzten Gebiete der Sowjetunion mehr Kollaborateure als Partisanen hervorgebracht haben[76]. Eine andere Ver-

gleichszahl: Während es im 1. Weltkrieg bis 1917 der deutschen Propaganda nur gelang, ca. 2000 Gefangene – meistens Ukrainer – für das kaiserliche Heer anzuwerben, zählte man bis 1944 über eine Million russischer Soldaten, die sich zum Kampf gegen die Sowjets meldeten[77].
Vor diesem Hintergrund ist es wenig wahrscheinlich, daß die millionenfachen Verbrechen an deutschen Zivilisten eine Folge der Zustände in den Gefangenenlagern der Nazis gewesen sein sollen. Gewichtiger erscheint da schon das Argument der Verwüstungen in den besetzten Gebieten und die z. T. schlechte Behandlung der Zivilbevölkerung durch die Besatzungsmacht. Aus der Fülle der Literatur soll hier Alexander Werth herausgegriffen werden, weil er versucht hat, die Anklagen zu katalogisieren[78]. Als Hauptpunkte wären demnach zu nennen: Schlechte Lebensmittelversorgung der Zivilbevölkerung – vielerorts bis zur Hungersnot –, ferner Deportation von sog. Fremdarbeitern nach Deutschland, exzessive Geiselerschießungen, Grausamkeit gegenüber politischen Gefangenen, Niederbrennen von Ortschaften in Partisanengebieten und schließlich der sog. Kommissarerlaß vom 13.5.1941, wonach politische Kommissare ohne Gerichtsverfahren sofort zu erschießen waren. Sicher ist der Katalog nicht vollständig, vor allem, wenn man an die koloniale Ausbeutung[79] der besetzten Gebiete und die arrogante Kolonialherren-Attitüde mancher NS-Funktionäre denkt. Insgesamt deckt er sich mit den zahlreichen Beschwerden, die Militärs und sogar gemäßigte Nazis[80] über die Besatzungspolitik vorbrachten.
Es wäre vorschnell, wollte man nun schlußfolgern, es habe sich aufgrund dieser Umstände eine Art antideutscher Rassismus entwickelt. Interessant ist dabei eine amerikanische Umfrage unter 1000 verschleppten Russen (DP's), die in ihrer Heimat die deutsche Besatzung miterlebt hatten. Obwohl die große Mehrheit von einem allgemeinen Stimmungsumschwung und Enttäuschung über die vermeintlichen Befreier berichtet, wird doch sehr genau differenziert: Bei der Frage, wer von allen Deutschen sich am besten benommen hat, stimmten 10 für SS und SD, 69 für die Garnisonstruppen, 162 für die Zivilisten und 545 für die Frontsoldaten[81].
Daß im Heer abgesehen von einigen schwarzen Schafen Hitlers völkerrechtswidrige Befehle im wesentlichen sabotiert wurden, war bald in Berlin bekannt[82] und blieb auch der russischen Bevölkerung

nicht verborgen, die durchaus zwischen SS und Einsatzgruppen einerseits und regulären Truppen andererseits zu unterscheiden wußte. Ein Vierteljahrhundert unter der Schreckensherrschaft der Bolschewiki hatte das Auge der Russen geschärft für den Unterschied zwischen dem gewissenlosen Fanatiker und dem kleinen Mann, der ohnmächtig dem Treiben der herrschenden Clique zusehen muß. Die meisten Sowjetbürger hatten sich selbst allzuoft in der letzteren Rolle gesehen.

Die große Leidensfähigkeit des russischen Volkes war schon durch Lenins Terrorregime auf eine harte Probe gestellt worden. Diese Zeit liegt zwar heute weit zurück, aber gerade darum sollte man mit Solschenizyn[83] immer wieder daran erinnern, daß noch zu Lebzeiten Lenins so viele Unschuldige umgebracht wurden wie später in Hitlers Machtbereich (daß diese Tatsache nicht den Nationalsozialismus entlastet, sondern den Kommunismus belastet, bedarf keiner Betonung). Weitere Millionen starben unter Stalin in Lagern, bei Deportationen, bei Säuberungen in Partei und Armee und im Zusammenhang mit der Zwangskollektivierung der Landwirtschaft. Churchill gegenüber gestand Stalin am 16.8.1942, daß allein die Kollektivierung 10 Millionen Menschenleben gekostet habe[84]. Zum 50. Jahrestag der sowjetischen Oktoberrevolution von 1917 veröffentlichten französische und belgische Wissenschaftler Erhebungen, die mit den Ergebnissen des Internationalen Roten Kreuzes übereinstimmen[85]. Danach forderte die Sowjetherrschaft bis dahin rund 49 Millionen Menschenleben. Nicht in diesen Zahlen enthalten sind die Opfer der frühen Kriege gegen Finnen, Balten, Polen usw. und die Opfer des Zweiten Weltkriegs[86]. Mindestens 12 Millionen dürften 1945 in Lagern gelebt haben[87].

Ungeahnte Höhepunkte erreichte der sowjetische Terror gegen die eigene Bevölkerung, den Nikolai Tolstoy als Stalins geheimen Krieg bezeichnet hat, während des 2. Weltkriegs. Man nimmt an, daß über die Hälfte derer, die in der Sowjetunion zwischen 1941 und 1945 ums Leben kamen, Opfer des kommunistischen Terrors gegen Systemgegner, Verdächtige, nichtrussische Nationalitäten usw. wurde[87a]. Der Anglorusse N. Tolstoy hat in seinem Buch »Stalin's Secret War« den unbeschreiblichen Leiden der Menschen in der Sowjetunion unter den Massenmördern Hitler und Stalin ein würdiges Denkmal gesetzt.

In diesem Zusammenhang bedenke man vor allem die zahlreichen Konzentrationslager in der damaligen Sowjetunion und die Berge von Leichen ermordeter baltischer, polnischer und ukrainischer Menschen, welche die Sowjets auf ihrem Rückzug in Kowno, Lemberg, Glebokie, Dobromil, Sambor, Katyn und an vielen anderen Orten hinterlassen hatten[88]. Man denke auch an die »Instrumente zum Brechen der Schienbein- und Armknochen, zum Zerquetschen der Hoden, zum Durchbohren der Fußsohlen, zum Abreißen der Nägel und der Haut von den Händen, zum Pressen der Nase, bis das Blut herausspritzt, an Elektrofolter-Geräte etc.«, die Rigaer Bürger nach dem Abzug der Sowjets im Gefängnis ihrer Stadt entdeckten[88a]. Wer wollte im Ernst davon ausgehen, daß der Anblick der NS-Konzentrationslager – so erschütternd, ja unfaßbar er objektiv war – für russische Soldaten absolut ungewohnt war und daß er ihre Psychologie so grundlegend verändert haben könnte, wie es uns Marschall Sokolowskij in seiner zitierten Äußerung zu den sowjetischen Massenverbrechen glauben machen will? Im übrigen erinnern die Formulierungen des Sowjetmarschalls in peinlicher Weise an die des »Führers und Oberbefehlshabers der Wehrmacht« in dem Erlaß über die Gerichtsbarkeit im Gebiet des Rußlandfeldzugs (»Barbarossa«), der Straffreiheit bei Vergehen vorsah, die begangen wurden »aus Erbitterung über Greueltaten ... der Träger des jüdisch-bolschewistischen Systems«[89]. Es gehört schon viel Naivität dazu anzunehmen, mehr als 1% der Naziverbrechen in Rußland sei das Ergebnis einer solchen spontanen Erbitterung gewesen. Naturgemäß lag auf russischer Seite die Zahl der spontanen Ausschreitungen höher, doch ergibt das vorliegende Material[90], daß diese Fälle insgesamt eindeutig in der Minderheit waren.

Damit ist die Untersuchung wieder an ihrem Ausgangspunkt angelangt. Wenn die Mordlust der Sowjetsoldaten spontan entstanden war, wozu dann die extreme Haßpropaganda? Warum war der Haß in Sibirien und Kasachstan besonders stark, obwohl Hitlers Armeen nie den Ural überschritten haben? Warum waren die sowjetischen Verbrechen in Ungarn viel seltener, obwohl auch ungarische Truppen auf Hitlers Seite gekämpft, Zerstörungen angerichtet und Menschen getötet hatten? Warum haben sich geschlossene Truppenteile halbwegs korrekt verhalten und andere nicht? Warum haben manche Einheiten die ostdeutsche Bevölkerung immer wieder gewarnt: »Die nach uns kommen, sind schlecht. Nach uns kommen Stalin-Schüler«? Warum wurde die antideutsche Agitation gestoppt und gegen Verbrechen allmählich eingeschritten, als die Oder-Neiße-Linie erreicht war?

Der Historiker Martin Broszat hat die Frage nach den Hintergründen von Vertreibung und Vertreibungsverbrechen so beantwortet[91]: »Was zunächst vordergründig als rigorose Neuordnung des nationalen Verhältnisses erschien ..., war im Grunde weniger ein Akt souveräner polnischer Politik als Instrumentarium übergeordneter großräumiger sowjetischer Strategie in der östlichen Hälfte Europas.«

Die sowjetische Strategie wiederum definiert der amerikanische Diplomat George F. Kennan[92]: »Das aus einem guten Stück Deutschland herausgeschnitzte Polen müßte sich schon aus reinem Selbsterhaltungstrieb des Wohlwollens der Russen versichern, und zwar zu deren Bedingungen.« Daneben gab es auch noch andere Motive wie z. B. die Schaffung von sozialen Konflikten und revolutionärer Unruhe in Westdeutschland, die Herstellung eines Bundes von Verbrechen und Schuld zwischen Partei und Armee, die Vernichtung des – für die Rotarmisten vielleicht verführerischen – Glanzes kapitalistischer Errungenschaften im Westen[92a] oder die Beschwichtigung des polnischen Nationalismus wegen der Rückgabe der Gebiete mit ukrainischer und weißrussischer Bevölkerung, die Polen 1920/1921 annektiert hatte; aber sicher spricht Kennan den zentralen Punkt an. Nicht uninteressant ist hier vielleicht noch die Äußerung des US-Außenministers Byrnes, er habe auf der Potsdamer Konferenz seinen sowjetischen Kollegen Molotow die polnische Expansion mit mehr Eloquenz verfechten hören als die Polen selbst[93].

Die polnische Exilregierung in London hatte in ihrer Note vom 8.10.1943 an die britische und amerikanische Regierung ausdrücklich festgestellt[94]:

»Selbst wenn die Sowjetregierung die polnischen Forderungen nach deutschen Gebieten im Westen als Kompensation für territoriale Verluste, die Rußland Polen in dessen Ostgebieten auferlegt, gutheißen würde, so würden diese neuen Grenzen den polnischen Staat doch in Abhängigkeit von seinem östlichen Nachbarn bringen, und es würde der Sowjetunion erlauben, ihn als Sprungbrett für die Ausdehnung ihrer Herrschaft über Mitteleuropa im allgemeinen und Deutschland im besonderen zu machen.«

Daß die Moskauer »Schule des Hasses« und ihr unaufhörlicher Appell an Haß- und Tötungsinstinkte nicht nur militärischen Zielen diente, zeigt schließlich Stalins Taktik gegenüber seinen westlichen Alliierten. Auf der Konferenz von Jalta z. B. meinte Churchill am 7. Februar 1945, viele Engländer würden schockiert sein wegen der Vertreibung von Millionen Deutscher aus den Oder-Neiße-Gebieten. Stalin erwiderte[95]: »Dort sind keine Deutschen mehr. Wenn unsere Truppen kommen, rennen die Deutschen weg.«

Das gleiche Spiel wiederholte sich auf der Potsdamer Konferenz am 21.6.1945[96]. Auf einen entsprechenden Einwand von Präsident Truman betonte Stalin, nicht ein einziger Deutscher lebe in dem Territorium, das für Polen bestimmt sei. Darauf flüsterte Admiral Leahy, Trumans militärischer Chefberater, dem Präsidenten zu: »Natürlich nicht, die ›Bolschis‹ haben sie alle umgebracht.«

Als Fazit wäre festzuhalten[97]: »Das Geschehen in den Gebieten rechts der Oder war nicht das zufällige Ineinanderlaufen unzähliger Einzelaktionen aus dem Haß und dem Rachedurst und der Gier blindwütig gewordener Soldaten, sondern ein wohlvorbereitetes System zur Dezimierung und Vertreibung der Deutschen aus diesem Gebiet.« Mit anderen Worten: Die Vertreibungsverbrechen stellen nicht eine Häufung von Ausschreitungen dar, sondern eine neuartige Form staatlich gelenkter Liquidationspolitik. Der pseudospontane Charakter dieser Unmenschlichkeiten spielte später eine wichtige Rolle bei den propagandistischen Bemühungen Moskaus, sie als »verständliche Racheakte« zu rechtfertigen oder als »bedauerliche Einzelfälle« zu verharmlosen.

14. Anglo-amerikanische Motive und Kollektivschuld

Vorweg ist festzustellen, daß von den englischen und amerikanischen Truppen im Zweiten Weltkrieg Kriegsverbrechen größeren Ausmaßes nicht begangen wurden, jedenfalls nicht mehr, als man aufgrund der menschlichen Natur befürchten muß, wenn Millionen Menschen aus allen Teilen der Bevölkerung mit der Befugnis zu töten in Bewegung gesetzt werden. Wenn man auch das brisante Thema des Bombenkriegs ausklammert, so ist eher das folgende Zitat aus der tschechischen Zeitung ›Svobodny Smer‹ vom 18. Juli 1945 für das Verhalten der Truppe charakteristisch. Dabei sei daran erinnert, daß die Amerikaner 1945 das westliche Sudetenland (Egerland, Böhmerwald) besetzt hatten und nicht selten die dortige Bevölkerung vor den Übergriffen der tschechischen »Goldgräber« in Schutz nehmen mußten.[1]
Die Pressenotiz lautet: »Es ist unmöglich zu begreifen, wie es noch Leute gibt, welche die Deutschen in Schutz nehmen wollen ... Was hilft es uns, wenn die Öffentlichkeit in Amerika unsere Meinung teilt, daß die Deutschen keine menschlichen Wesen sind, sondern nur Halb-Menschen, oder wenn sie der These zustimmt, daß die Deutschen so behandelt werden müssen wie sie es verdienen, wenn zur selben Zeit junge Leute aus Oklahoma oder Michigan über die Straßen zwischen Marienbad, Eger und Asch in ihren Sechszylindern reisen und kein Interesse zeigen...«[2]
Die Stelle deutet auch schon an, in welcher Weise England und die USA in den Komplex der Vertreibungsverbrechen verwickelt waren: Unterstützt durch einen großen Teil der radikalisierten Presse hatten die Regierungen dieser Länder der Sowjetunion und ihren späteren osteuropäischen Satelliten freie Hand gegeben, rund eine Million Menschen zur Zwangsarbeit nach Osten zu verschleppen und eine noch größere Zahl nach Westen zu vertreiben – Handlungen, die nach dem Londoner Vertrag vom 8. August 1945 über die »Verfolgung und Bestrafung der Hauptkriegsverbrecher der europäischen Achse« als Kriegsverbrechen bzw. Verbrechen gegen die Menschlichkeit galten (Titel II, Artikel 6, Buchst. b und c des Statuts zu Artikel 2 des Vertrages). Die katholischen Bischöfe der Vereinigten Staaten haben im Rundschreiben vom 17.11.1946 ihre Regierung auf die schwere Mitverantwortung für diese Vorgänge hingewiesen[3]: »Was

jedoch eine Regierung beim Gebrauch ihrer eigenen Hoheitsrechte nicht tun darf, das darf sie auch nicht genehmigen oder gar in versteckter Form begünstigen, wenn es sich um eine andere Regierung handelt.«

Das angloamerikanische Deutschlandbild 1945

Man wird den Sündenfall traditionsreicher Demokratien kaum verstehen, ohne sich die Gemütsverfassung der anglo-amerikanischen Staatsmänner und Publizisten gegen Ende des Krieges vergegenwärtigt zu haben. Eine der vielen Publikationen, die für die damalige Atmosphäre charakteristisch sind, ist der Bestseller von Louis Nizer »What to do with Germany«[4]. Nachdem der Autor festgestellt hat, daß man mit Fug und Recht die Italiener als musikalisch und die Schotten als sparsam bezeichnen könne, umreißt er den deutschen Charakter mit folgenden Worten:

»Die Deutschen haben eine Philosophie entwickelt, die aus dem Krieg eine Religion macht und aus Massenmord einen Kult. Sie betrachten es als ihre Mission, alle anderen Völker zu versklaven. Sie verwerfen die Lehre von der Heiligkeit des menschlichen Lebens und der Freiheit und ersetzen sie durch das Ideal des Krieges. Das einzigartige Phänomen des Pangermanismus ist es, daß seine Verschwörung gegen den Weltfrieden nicht nur Gangstertum oder Nihilismus darstellt.

Der Nazismus ist keine neue Theorie, geboren aus der Ungerechtigkeit des Versailler Vertrages oder aus wirtschaftlicher Notlage. Er ist ein Ausdruck deutscher Bestrebungen, die in Jahrhunderten ihren Niederschlag gefunden haben ... Es gab einen Kaiser vor Hitler und Bismarck vor dem Kaiser und Friedrich den Großen vor Bismarck – in der Tat sind 2000 Jahre deutschen Wesens dafür verantwortlich ... Ja, es gibt eine deutsche Verschwörung gegen den Weltfrieden und gegen jeden freien Menschen in jedem Land. Es ist eine Verschwörung, die in der Niederlage nie abgestorben ist. Sie ist dem Volk angeboren ...

Die deutsche Philosophie ist aus der Barbarei entstanden und durch Kultur verfeinert und gefährlicher gemacht worden. Sie bleibt jedoch die Philosophie von Zahn und Klaue, modernisiert durch Flugzeug-Zähne und Panzer-Klauen. Die Jahrhunderte haben sie nicht geändert. Der Evolution des Menschen, die seine geistigen Fähigkeiten entwickelt hat, haben die Deutschen getrotzt.«[5]

Man könnte diese Zeilen mit einem Achselzucken übergehen, etwa wie die entsprechenden Ergüsse wildgewordener Oberlehrer, mit denen das Dritte Reich so überreich gesegnet war, wenn nicht das Buch von Nizer die Lieblingslektüre von drei amerikanischen Präsidenten gewesen wäre. F.D. Roosevelt verteilte es an seine Kabinettsmitglieder, Eisenhower verteilte 100 000 Exemplare an die Truppe (die obigen Zitate stammen aus der Militär-Ausgabe) und ließ alle Offiziere seines Stabes Aufsätze über das Buch schreiben, und Harry S. Truman schließlich hielt es für »eines der fesselndsten und aufschlußreichsten Bücher«, das er je gelesen hatte, und meinte: »Jeder in diesem Land sollte es lesen.«[6]

Die meisten öffentlichen Büchereien können das Werk von Nizer zwar nur auf dem umständlichen Weg der Fernleihe beschaffen, aber für zeitgeschichtlich Interessierte gilt noch heute, wenn auch unter geänderten Vorzeichen, der Rat Trumans: »Jeder sollte es lesen.«

Zum konsequentesten Anhänger von Nizers Theorien wurde F.D. Roosevelt. An seinen Minister Stimson schrieb er[7]: »Dem gesamten deutschen Volk muß eingehämmert werden, daß die ganze Nation an einer gesetzlosen Verschwörung gegen die Gesittung der modernen Welt beteiligt war.« Als besonders deutschfeindlich galten der Roosevelt-Intimus und Stalin-Verehrer Harry Hopkins[8], den man im Kongreß als »Rasputin des Weißen Hauses« titulierte, und Sumner Welles, Unterstaatssekretär im State Department[9]. Letzterer forderte in seinem Buch »The Time for Decision« die Zerstückelung Deutschlands und meinte unter Anspielung auf ein angebliches Clemenceau-Zitat[10]: »Mit einem tollen Hund kann man nur auf eine Art umgehen. Entweder man tötet ihn, oder man legt ihn an eine unzerbrechliche stählerne Kette.«

Die bemerkenswerteste Erscheinung in Roosevelts Kabinett aber war in mehrfacher Hinsicht der Finanzminister Henry Morgenthau jun. Nach einer Charakterisierung der Präsidentengattin Eleonor Roosevelt durfte er sich als »jüngerer Bruder« des Präsidenten fühlen, und auch F.D. Roosevelt selbst bezeichnete sich selbst und Morgenthau als »zwei von der gleichen Art«[11]. Seine Abneigung gegen alles Deutsche stammte schon aus dem Ersten Weltkrieg, wie die autorisierte Ausgabe seiner Tagebücher mitteilt[12].

Am 10. September 1944 ließ Morgenthau ein Memorandum für den Präsidenten entwerfen, in dem es u.a. hieß: »Seit 1864 hat Deutschland fünf Angriffskriege gegen fremde Staaten geführt, von denen jeder immer größere Verwüstungen in immer größeren Gebieten als der vorhergehende verursacht hat ... Das Nazi-Regime ist nicht ein wilder Trieb einer ansonsten gesunden Gesellschaft, sondern ein organisch gewachsenes Produkt der deutschen politischen Entwicklung. Auch schon ehe das Nazi-Regime die Macht ergriff, hatte das deutsche Volk eine Anfälligkeit ohnegleichen gegenüber der Verführungskunst einer militärischen Clique an den Tag gelegt ...«[13]
Daß dabei der innerdeutsche Konflikt von 1866 und die französische Kriegserklärung von 1870 als deutscher Angriffskrieg mitgezählt wurden, scheint dem Präsidenten nicht aufgefallen zu sein; ebenso dürfte er sich kaum Gedanken gemacht haben über die Kriegsursachen von 1914, die von den Historikern ungleich differenzierter gesehen werden als z. B. die von 1939. Für Roosevelt und Morgenthau stand fest, daß die Deutschen nach der Niederlage unweigerlich einen neuen Krieg planen würden und daher zu einer »drittklassigen Nation« reduziert werden müßten[14].
Auch der damalige General Eisenhower schloß sich Morgenthaus Ansicht an und plädierte für eine Underdog-Rolle des deutschen Volkes, das er »im eigenen Saft schmoren lassen« wollte[15].
Als am 14. Dezember 1945 der amerikanische Senator Hawkes angesichts des strengen Winters und des großen Hungers in Deutschland dringend bat, doch endlich private Hilfslieferungen und Spenden in die amerikanische Besatzungszone hereinzulassen, antwortete Präsident Truman am 21. Dezember gar nicht weihnachtlich[16]:
»Wenn wir auch nicht wünschen, ungebührlich grausam gegen Deutschland zu verfahren, kann ich doch nicht viel Sympathie für die Leute aufbringen, die den Tod so vieler Menschen verursacht haben ... Bevor nicht das Unglück jener, die von Deutschland bedrückt und gequält wurden, vergessen ist, scheint es nicht richtig, unsere Bemühungen den Deutschen zugute kommen zu lassen. Ich gebe zu, daß es natürlich viele Unschuldige in Deutschland gibt, die mit dem Naziterror wenig zu tun hatten. Aber die administrative Last, diese Leute herauszufinden, um sie anders als die übrigen zu behandeln, ist fast untragbar.«
Nicht wesentlich anders als in den USA war die Stimmung im Hei-

matland des fair play. Während im Ersten Weltkrieg der britische Presselord Northcliffe aus seiner Abneigung gegen »Germans, Jews and Japs« (Deutsche, Juden und Japse) keinen Hehl gemacht hatte, profilierte sich im Zweiten der konservative Lord Robert Gilbert Vansittart, Ständiger Unterstaatssekretär im Foreign Office, als Vorreiter des Deutschenhasses, der sich bei ihm seit Anfang des Jahrhunderts (Verstimmung zwischen England und Deutschland z. Zt. des Burenkrieges) angesammelt hatte[17]. Er ordnete neben den Spezies der Neuntöter und Raubwürger auch die Deutschen der Vogelfamilie der Würger (butcher-birds) zu[18]. Als Trendsetter war er so erfolgreich, daß auf den Britischen Inseln »Vansittartismus« bald zum Synonym für Antigermanismus wurde.

Über die traditionelle Grausamkeit der deutschen Barbaren führte Vansittart aus[19]: »Sie töteten und verbrannten alles, was sie sahen, ebenso wie sie heute Kühe mit Maschinengewehren erschießen, wenn sie keine Kinder finden können.« Während sich alle anderen Völker im Lauf der Jahrhunderte zu höheren Kulturstufen aufgeschwungen hätten, seien die Deutschen in tiefster Seele Wilde geblieben (savages at heart). Dies sei, so setzte Vansittart bedeutungsschwer hinzu, »bei weitem die größte Tragödie der Welt«.[20]

Sogar die Labour Party verurteilte 1943 die deutsche Arbeiterschaft wegen ihrer angeblichen Unterstützung Hitlers, und der Britische Gewerkschaftskongreß verkündete 1944 mit einer 5-zu-1-Mehrheit die Schuld des ganzen deutschen Volkes[21].

Premierminister Churchill zeigte sich bei der Konferenz von Teheran 1943 in der Frage der Oder-Neiße-Linie wenig sensibel; er meinte, Polen könne sich nach Westen verlagern wie Soldaten, die seitlich wegtreten. Falls es dabei auf einige deutsche Zehen trete, könne man das nicht ändern[22].

Daß Annexionen und erst recht Vertreibungen nach dem Krieg mit Massenmord verbunden sein könnten, war in England schon 1940/41 bekannt, wie sich aus den Verhandlungen der tschechischen Exilregierung in London mit sudetendeutschen Exilpolitikern entnehmen läßt. Der tschechische Exilpräsident Benesch schrieb damals ausdrücklich: »Sie fürchten sich vor Massakern in der Heimat.«[23] Am 8. August 1942 wurde ein Memorandum der sudetendeutschen Exil-Sozialisten dem Londoner Foreign Office übergeben. In diesem prophetischen Dokument heißt es im Hinblick auf die aggressiven Erklärungen der tschechischen Spitzenpolitiker, bei einer Vertreibung der Bewohner des Sudetenlandes seien Massenverbrechen zu befürchten, die auch viele Nazigegner treffen würden, welche Hitlers Konzentrationslager überlebt hätten[24]. Die Rundfunkbotschaften der tschechischen Exilpolitiker an die Tschechoslowaken waren eindeutig: »In unserem Land wird das Ende des Krieges mit Blut geschrieben werden« (Präsident Benesch) und »Schlagt sie, bringt sie um, laßt keinen am Leben« (General Ingr). Sie wurden nicht nur vom Londoner Rundfunk ausgestrahlt, sondern auch in englischen Zeitungen abgedruckt, z. B. im ›News Chronicle‹[25].

Wie im Britischen Oberhaus der Earl of Mansfield am 8. März 1944 feststellte, gab es[26] »überhaupt keinen Grund, weshalb wir nicht – wenn schon nicht mit Gleichmut, so doch ohne unangebrachte Bestürzung – alle unvermeidlichen Leiden in Kauf nehmen sollten, denen die deutschen Minderheiten im Vollzug ihrer Umsiedlung ausgesetzt werden könnten«.

Im Unterhaus konstatierte Clement Attlee am 1. März 1945 zur deutschen Frage[27]: »Sie haben die alten Schranken eingerissen, und deshalb sage ich, daß sie sich nicht auf das alte Europa berufen können. Falls sie sich fügen, falls sie wiedergutmachen müssen, haben sie kein Recht, die Grundlage der Moralgesetze zu beschwören, die sie selbst nicht beachtet haben, oder auf Mitleid und Gnade zu rechnen, die sie niemals anderen zuteil werden ließen.«

Das Baby in der Wiege hatte im Prinzip ebensowenig »auf Mitleid und Gnade zu rechnen« wie der Bonze in der Partei. Outlaws waren sie alle, und so konnte man ihre »unvermeidlichen Leiden« ohne »unangebrachte Bestürzung« zur Kenntnis nehmen.

Wie eine Kritik dieser Mentalität liest sich die Kanzelverkündigung der katholischen Bischöfe Westdeutschlands vom 30.1.1946[28]: »Die Austreibung ist mit furchtbarer Brutalität, unter Nichtachtung aller Menschlichkeit erfolgt ... Wir wissen, daß ... Deutsche furchtbare Verbrechen an den Angehörigen anderer Nationen begangen haben. Aber seit wann ist es erlaubt, an Unschuldigen sich zu rächen und Verbrechen durch Verbrechen zu sühnen? Man soll die wirklich Schuldigen zu unerbittlicher Rechenschaft ziehen. Aber wer will das Massensterben von Kindern, Müttern, alten Leuten verantworten?«

Was macht man mit Deutschland?

»Der bedrückendste Aspekt der gegenwärtigen Diskussion um die Zukunft Deutschlands ist die Freude, mit der die unmenschlichsten Vorschläge vorgetragen, und das sichtbare Vergnügen, mit dem sie von unseren Mitbürgern angehört werden.«[29] Diese Feststellung mußte im Mai 1945 Robert Hutchings, der Präsident der Universität Chicago, in einer Rede vor Studenten machen. In der Tat fielen die einschlägigen Projekte brutal bis grotesk aus. – Zunächst die groteske Version:

Noch vor dem amerikanischen Kriegseintritt veröffentlichte ein gewisser Theodore N. Kaufman das Buch »Germany must perish«, dessen Titel man mit »Deutschland muß untergehen« bzw. »Deutschland muß sterben« übersetzen könnte. Er wollte das deutsche Problem durch Sterilisierung aller Deutschen in zeugungsfähigem Alter gelöst wissen und fügte auch gleich eine Landkarte mit konstruktiven Vorschlägen bei, wie das ausgestorbene Land – einschließlich Österreichs – an die Nachbarstaaten verteilt werden könnte. Zur technischen Durchführung schreibt Kaufman[30]:

»Sterilisierung sollte nicht mit Kastration verwechselt werden. Es ist eine gefahrlose und einfache Operation, ziemlich harmlos und schmerzlos, die den Patienten weder verstümmelt noch zum geschlechtslosen Wesen macht ... Wenn man bedenkt, daß solche gesundheitsfördernden Maßnahmen wie Impfungen und Serumbehandlungen als direkte Wohltaten für die Bevölkerung betrachtet werden, dann kommt man nicht umhin, die Sterilisierung des deutschen Volkes als eine große Gesundheitsmaßnahme der Menschheit zu betrachten, um sich FÜR IMMER gegen den Virus des deutschen Wesens (Germanism) zu immunisieren.«

Diese Stelle erinnert lebhaft an die Definition des obersten nationalsozialistischen Parteirichters Buch[31]: »Der Jude ist kein Mensch. Er ist eine Fäulniserscheinung.« Wieder ist man versucht, das Buch als Werk eines rassistischen Einzelgängers abzutun, und wieder hat man sich geirrt. Es liegen zwar keine Anhaltspunkte dafür vor, daß Roosevelt Mr. Kaufman persönlich gekannt oder gar seinen Plan inspiriert hat, wie Propagandaminister Goebbels verbreiten ließ[32]; allerdings wurde das Kaufman-Buch im Dritten Reich derart hochgespielt und auch in großen amerikanischen Blättern erörtert – z. B. im

Nachrichtenmagazin ›Time‹ am 24.3.1941 –, daß es dem Präsidenten nicht verborgen bleiben konnte. Daß Roosevelt dem Sterilisationsgedanken nicht grundsätzlich ablehnend gegenüberstand, ergibt sich aus einigen seiner Äußerungen und wurde erst gegen Ende der siebziger Jahre erneut belegt durch die persönlichen Aufzeichnungen und Unterlagen des amerikanischen Richters und Nürnberger Hauptanklägers Jackson[33], der zu den geistigen Vätern der Nürnberger Prozesse gezählt wird. Morgenthaus Tagebuch verzeichnet z. B. folgende Äußerung des Präsidenten vom 19.8.1944: »Wir müssen mit den Deutschen hart sein. Das heißt mit dem deutschen Volk, nicht nur mit den deutschen Nazis. Wir müssen sie entweder kastrieren oder mit ihnen so verfahren, daß sie nicht länger Menschen zeugen, die so wie bisher weitermachen.«[34] S. Rosenman, der letzte Rechtsberater F.D. Roosevelts, hat berichtet, wie der Präsident amüsiert eine Maschine skizzierte, mit der die Sterilisierung massenhaft durchgeführt werden könne[35].

Eine andere Probe seines Humors gab FDR auf der Konferenz von Teheran. Als Stalin die formlose Erschießung von 50 000 deutschen Offizieren und Technikern ohne Gerichtsverfahren verlangte, antwortete Roosevelt: »49 500!«[36] Auch die Regierung in London vertrat gegen Ende des Krieges die Meinung, »daß einer Exekution ohne Prozeß der Vorzug zu geben sei«.[37] Der Plan, dessen Durchführung sich nicht wesentlich von Hitlers berüchtigtem »Kommissarbefehl« unterschieden hätte, wurde buchstäblich erst in letzter Minute zu Fall gebracht.

Ernsthaft in der amerikanischen Öffentlichkeit diskutiert[38] wurde auch der Vorschlag des Harvard-Professors E.A. Hooton, den am 4. Januar 1943 die amerikanische Zeitschrift Peabody Magazine publizierte. In seinem PM-Aufsatz »Breed War Strain out of Germans« schlägt der Anthropologe Hooton vor, frei nach Mendels Gesetzen die »deutsche Aggressivität« aus dem Volk herauszuzüchten. Dieses Ziel könne erreicht werden, indem man Angehörige der alliierten Besatzungstruppen zu Ehen mit deutschen Frauen ermutige und außerdem die Einwanderung nicht-deutscher Menschen, vor allem nichtdeutscher Männer, nach Deutschland fördere. Das Gros der ehemaligen Wehrmacht solle währenddessen mindestens 20 Jahre lang im Ausland Zwangsarbeit leisten. Auf diese Weise ließe sich die Zahl der reinrassigen Deutschen (pure Germans) und damit die kriegerische

Erbanlage der Mitteleuropäer in absehbarer Zeit drastisch reduzieren.

Daß die angelsächsischen Regierungen auf der Jalta-Konferenz in einer geheimen Vereinbarung der Verschickung von deutschen Zwangsarbeitern in die Sowjetunion und andere Länder zugestimmt haben[39], ist schon angedeutet worden. Wegen ebendieses Tatbestandes wurden Nazis wie z. B. Martin Bormann, Hans Frank, Hermann Göring, Alfred Rosenberg und vor allem Fritz Sauckel, der »Reichsbevollmächtigte für den Arbeitseinsatz«, in Nürnberg zum Tode verurteilt[40]. Der amerikanische Hauptankläger Jackson, der nicht den Antigermanismus, sondern einen redlichen Antifaschismus vertrat, hat gegen das amerikanische Okay zur Sklavenarbeit im Osten heftig protestiert, nicht zuletzt weil er im Nürnberger Prozeß ähnliche Delikte zu verfolgen hatte[41]: »Was die Welt braucht, ist bestimmt nicht die Idee, die einen aus den Konzentrationslagern herauszuholen und die anderen hineinzustecken, sondern die Konzentrationslager selbst müssen abgeschafft werden.« Und: »Das wirkliche Problem bei der Verschickung von Arbeitskräften wird sein, daß sie niemals wiederkommen.«

Das biochemische Kriegsprojekt »Anthrax«, das infolge technischer Schwierigkeiten nicht mehr realisiert wurde, kam erst im Mai 1982 durch eine Fernsehsendung der BBC an das Licht der Öffentlichkeit; noch 1964 hatte man eine entsprechende Publikation von David Irving aufgrund der persönlichen Intervention Churchills verboten[42]. Der Premierminister war nämlich ein entschiedener Befürworter des Planes gewesen, deutsche Großstädte durch eine neuartige Bakterienwaffe (Milzbrand-Bomben) auf unabsehbare Zeit hinaus unbewohnbar zu machen. Die schottische Insel Gruinard, wo damals entsprechende Tests stattfanden, kann nach Meinung von Mitgliedern des Instituts für chemische Kriegführung in Port Down auch in den nächsten 100 Jahren nicht mehr betreten werden. Allein die erste Angriffswelle auf Aachen, Berlin, Frankfurt, Hamburg und Stuttgart hätte schätzungsweise 3 Millionen Menschenleben gekostet. Zu moralischen Einwänden gegen dieses barbarische Kampfmittel meinte Churchill nur: »Es ist schlicht eine Frage der Mode geworden, so wie sie zwischen kurzen und langen Röcken wechselt.«[43]

Ein weiterer menschenfreundlicher Plan, der allerdings nicht vollständig verwirklicht wurde, war der oft zitierte Morgenthau-Plan.

Sein Kernstück bildeten – neben der Zerstückelung des besiegten Landes und einer teilweisen Vertreibung – die Zerstörung des Ruhrgebietes und die Verwandlung Deutschlands in ein Agrarland. Daß dadurch die Existenzgrundlage von ca. 30 Millionen entfalle und diese Menschen dann möglicherweise dem Hungertod preisgegeben seien, wie Kriegsminister Stimson am 4. September 1944 bei einem Essen im Hause Morgenthau einwendete, beeindruckte den Finanzminister wenig. Er erklärte: »Ich bin dafür, erst zu zerstören, und um die Bevölkerung werden wir uns dann in zweiter Linie Sorgen machen.« Auch seinen »älteren Bruder« F.D. Roosevelt und dessen Frau plagten wenig Skrupel. Morgenthau fährt fort: »Ich konnte mit dem Präsidenten ruhig und ungestört sprechen, und ihm gefiel mein Vorschlag, auch Mrs. Roosevelt, die früher eine große Pazifistin war. Es macht ihr überhaupt keine Sorge.«[44]

Auch Churchill, der schon am 11.12.1941 öffentlich erklärt hatte, er wolle den Deutschen »eine Lektion erteilen, die auch in tausend Jahren nicht vergessen sein wird«, schloß sich nach kurzem Zögern dem Konzept des US-Finanzministers an[44a].

Der Plan Morgenthaus, den ein Leitartikel der ›Washington Post‹ 1944 in die Nähe von Fieberträumen (product of a fevered mind) gerückt hatte[45], wurde nach Roosevelts Tod endgültig[46] fallengelassen. Sein Geist schwebte allerdings noch lange über den Wassern. Er findet sich z. B. in der berühmten Anweisung an die amerikanischen Besatzungstruppen in Deutschland, der »Direktive JCS 1067«. Darin heißt es: »Es sollte den Deutschen beigebracht werden, daß Deutschlands skrupellose Kriegführung aus dem Geist des fanatischen Nazi-Widerstandes die deutsche Wirtschaft zerstört und Chaos und Leiden unvermeidlich gemacht hat, und daß die Deutschen der Verantwortlichkeit nicht entrinnen können für das, was sie selbst über sich gebracht haben. Deutschland wird nicht besetzt werden zum Zweck der Befreiung, sondern als eine besiegte Feindnation.«[47]

Gefallen war auch der Plan, die Bewohner des Saarlandes zu vertreiben, den u.a. Eisenhower mit den Worten begrüßt hatte[48]: »Man sollte lieber die Deutschen alle aussiedeln, weil sie biologisch viel stärker als die Franzosen sind« – eine Phrase, die ohne weiteres aus Hitlers Tischgesprächen stammen könnte.

Was blieb, war allerdings schlimm genug und ging teilweise über Morgenthaus Planungen hinaus: Das Verdikt über 20 Millionen

Deutsche in den Vertreibungs- und Deportationsgebieten, »der unmenschlichste Beschluß, der jemals von zur Verteidigung der Menschenrechte berufenen Regierungen gefaßt wurde«, wie Anne O'Hare McCormick am 13.11.1946 in der ›New York Times‹ schrieb[49]. Das Makabre an der Situation war, daß die Anklage im Nürnberger Prozeß gegen Göring, Ribbentrop und Genossen u.a. gelautet hatte[50]: »In gewissen Gebieten, die von Deutschland mit Vorbedacht besetzt wurden, haben die Angeklagten methodisch und nach einem vorbedachten Plane versucht, diese Gebiete politisch, kulturell, sozial und wirtschaftlich mit dem Deutschen Reich zu verschmelzen, und die Angeklagten haben sich bemüht, den angestammten nationalen Charakter dieser Gebiete zu verwischen. Im Verfolg solcher Pläne und Bestrebungen haben die Angeklagten die Bewohner solcher Gebiete deportiert, die vorwiegend nichtdeutscher Volkszugehörigkeit waren, und Tausende von deutschen Kolonisten in diese Gebiete gebracht.«

Wenn man statt »deutsche Kolonisten« »slawische Kolonisten« einsetzt und statt »Tausende« »Millionen«, dann hat man wieder einen Tatbestand vor sich, für den Naziführer zum Tode verurteilt wurden[51]. Um Mißverständnissen vorzubeugen: Die Naziführer haben sich den Galgen redlich verdient, und kein vernünftiger Mensch wird ihnen nachweinen. Aber gerade deswegen stellt sich umso dringender die Frage, die der englische Philosoph Bertrand Russell so formuliert hat[52]: »Sind Massenvertreibungen nur dann Verbrechen, wenn sie von unseren Feinden während des Krieges vorgenommen werden, aber dann gerechte Mittel für die gesellschaftliche Neuordnung, wenn unsere Verbündeten sie in Friedenszeiten durchführen?«

»Mittel für die gesellschaftliche Neuordnung« von ähnlicher Qualität verwendete man nach Kriegsende auch bei Russen, Jugoslawen und anderen Osteuropäern in westlichem Gewahrsam. Aufgrund eines auf der Jalta-Konferenz unterzeichneten Abkommens wurden 2,5 Millionen Menschen gegen ihren Willen an die Sowjetunion und Jugoslawien ausgeliefert – ehemalige »Fremdarbeiter« bzw. Verschleppte (DPs), politische Flüchtlinge (z. T. noch aus der Zeit Lenins) oder Antikommunisten, die gegen Stalin bzw. Tito gekämpft hatten (Kosaken, Wlassow-Armee, Serbische Staatswache, Kroatische Armee usw.)[53].

Daß Hitler den Gefangenen oft nur die Wahl zwischen dem Hungertod und der Kollaboration ließ, ist schon erwähnt worden. Zu ergänzen wäre nur, daß manche Bevölkerungsgruppen in der Sowjetunion ihren Widerstand gegen die Sowjetdiktatur seit 1917/18 nie aufgegeben hatten[54]. Für die Hälfte dieser Unglücklichen bedeutete die Auslieferung das Todesurteil[55]. Gleichwohl erklärte Sir Patrick Dean, Rechtsberater (!) im Londoner Foreign Office[56]: »Wir kümmern uns nicht darum, ob sie möglicherweise erschossen oder härter bestraft werden als unter britischem Recht.«

Unbeschreibliche Szenen, die sich später bei anderen Gelegenheiten wiederholten, gab es bei der Auslieferung der Kosaken in Österreich[57]: Unzählige begingen Selbstmord, Männer warfen sich vor die britischen Panzer oder liefen ins Maschinengewehrfeuer, Frauen schleuderten ihre Kinder in den Fluß und sprangen hinterdrein. – In seiner Ansprache anläßlich der Enthüllung eines Denkmals für die Opfer von Jalta am Londoner Thurloe Square sagte am 6. März 1982 der Abgeordnete Sir Bernard Braine[58]:

»Es war ein entsetzliches Verbrechen. Ich kann kein anderes Wort dafür finden. Es wurde mit Gewalt und Betrug begangen, ohne einen Funken Mitleid für die Opfer, die sich den Westalliierten willig ergeben hatten in dem Glauben, daß ihnen Asyl gewährt werde.«

Vom Antifaschismus zum Antigermanismus

Zusammenfassend ist festzustellen, daß gegen Ende des Krieges die öffentliche Meinung der angelsächsischen Länder den Unterschied zwischen Nazis und Antinazis, zwischen Diktatur und Volk ebenso aus den Augen verloren hatte wie gewisse völkerrechtliche und moralische Grundsätze.

Zur Erklärung dieses Phänomens reicht das Stichwort »Hitler« allein nicht aus; denn schließlich sprach Churchill selbst von Hitler 1935 in Worten der Bewunderung »für den Mut, die Beharrlichkeit und die vitale Kraft, die ihn befähigen, allen Mächten und Widerständen, die seinen Weg versperrten, zu trotzen oder sie herauszufordern, sie zu versöhnen oder sie zu überwinden«[59]. Noch 1938 meinte er, die bisherigen Leistungen des »Führers« seien weltgeschichtlich als Wunder anzusprechen; wenn Großbritannien im Krieg unterlegen wäre, hätte er gewünscht, daß es einen Hitler finden werde, damit dieser es zurück zu der ihm gebührenden Stellung unter den Nationen führe[60]. Der amerikanische Präsident Herbert Hoover, der britische Außenminister Sir John Simon und Avery Brundage, Präsident des Amerikanischen Olympischen Komitees, fanden bis weit in die dreißiger Jahre hinein respektvolle Worte für die Leistungen des Diktators, und der britische Expremier Lloyd George betrachtete Hitler als den größten lebenden Deutschen, einen deutschen George Washington[61]. Auch auf dem Kontinent war man z.T. sehr optimistisch. Der französische Außenminister Barthou z. B. sah in dem Diktator einen »wahren Friedensfreund«, während sein Landsmann, der Schriftsteller Jules Romains, ihn als »Genie« betrachtete[62]. Ähnlich zahlreich sind die Äußerungen europäischer und amerikanischer Prominenz über Hitlers »Charme, Intelligenz, angenehme Umgangsformen, sein entwaffnendes Lächeln« usw.[63]

B. Granzow hat sich die Mühe gemacht, die wichtigsten englischen Pressestimmen zu Hitler aus der Zeit zwischen 1925 und 1933 zusammenzutragen. Das Resultat war bemerkenswert. So etwa wie man heute vielerorts vor einer Verteufelung des Eurokommunismus warnt und Volksfront-Regierungen als pragmatische Lösung empfiehlt, so sprachen sich damals gerade die angesehenen liberalen Blätter für eine Regierungsbeteiligung der Nazis aus[64].

Der ›Manchester Guardian‹ empfahl nach den Wahlen von 1930 dringend die Aufnahme der Nazis in die Regierung, da diese als zweitgrößte Partei ein moralisches bzw. verfassungsmäßiges Anrecht darauf hätten. Die ›Times‹ hielt die Nazis für normale, wenn auch etwas rauhe und unerfahrene Politiker, die durch die Regierungsverantwortung automatisch zur Mäßigung gebracht würden; nach dem Reichstagsbrand 1933 und dem ›Röhm-Putsch‹ 1934 änderte sich zwar der Tonfall der Artikel, aber nun saß Hitler schon fest im Sattel. – Der ›Economist‹ maß der Wahl von 1930 lediglich innenpolitische Bedeutung bei, und der ›Observer‹ sah in Hitler eine Marionette des großen Kapitals; letztlich werde Hugenberg den Ton angeben. Nach der letzten freien Wahl im November 1932 wähnte der ›Daily Telegraph‹ Hitler nach dessen Stimmenrückgang schon auf dem absteigenden Ast, empfahl aber trotzdem eine Rechtskoalition als beste Lösung für die nächste Zukunft. Falls es nicht dazu komme, sah der Korrespondent schwarz für die deutsche Republik[65]. Heute wissen wir, daß eben diese Koalition das Ende der Weimarer Demokratie bedeutete. Noch 1936 bezeichnete die Daily Mail das Hitler-Reich als eine »Notwendigkeit für Europa«[66].

Als der englische Verleger Victor Gollancz 1933 sein »Brown Book of Nazi Terror« herausbrachte, fand es bei der Presse im allgemeinen wenig Gegenliebe. In einer Besprechung des Braunbuchs in der ›New York Times‹ konnte man am 15. Oktober 1933 nachlesen[67]: »Hitler tut viel für Deutschland, seine Einigung der Deutschen, seine Schaffung eines spartanischen Staates, der durch Patriotismus belebt ist, seine Einschränkung der parlamentarischen Regierungsweise, die für den deutschen Charakter so ungeeignet ist, sein Schutz der Rechte des Privateigentums – all dieses ist gut.« Das gleiche Blatt beurteilte am 9. August 1944 z. B. das Attentat auf Hitler schon ganz aus der Perspektive undifferenzierter Deutschfeindlichkeit, die wie das fotografische Negativ der früheren Hitler-Euphorie wirkt: Die Einzelheiten des Attentats erinnerten eher an die »Atmosphäre der finsteren Verbrecherwelt« als an die, welche man »normalerweise in einem Offizierskorps eines Kulturstaates erwarten würde«. Ein ganzes Jahr lang, so bemerkt die Zeitung vorwurfsvoll, hätten einige der höchsten Offiziere der deutschen Armee sich mit Plänen beschäftigt, »das Oberhaupt des Staates und den Oberkommandierenden seiner Armee gefangenzusetzen oder zu töten«. Sie verwirklichten ihren Plan »mit einer Bombe, der typischen Waffe der Verbrecherwelt, ...«[68].
Wie viele andere war der Verfasser des Artikels Gefangener eines klassischen Zirkelschlusses geworden: Alle Deutschen waren Nazis, weil es keinen deutschen Antifaschismus gab. Einen deutschen Antifaschismus gab es nicht, weil alle Deutschen Nazis waren.
Publizisten wie Victor Gollancz, die den Nationalsozialismus schon zu einer Zeit anprangerten, als sich die Mehrheit der liberalen Presse noch in vornehmer Ausgewogenheit gefiel und einen »primitiven Antifaschismus« ablehnte, haben den roten Faden der Menschlichkeit festgehalten, als 1945 die Vertreibungsverbrechen begannen[69]. Andere dagegen, die sich in den Nazis täuschten und jahrelang wenig Sensibilität für die Opfer Hitlers gezeigt hatten, bewiesen auch kein Mitgefühl für die Opfer der Vertreibungspolitik. Je radikaler jetzt die Gleichsetzung von Nazis und Deutschen praktiziert wurde, desto leichter konnte man von seinen eigenen Irrtümern ablenken.
Eine andere Erklärung für die Ausbreitung des Antigermanismus liegt in dem Lernprozeß, der zwischen den Weltkriegen stattgefunden hatte. Während des 1. Weltkriegs war man in England und den USA oft mit Greuelpropaganda überfüttert worden, die sich später

Dok. 21

Zur Psychologie des Kollektivschuld-Denkens

Auszug aus dem Essay des britisch-jüdischen Verlegers und Schriftstellers Victor Gollancz »Unser bedrohtes Erbe« (1946 in London erschienen[69]).
Der Verfasser hatte bereits Ende 1933 ein Braunbuch über die Untaten der Nazis herausgebracht. 1942 gründete er zusammen mit Eleanor Rathbone das Nationalkomitee für die Rettung der Opfer des Naziterrors. Ab 1945 beschäftigte er sich mit dem Terror in den Vertreibungsgebieten. 1960 wurde er mit dem Friedenspreis des Deutschen Buchhandels ausgezeichnet.

»Wenn mir der Platz zur Verfügung stünde, so könnte ich mich mit dem empörten Aufschrei über die Buchenwald-›Enthüllungen‹ befassen, die keinerlei Enthüllungen für alle die bedeuteten, die unentwegt seit 1933 bemüht gewesen waren, das Gewissen eines denkfaulen und zweiflerischen Publikums aufzurühren und das Wort für Männer und Frauen zu ergreifen, die, von der Außenwelt abgeschlossen und ohne eigene Stimme, unsagbare Qualen in jenen Lagern der Rechtlosigkeit erduldeten. Jetzt, so sagte man, wüßten wir nun endlich, daß die deutsche Nation als Ganzes schuldig wäre: warum nämlich hätte sie nicht, wofern es anders wäre, um jeden Preis sich gegen diese Verbrechen ausgesprochen und sich gegen Hitler aufgelehnt? Dabei kam man gar nicht auf den Gedanken, sich die Frage vorzulegen, was man denn selber unter ähnlichen Verhältnissen geleistet haben würde; man hielt nicht einen Augenblick inne, um sich innerlich darüber Rechenschaft abzulegen, ob man wohl, wofern der Preis, über den man so glatt dahinschwätzte, Tod oder Folter nicht nur für einen selbst, sondern auch für die eigenen Kinder gewesen wären – ob man auch dann noch, jenseits aller Zweifel, das hinreichende Maß von Heroismus besessen haben würde, um solche Gefahren auf sich zu nehmen. Man fragte sich nicht einmal, warum man denn Buchenwald, solange noch Friede herrschte, keinerlei Bedeutung beigemessen hatte, obschon das weder Tod noch Folter noch auch nur die Gefahr der Einkerkerung gekostet haben würde, wenn man damals seine Stimme hätte vernehmen lassen, sondern schlimmstenfalls einen Zeitverlust von wenigen Sekunden und den Verbrauch eines belanglosen Bruchteils von Energie. Anstatt auf diese Weise in sich zu gehen, schwelgte man schon lieber im Bewußtsein seiner eigenen Überlegenheit.«

als nicht stichhaltig erwies. Das hatte zu einer verbreiteten Skepsis gegenüber einschlägigen Publikationen geführt, die nun ausgerechnet Hitler zugutekam.
Viele hielten zunächst die wahren Schreckensberichte über Dachau, Buchenwald, Bergen-Belsen usw. für unfaire Propaganda[70]. Als sie den Irrtum bemerkten, fühlten sie sich von »den Deutschen« hintergangen und reagierten besonders heftig. Persönlichkeiten wie Morgenthau und Vansittart, die nie aufgehört hatten, die Deutschen zu verabscheuen[71], waren eher die Ausnahme.
Noch am 9. Februar 1940 hatte Churchill jeden Versuch abgelehnt, Deutschland zu zerstückeln, und er erklärte: »Wir wünschen aus ganzem Herzen, sie (die Deutschen) ohne Verzögerung in die friedliche Zusammenarbeit zivilisierter Nationen einzubeziehen.« Auch die Atlantik-Charta vom 14. August 1941 erschien ursprünglich als nichts anderes als ein Friedensprogramm auf der Grundlage des Menschen- und Völkerrechts[72].
Spätestens ab Juli bzw. August 1942 sah es anders aus; zu dieser Zeit informierte man nämlich den nationalistischen tschechischen Exilpräsident Benesch, der den Engländern schon seit einiger Zeit wegen der Vertreibung der Sudetendeutschen in den Ohren gelegen war, man habe dagegen nichts mehr einzuwenden[73]. Damit war der moralische Damm gebrochen; die Vertreibung aus den Oder-Neiße-Gebieten stellte sich nur noch als quantitative und nicht als qualitative Frage. Vorbild für diese Aktion war die Vertreibung der Griechen aus der Türkei nach dem Ersten Weltkrieg, die zumindest in ihrer Endphase unter dem Etikett des »Bevölkerungsaustausches« gehandelt wurde. Lord Curzon, der seinerzeitige britische Außenminister, warnte damals eindringlich vor dieser »durch und durch schlechten Lösung, für welche die Welt in den nächsten hundert Jahren schwer büßen wird«[74].
Irgendwo zwischen August 1941 und Juli 1942 liegt vermutlich der kritische Punkt des Übergangs vom Antifaschismus zum Antigermanismus in Großbritannien. Ob dabei die verbesserten Kriegsaussichten aufgrund des Kriegseintritts der Sowjetunion (22.6.1941) und der US (11.12.1941) den Ausschlag gaben oder das Anlaufen der »Endlösung der Judenfrage« in der zweiten Jahreshälfte 1941 (Mordaktionen der sog. Einsatzgruppen in der UdSSR) oder der Einfluß des neuen Bundesgenossen Stalin oder die Ansteckung durch das nazistische

Rassedogma, wie der Engländer Victor Gollancz vermutete[75], wird wohl nie ganz geklärt werden.
Der markanteste Meilenstein auf dem Weg vom Antifaschismus zum Antigermanismus ist vermutlich die erwähnte Atlantik-Charta vom 14. August 1941. Sie enthielt einen Katalog von allgemeingültigen Moralgrundsätzen und völkerrechtlichen Regeln, und auch Stalin war dieser angloamerikanischen Erklärung pro forma beigetreten. U. a. beteuerten die Unterzeichner in der Charta: »Ihre Länder suchen keine territoriale oder sonstige Vergrößerung. Sie wünschen keine Gebietsveränderungen, die nicht mit den frei geäußerten Wünschen der betroffenen Völker übereinstimmen. Sie hoffen, ... daß alle Menschen in allen Ländern ihr ganzes Leben lang frei von Furcht und Not leben können.«
Aber bald wurde dieser moralische Ballast über Bord geworfen; auf der Pressekonferenz vom 23. Januar 1943 prägte Roosevelt in Casablanca die verhängnisvolle Formel von der bedingungslosen Kapitulation, und Churchill assistierte am 24. Mai 1944: »Die Atlantik-Charta bindet uns in keiner Weise hinsichtlich der Zukunft Deutschlands, noch stellt sie ein Geschäft oder einen Kontrakt mit unseren Feinden dar.« – Art. 107 der Charta der Vereinten Nationen stellte dann ausdrücklich fest[76]: »Maßnahmen, welche die hierfür verantwortlichen Regierungen als Folge des Zweiten Weltkrieges in bezug auf einen Staat ergreifen oder genehmigen, der während des Kriegs Feind eines Unterzeichnerstaates dieser Charta war, werden durch die Charta weder außer Kraft gesetzt noch untersagt.«
Interessant ist, daß die Bevölkerung der angelsächsischen Länder nur zögernd auf den Kurswechsel von antifaschistisch auf antideutsch reagierte. 1944 glaubte noch nicht einmal jeder vierte Amerikaner, daß »die Deutschen immer den Krieg wünschen«[77].
Franklin D. Roosevelt war eine der schillerndsten Gestalten im großen Meinungsumbruch dieser Zeit. Sein Psychogramm reichte von kindlicher Naivität bis zur trickreichen Autokratie, von höchsten Idealen bis zur kalten Menschenverachtung.
Früher als andere dürfte er vom Antifaschismus zum Antigermanismus übergegangen sein. Immerhin reiste im Oktober 1939 Adam von Trott als Botschafter der Anti-Hitler-Opposition in die Vereinigten Staaten mit der erklärten Absicht, »dafür zu sorgen, daß nicht das Programm eines Vernichtungskrieges alle diejenigen Elemente zum

Anschluß an die Nationalsozialisten zwingt, die begonnen haben, sich zum Sturz des Diktators zusammenzufinden«. In einigen Kreisen fand er damals schon »leidenschaftliche Destruktivität« vor[78]. Das Deutschland-Bild des US-Präsidenten war zwar seit dem Ersten Weltkrieg negativ getönt[79], und vielleicht war bereits die Atlantik-Charta nur eine der vielen Finten des »geriebenen Messias« (Golo Mann), um sein damals noch neutrales Land psychologisch auf den Kriegseintritt vorzubereiten[80]. Sein Glaube an eine jahrhundertelange Verschwörung des deutschen Volkes gegen die zivilisierte Menschheit ist aber vermutlich erst später unter dem Einfluß seiner Berater entstanden.

Überhaupt waren die Präsidentenberater in der Ära Roosevelt historisch nicht minder bedeutsam als der Präsident selbst. Unter Roosevelts Ratgebern fand sich eine auffallend große Zahl prosowjetischer Intellektueller[81], so daß die Opposition den Braintrust des Präsidenten mit wenig freundlichen Namen wie »Kommissare«, »Termiten«, »Scharlachjungen« udgl. belegte[82].

Als man in der Ära McCarthy gar die altehrwürdige amerikanische Denkkategorie der Verschwörung[83] auf die Roosevelt-Mannschaft anzuwenden begann, schoß man über das Ziel hinaus. Obwohl seine Handlungsweise oft alles andere als christlich und seine Sympathie für Stalin unübersehbar waren, kann man den religiös geprägten Präsidenten keinesfalls als Kommunisten und zumindest die Mehrzahl seiner Berater nicht als kommunistische Verschwörer bezeichnen, als die sie damals erschienen.

Bemerkenswert sind allerdings F. D. Roosevelts Vorstellungen von der Sowjetunion und ihren Zielen. Obwohl in den 23 Jahren der Regentschaft des letzten Zaren Nikolaus II. keine 2000 Russen von der Geheimpolizei oder in sibirischen Lagern getötet wurden, unter Stalin dagegen über 30 Millionen, betrachtete er das kommunistische System als Fortschritt gegenüber dem zaristischen[84]. Während er den aggressiven Charakter des Nationalsozialismus sehr früh bemerkte, hielt er die Sowjets trotz ihrer Invasion in Polen, Finnland, Estland, Lettland und Litauen nicht für expansiv[85]. FDR betrachtete die Sowjets als besserungsfähig und glaubte sie durch persönlichen Einsatz für seine Ziele gewinnen zu können[86].

Roosevelt hoffte, nach dem Krieg durch Amerika, England, Rußland und China als »Weltpolizisten«[87] eine neue, glücklichere Epoche einleiten zu können. Nachdem Stalin zu Konzessionen bereit schien und 1943 die Komintern[88] auflöste und die Erlaubnis zur Wahl eines Patriarchen der russisch-orthodoxen Kirche gab[89], wollte auch FDR nicht zurückstehen. Gegenüber dem späteren Kardinal Francis Spellman bekannte er am 3.9.1943[90], Stalin würde »auf jeden Fall (u.a.) Finnland und die baltischen Staaten kriegen«, China »den Fernen Osten«. Man könne davon ausgehen, daß Rußland die Hegemonie in Europa zufalle. Die kontinentaleuropäischen Völker, eingeschlossen Frankreich, Belgien, Holland, Dänemark, Norwegen und »natürlich« die Kriegsgegner Deutschland und Italien würden »einfach die russische Vorherrschaft (domination) aushalten müssen in der Hoffnung, in 10 oder 20 Jahren mit den Russen gut zusammenleben zu können«.

Den Diktator Stalin, den Milovan Djilas als den »größten Verbrecher der Menschheit« bezeichnet, nannte Roosevelt liebevoll »Onkel Joe« und betrachtete sich als seinen Freund[91].

Vor der Teheraner Konferenz (1943) sagte er zu seinem Botschafter Bullitt[92]: »Ich habe so das Gefühl, daß Stalin weiter nichts als Sicherheit für sein Land haben will, und ich glaube, wenn ich ihm alles gebe, was ich nur kann, und von ihm keine Gegenleistung verlange – schließlich noblesse oblige! –, so wird er sich nichts gewaltsam anzueignen versuchen und um Demokratie und Frieden in der Welt bemüht sein.«

Kein Wunder, daß er dann in Teheran auf Stalin »überoptimistisch, flüchtig, geschwätzig und gutgläubig« wirkte[93]. Der Kurzkommentar des Feldmarschalls Lord Allanbrooke, Chef des Empire-Generalstabs, über die Konferenz von Teheran lautete: »Stalin hat den Präsidenten in die Tasche gesteckt.«[94]

Noch schwächer war der Auftritt des mittlerweile schwerkranken F.D. Roosevelt auf der Konferenz von Jalta (4.–11.2.1945). Der britische Unterstaatssekretär Sir Alexander Cadogan schrieb aus Jalta an Lord Halifax, den Botschafter seines Landes in den USA: »FDR wußte kaum, worum es ging.«[95]

Der spätere britische Premierminister Eden schließlich charakterisierte den US-Präsidenten in seinem Buch »The Reckoning« mit folgenden Worten[96]: »Roosevelt war mit der Geschichte und Geographie Europas vertraut. Vielleicht verhalf ihm sein Hobby, das Briefmarken-Sammeln, zu seiner Kenntnis, aber die akademischen, ja phantastischen Ansichten, welche er daraus entwickelte, wirkten in ihrer heiteren Unbesonnenheit beunruhigend. Er hielt sich für berechtigt, über das Schicksal vieler Länder, sowohl alliierter als auch feindlicher, zu entscheiden. Er tat dies mit so viel Charme, daß es nicht leicht war, ihm zu widersprechen. Mir kam er dennoch wie ein Zauberer vor, der geschickt mit einem Ball Dynamit jonglierte, ohne von dem gefährlichen Inhalt zu wissen.«

Entsprechend zwiespältig ist heute das Image des Präsidenten. Alexander Solschenizyn vermerkt[97]: »In ihren Ländern werden Churchill und Roosevelt als Verkörperung staatsmännischer Weisheit verehrt[98]. Uns hingegen, den Teilnehmern der russischen Gefängnisdebatten, offenbarte sich mit frappierender Deutlichkeit ihre notorische Kurzsichtigkeit, ja Dummheit.«

Als FDR 1933 wenige Monate nach seinem Amtsantritt als erster Präsident der Vereinigten Staaten die Sowjetunion anerkannte, lebten in der UdSSR 150–160 Millionen unter kommunistischer Diktatur[99]; heute sind es in 20 Staaten auf 4 Kontinenten schätzungsweise 1,4 Milliarden[100]. Unter den Wegbereitern dieser Entwicklung steht Roosevelt sicher nicht an letzter Stelle.

Nach Blindheit und Haß mußten irgendwann Einsicht und Ernüchterung folgen. Bei dem einen kamen sie früher, bei dem anderen später. Churchill, der noch in seiner berühmten Unterhausrede vom 15. Dezember 1944 »die totale Vertreibung der Deutschen aus dem Gebiet, das jetzt Polen im Westen und Norden haben soll«, forderte, gehörte zu den ersten. Er erklärte am 16. August 1945 vor dem Unterhaus[101]:

»Besonders beschäftigen mich in diesem Augenblick die Berichte, die uns über die Bedingungen zukommen, unter denen die Vertreibung und der Auszug der Deutschen aus dem neuen Polen durchgeführt werden ... Über eine riesige Anzahl fehlt jede Nachricht. Wohin haben sie sich gewandt, was war ihr Schicksal? Die gleichen Zustände können sich in veränderter Form bei der Ausweisung einer großen Anzahl Sudetendeutscher und anderer Deutscher aus der Tschechoslowakei wiederholen. Spärliche und vorsichtige Berichte über die Dinge, die vor sich gingen und gehen, sind durchgesickert; es ist aber nicht ausgeschlossen, daß eine Tragödie ungeheuren Ausmaßes sich hinter dem Eisernen Vorhang, der Europa gegenwärtig entzweischneidet, abspielt.«

Churchills Sinneswandel wurde wesentlich erleichtert durch die Tatsache, daß er im August 1945 nicht mehr an der Regierung war. Andererseits ist daran zu erinnern, daß er bei den vorausgegangenen Verhandlungen von der Vorstellung ausging, Polens Landgewinn etwa auf die Hälfte dessen zu beschränken, was später tatsächlich herauskam[102].

Während Churchill 1944 im Unterhaus erklärt hatte, bei den Vorgängen des 20. Juli handle es sich nur um Ausrottungskämpfe unter den Würdenträgern des Dritten Reiches[103], fand er 1946 im Parlament ehrende Worte für den deutschen Widerstand[104]:

»In Deutschland lebte eine Opposition, die durch ihre Opfer und eine entnervende internationale Politik immer schwächer wurde, aber zu dem Edelsten und Größten gehört, was in der politischen Geschichte aller Völker je hervorgebracht wurde. Diese Männer kämpften ohne eine Hilfe von innen oder außen – einzig getrieben von der Unruhe ihres Gewissens. Solange sie lebten, waren sie für uns unsichtbar und unerkennbar, weil sie sich tarnen mußten. Aber an den Toten ist der Widerstand sichtbar geworden. Diese Toten vermögen nicht alles zu rechtfertigen, was in Deutschland geschah. Aber ihre Taten und Opfer sind das Fundament eines neuen Aufbaus. Wir hoffen auf die Zeit, in der das heroische Kapitel der innerdeutschen Geschichte seine gerechte Würdigung finden wird.«

Während des Krieges freilich waren für Churchill die Männer des Widerstandes keineswegs »unsichtbar und unerkennbar«. – Die antifaschistische Opposition hatte z. B. im Mai 1942 über den Bischof von Chichester geheime Kontakte zur britischen Regierung aufgenommen und um moralische und politische Unterstützung gebeten. Churchills Außenminister Eden erteilte ihr eine Abfuhr und erklärte (Schreiben vom 17.7.1942), es liege nicht im Interesse der Nation, den Hitler-Gegnern auch nur eine Antwort zukommen zu lassen[105]. Auch schon vor dem Krieg hatte Churchill mehrere geheime Besprechungen mit Männern des deutschen Widerstands wie Goerdeler und Schlabrendorff, die damals vergeblich um englische Unterstützung beim Sturz Hitlers und der Verhinderung des Krieges baten. In seiner Rundfunkansprache vom 17. Oktober 1938 deutete er sogar – in durchaus leichtsinniger Weise – seine entsprechenden Kenntnisse an[106].

Der Prozeß der Neuorientierung der amtlichen Stellen kam zunächst nur zögernd in Gang. Bescheidene Vorstöße aus London und Washington, die polnische Regierung doch wenigstens zur Einhaltung von Artikel XIII der Potsdamer Erklärung zu bewegen (»geregelte und humane Umsiedlung«), stießen zunächst sogar bei den eigenen Botschaftern auf taube Ohren. Der amerikanische Botschafter meinte, eine Intervention in Warschau würde die Polen nur ärgern und die Dinge kaum ändern, und der britische Botschafter schlug vor, »wie Nelson bei der Beschießung von Kopenhagen das Fernrohr vor das blinde Auge zu halten«[107].

Das erste öffentliche Zeugnis des amerikanischen Umdenkens war die Stuttgarter Rede des US-Außenministers Byrnes vom 6. September 1946; der Minister sprach von einem künftigen ehrenvollen Platz Deutschlands unter den Nationen und von der Oder-Neiße-Linie als bloßer Übergangslösung[108]. Alles in allem kam die Neuorientierung zu spät und zu zögernd, als daß sie das Schlimmste hätte verhindern können. Sicher muß man einräumen, daß die Position der westlichen Demokratien nach Kriegsende ungleich schwächer war als vorher, was die Verhütung von Massenverbrechen an der ostdeutschen Zivilbevölkerung anging. Andererseits hatte die Stimme der Anglo-Amerikaner auch nach dem Mai 1945 in Moskau noch ein gewisses Gewicht, da die USA z. Zt. der Potsdamer Konferenz schon über die Atombombe verfügten und Stalin wegen des russischen Wiederaufbaus weitgehend von amerikanischen Krediten abhängig war. Das zeigt z. B. der erfolgreiche Einspruch gegen die Vertreibung der Ungarn aus der Südslowakei[109].

Das Verhalten der Angelsachsen nach 1945 erinnert lebhaft an die halbherzigen Bemühungen der Großmächte um die überlebenden Armenier nach dem Ersten Weltkrieg. Mantoux, Chef der politischen Sektion des Völkerbundes, hatte damals mit bitterem Sarkasmus folgende Resolution entworfen[110]:

»Artikel 1: Kein Massaker an Armeniern darf durchgeführt werden, ohne daß der Völkerbund einen Monat vorher entsprechend verständigt wird.

Artikel 2: Sollte sich das Massaker auch auf Frauen und Kinder erstrecken, ist der Völkerbund zwei Monate vorher zu verständigen.

Artikel 3: Sollte ein Massaker an Armeniern ohne Einhaltung dieser Formalitäten erfolgen, gilt es als nichtig und ungeschehen (nul et non avenu).«

Die Kollektivschuld-Theorie

In den vorangegangenen Abschnitten wurde aufgezeigt, wie sich die öffentliche Meinung in den Vereinigten Staaten und im Vereinigten Königreich in den Jahren zwischen 1933 und 1945 von einer eher positiven Beurteilung Hitlers zum Antifaschismus und von da zu einem undifferenzierten Antigermanismus entwickelte. Spätestens ab 1942 suchten die tonangebenden Kräfte dieser Länder die Ursachen des Nationalsozialismus nicht auf sozialem, politischem, psychologischem oder historischem Gebiet, sondern im deutschen Volkscharakter (»Germanism«). Viele glaubten allen Ernstes, die Deutschen hätten die biologische Evolution der Menschheit zum Höheren nicht mitgemacht[111] und neigten aufgrund ihrer Erbanlagen zu Aggression und Grausamkeit.

Die darwinistische Argumentation trat zwar bald in den Hintergrund. Was von den biologischen Spekulationen und der Verschwörungs-Theorie (»jahrhundertealte Verschwörung gegen die Weltzivilisation«) blieb, war die Kollektivschuld-Theorie, die nach dem Krieg heftig diskutiert wurde und bis heute noch nicht ad acta gelegt ist. Wesentlicher Inhalt dieser Hypothese ist der Vorwurf, »die Deutschen« hätten

1) Hitler gewählt, obwohl sie wußten, was die Wahl bedeutete;
2) sie hätten den Weltkrieg herbeigewünscht und
3) die Judenverfolgung und andere Verbrechen aktiv gefördert oder zumindest gebilligt;
4) insgesamt seien sie blinde Gefolgsleute Hitlers gewesen und hätten es unterlassen, Hitler rechtzeitig zu stürzen.

Nachdem sich die große Mehrheit der Bevölkerung auf diese Weise schuldig gemacht habe, sei es den Verwaltungsaufwand nicht wert, die wenigen Nichtschuldigen herauszufinden[112]; das deutsche Volk sei daher als ganzes zu verurteilen etwa wie eine schuldige Einzelperson im Strafprozeß.

In einer Zeit, in der vielfach schon die individuelle Schuld des Straftäters als überholt gilt, wird diese Betrachtungsweise manchem wie ein Fossil aus grauer Vorzeit vorkommen. Trotzdem sollte man es nicht versäumen, den Vorwürfen Punkt für Punkt nachzugehen, so wie es schon die katholischen Bischöfe auf der Fuldaer Bischofskonferenz im August 1945 und der Freiburger Erzbischof Gröber in seinem Hirtenbrief zur Kollektivschuldfrage vom 21.9.1945 getan haben[113].

1) Der Schuldspruch beginnt mit der Feststellung »die Deutschen« hätten Hitler gewählt. Dazu ist zu bemerken, daß die Nazipartei bei den letzten freien Wahlen am 6. November 1932 nur 33% der Stimmen bekam. Die Wahlen vom März 1933, bei denen Hitler über 43% für sich verbuchen konnte, werden von den meisten Historikern nicht mehr zu den freien Wahlen gezählt, weil damals schon aufgrund der »Verordnung zum Schutz von Volk und Staat« die wichtigsten verfassungsmäßigen Rechte nicht mehr galten; die starke Kommunistische Partei war verboten und Hitler Kanzler einer Rechtskoalition; offiziell herrschte der Ausnahmezustand und inoffiziell der braune Straßenterror; einen Monat vor der Wahl wurden die ersten »wilden« KZ's eingerichtet.
Um die Wahlergebnisse zu deuten, muß man den zeitgeschichtlichen Hintergrund sehen, und der war zu Anfang der dreißiger Jahre mehr als düster. Im September 1932 zählte man 5 Millionen Arbeitslose, im Januar 1933 6 Millionen. Der Lebensstandard des Jahres 1933 war auf den Stand von 1882 zurückgefallen[114]. Blutige Straßenschlachten mit zahlreichen Toten und Verletzten waren an der Tagesordnung.
Wenn man bedenkt, daß z. B. die italienischen Kommunisten 1976 in einer Zeit relativer Prosperität und Ruhe 34% der Stimmen erringen konnten, dann erscheinen die 33% der Nazistimmen bei der letzten freien Wahl äußerst bescheiden. Es kommt hinzu, daß der Kommunismus den Wählern der siebziger Jahre schon millionenfache Proben seines blutigen Könnens geliefert hatte, während die Nationalsozialisten eine neue Partei verkörperten und ihre mörderische Karriere erst vor sich hatten. Aus dem Wahlergebnis vom November 1932 die Sehnsucht der hungernden Arbeitslosen nicht nach Brot und Arbeit, sondern nach Krieg und Völkermord abzuleiten, ist wohl schlichtweg absurd.
Bliebe noch das Versagen der bürgerlichen Koalitionspartner Hitlers. Daß ihre eigenen Parteien bald verschwanden, zeigt sehr deutlich, daß diese Politiker ebenfalls nicht aus Liebe zur totalitären Staatsform gehandelt hatten; sie waren einem ganz banalen Irrtum aufgesessen – dem gleichen Irrtum wie die seriösen, wohlinformierten westeuropäischen Zeitungen, die am Vorabend der braunen Machtergreifung dringend empfohlen hatten, die NSDAP als relativ stärkste Partei an der Regierung zu beteiligen[115], und die z. T. heute

dafür plädieren, die italienischen, französischen oder iberischen Kommunisten an der Macht zu beteiligen.

2) Aber haben nicht die Deutschen 1939 ihre angeborene Kriegslust bewiesen und damit eine 2000jährige Tradition fortgesetzt? Hat nicht der preußische Militarismus zum Krieg gedrängt? Ein Hitler-Zitat, das der Antifaschist Fabian von Schlabrendorff überliefert hat, ist in diesem Zusammenhang recht aufschlußreich[116]:
»Als ich noch nicht Reichskanzler war, habe ich geglaubt, der Generalstab gleiche einem Fleischerhund, den man fest am Halsband halten müsse, weil er sonst jeden anderen Menschen anzufallen drohe. Nachdem ich Reichskanzler wurde, habe ich feststellen müssen, daß der deutsche Generalstab alles andere als ein Fleischerhund ist. Der Generalstab hat mich immer hindern wollen, das zu tun, was ich für nötig hielt. Der Generalstab hat der Aufrüstung, der Rheinlandbesetzung, dem Einmarsch in Österreich, der Besetzung der Tschechei und schließlich dem Krieg gegen Polen widersprochen. Der Generalstab hat mir abgeraten, gegen Frankreich offensiv vorzugehen und gegen Rußland Krieg zu führen.«
Bei einer anderen Gelegenheit sagte Hitler von seinen Generälen[117]: »Die muß man ja in den Krieg hineinprügeln!« – Auch das Volk mußte man in den Krieg hineinprügeln.
Interessante Einblicke in die Stimmung auf der Straße gewähren u.a. die Berichte des Schweizer Schriftstellers Carl J. Burckhardt, der als Hoher Kommissar des Völkerbundes in Danzig ungewöhnlich gut über die Zeichen der Zeit informiert war. In seinem Brief vom 20. August 1938 schreibt er über die Stimmung in Deutschland[118]:
»Derjenige, der das nicht erlebt hat, kann sich keine Vorstellung machen von dem Entsetzen, ja von der Verzweiflung der Massen, als man wieder anfing, von Krieg zu reden, als beispielsweise die Pferderequisition einsetzte. ... Das Geflüster von gestern wird heute zum offenen rebellischen Ausspruch. Nie habe ich so deutlich gespürt, daß die Völker für die Verbrechen ihrer Führer nicht verantwortlich sind.«
Der amerikanische Diplomat Kennan, damals Mitglied der US-Botschaft in Berlin und nicht sonderlich deutschfreundlich, berichtet[119]:
»Die Berliner selber – ich meine die einfachen Leute – waren von allen Bevölkerungsteilen in Stadt und Land am wenigsten vom Nazismus

angesteckt. Sie waren nicht zu bewegen, den Nazi-Gruß zu benutzen. Sie grüßten einander nach wie vor mit ›Guten Morgen‹ anstatt mit dem obligatorischen ›Heil Hitler!‹. Sie zeigten auch keine besondere Kriegsbegeisterung. Ich kann bezeugen (weil ich an jenem Tage mitten unter ihnen in einer großen Menschenmenge auf dem Pariser Platz vor unserer Botschaft stand), daß sie die Siegesparade anläßlich der Beendigung des Polenfeldzugs mit zurückhaltendem, mürrischem Schweigen an sich vorüberziehen ließen. Trotz heftigsten Bemühens gelang es den berufsmäßigen Nazi-Agitatoren nicht, ihnen Zeichen des Hochgefühls oder der Zustimmung zu entlocken. Die Nachricht von der Einnahme von Paris wurde mit derselben Reserve und demselben undurchdringlichen Schweigen aufgenommen.«
Interessant sind auch die geheimen Lageberichte des Sicherheitsdienstes der SS zu diesem Thema. Als z. B. im Oktober 1939 Gerüchte über einen Waffenstillstand aufkamen, notierten die SD-Spitzel[120]:
»In verschiedenen Betrieben führte die Mitteilung dieses Gerüchtes zu längeren Arbeitspausen, da die Belegschaften sich über die angeblich neue Lage unterhielten. In Berlin kam es stellenweise auf Straßen und Plätzen zu freudigen Kundgebungen der Menschen, welche die Nachricht für wahr hielten ... Auch in der Berliner Universität wurde am Schluß einer großen Nachmittagsvorlesung das Gerücht als Tatsache bekanntgegeben. Die Mitteilung veranlaßte die Studenten zu Begeisterungskundgebungen ... Erst durch die gestern gegen Mittag durch die Sondermeldung des deutschen Rundfunks erfolgende Widerlegung der Gerüchte wurde deren Verbreitung ein Ende gesetzt. Das Dementi hatte verschiedentlich eine tiefe Niedergeschlagenheit derjenigen, die fest an die Wahrheit der durch das Gerücht verbreiteten Behauptungen geglaubt hatten, zur Folge.«
Das also war die Stimmung des Volkes auf dem Höhepunkt der Blitzkriege und Blitzsiege, das war das ungeschminkte Gesicht der Hunnen (Churchill), der Würger (Vansittart), der kriegslüsternen Bestien (Morgenthau[121]), die aus dem Krieg eine Religion gemacht haben (Nizer).
Es erscheint kaum verständlich, wie in den USA die Legende von der deutschen Kriegsbegeisterung entstehen konnte. Waren es die Erinnerungen an die echte Kriegsbegeisterung, die 1914 Berlin ebenso wie Paris und andere europäische Metropolen erfaßt hatte? War es die großdeutsche Wochenschau, die den endlosen Jubel und das Sieg-

Heil-Geschrei fanatisierter NS-Parteitage als Stimme des Volkes ausgab? – Sicher lagen die Berichte der Botschaften und der Geheimdienste über die tatsächliche Stimmung der Bevölkerung auf den Tischen der Regierenden in London und Washington. Aber es gibt auch das psychologische Phänomen der selektiven Wahrnehmung, welches – vereinfacht ausgedrückt – dazu führt, daß in gewissen Situationen das menschliche Unterbewußtsein die sinnlichen Wahrnehmungen filtert und nur noch den Teil der Information ins Bewußtsein bringt, der ihm nützlich oder angenehm erscheint ...

3) Der Versuch, die europäischen Juden auszurotten, dieser bisher größte systematische Völkermord der Geschichte, ist wohl der schwerste Vorwurf, der dem Dritten Reich gemacht worden ist.

Wer stolz darauf sein will, dem Volk eines Beethoven, Goethe und Kant anzugehören, muß es zugleich als Schande empfinden, auch Hitler, Himmler und Heydrich sozusagen in seiner Verwandtschaft zu wissen. Die Beschämung wird nicht dadurch gemindert, daß die Regierungsvertreter von USA, England, Frankreich und anderen westlichen Ländern in der Frage der jüdischen Auswanderung 1938–1940 und dann wieder 1942–1943 sehr unglücklich agiert, die Rettung von Millionen Juden auch bei anderen Gelegenheiten regelmäßig »höheren Zielen« untergeordnet[122] und z. T. Äußerungen von bestürzender Gleichgültigkeit gegenüber den jüdischen Opfern[123] von sich gegeben haben. Tatsache ist nun einmal, daß die Vernichtungspläne deutschen Köpfen entsprungen sind und von deutschen Verantwortlichen ausgeführt wurden. Das teilweise Versagen des Auslands nimmt der Schuld der Täter und ihrer Helfershelfer kein Gramm ihres Gewichts.

Allerdings besteht zwischen kollektiver Scham und kollektiver Schuld ein entscheidender Unterschied. Schuld ist ein strafrechtlicher Begriff mit genau definierten gesetzlichen Folgen.

Wie beim Einzelverbrechen ist auch beim Massenverbrechen die Empörung über die Tat eine Sache und die Ermittlung des Schuldigen eine andere. Gerade weil die Strafe des Mörders die strengste ist, muß sein Prozeß am sorgfältigsten geführt werden, damit das Unrecht der Tat nicht noch durch einen Justizmord verdoppelt werde.

Zu welchen Ergebnissen müßte also ein pflichtbewußter Richter in Sachen »Endlösung der Judenfrage« kommen? – Professor Rothfels, einer der profundesten Sachkenner, schreibt dazu[124]: »Daß Anti-Semitismus zum Urbestand der nationalsozialistischen Bewegung gehörte – auf der Grundlage einer tendenziösen Rassentheorie, aber auch in Verbindung mit Antikapitalismus oder Antikommunismus –, daß er auf breite Schichten eine starke Anziehungskraft hatte und Gelegenheit zu schlimmsten Exzessen wie auch widerlicher Bereicherung bot, braucht nicht betont zu werden. Aber daß diese Gesinnungen und Handlungsweisen sich mehr oder weniger allgemeiner Zustimmung erfreuten oder bereitwillig hingenommen wurden, trifft keineswegs zu.«

Staatsbürger kann nur sein, wer Volksgenosse ist, so stand es von Anfang an im Parteiprogramm. Von Völkermord aber war trotz aller Geistesverwirrung nicht die Rede. Die berüchtigte »Endlösung« zeichnete sich erst sehr spät ab: 1941. Erste Vorbereitungshandlungen bestanden in der Aufstellung von besonderen Einsatzgruppen aus Polizei und SS (Mai 1941), die ab Beginn des Rußland-Feldzuges (22.6.1941) unter dem Deckmantel der Partisanenbekämpfung Juden zu erschießen hatten. Nachdem diese Methode Unruhe und Proteste ausgelöst hatte, ging man 1942 wegen der besseren Geheimhaltung zur Methode der Vernichtungslager und der Vergasung über. Bei letzterem Verfahren verfügten die Nazis schon über reiche Erfahrungen aus der »Aktion T 4« zur Vernichtung deutscher Geisteskranker und anderen »lebensunwerten Lebens« (1939–1941). Die vielzitierte Wannsee-Konferenz höherer NS-Führer vom 20. Januar 1942 markierte den Übergang vom tausendfachen zum millionenfachen Mord[125]. Ob die Verbrechen auf einen zentralen Hitler-Befehl zurückgingen oder sich aus den antijüdischen Maßnahmen in Akkumulation ergaben, wird in Historikerkreisen bis heute noch nicht einhellig beurteilt[125a].

Bis zum Jahr 1941 rivalisierten drei bis vier verschiedene Richtungen innerhalb des antisemitischen Lagers, ohne daß Hitler entscheidend eingriff[126]. Ihre Ziele reichten von der bloßen politischen Entmachtung der Juden über die forcierte Auswanderung bis hin zur Enteignung und Vertreibung und schließlich zur physischen Vernichtung. Die These, die Mehrheit der Deutschen habe Hitler gewählt, weil sie die Juden ausrotten wollte, ist also in jeder Beziehung falsch. Die Frage ist höchstens, ob die Mehrheit später von der Endlösung erfuhr und nichts zur Rettung unternahm, obwohl sie etwas tun konnte. Das Wissensproblem ist allerdings überall dort Scheinproblem, wo

keine Möglichkeit des Aufbegehrens besteht. Der britische Historiker Walter Laqueur, Direktor des Londoner Institute of Contemporary History, hat in seinem Buch »The Terrible Secret« (1981 in deutscher Übersetzung erschienen unter dem Titel »Was niemand wissen sollte«) das erreichbare Material zu der komplexen Frage der Geheimhaltung und ihrer Grenzen zusammengetragen.
Es wäre naiv anzunehmen, in einem großen Staat wie Deutschland hätte niemand außer den Tätern selbst etwas von den Judenmorden gewußt. Ebenso naiv freilich wäre der Glaube, in einer Diktatur mit totaler Informationskontrolle würden die Spatzen Staatsgeheimnisse nur so von den Dächern pfeifen. Zur Frage der Mitwisserschaft ist u.a. daran zu erinnern, daß die Judenvernichtung »Geheime Reichssache« war, die höchste Geheimhaltungsstufe, die das Dritte Reich kannte. Unerwünschte Gesprächigkeit konnte mit sofortigem Erschießen geahndet werden. Der amtliche Schriftverkehr zum Thema bediente sich einer Tarnsprache; man redete nicht von Ausrottung, sondern von Partisanenbekämpfung bzw. Sonderbehandlung, nicht von Vernichtungslagern, sondern von Arbeitseinsatz im Osten, Evakuierung udgl. (wichtigste Ausnahme: die internen Berichte der Einsatzgruppen in der ersten Phase des Rußland-Feldzugs). Man beschränkte die Korrespondenz auf ein Minimum, so daß heute auffallend wenige urkundliche Beweise vorliegen. Auch nachträglich wurden Spuren aller Art verwischt, sobald es möglich war. In Einzelfällen war die Geheimhaltung nahezu perfekt. Ins Ghetto von Lodz z. B. drangen keine konkreten Informationen über die tödliche Gefahr, die im nahegelegenen KZ Kulmhof (Chelmno) lauerte. Da alle sechs großen Vernichtungslager im besetzten Polen jenseits der deutschen Polizeigrenze standen, war es im Reich naturgemäß besonders schwer, Informationen über die Vernichtungsstätten zu erhalten[127]. Sogar Auschwitz, die größte der Todesfabriken, dürfte während des Krieges z. B. in Bayern unbekannt gewesen sein[128]. – Die Vernichtungslager im Osten sind allerdings nicht mit den Terrorlagern in Deutschland zu verwechseln. Letztere waren von Anfang an ebenso bekannt wie gefürchtet. Unverblümt konnte schon am 18.5.1934 Goebbels' Hausblatt ›Der Angriff‹ schreiben[129]: »Kritik ist nur denen erlaubt, die sich nicht fürchten, ins Konzentrationslager zu kommen.«
Die Todesmaschinerie der Nazis war so konstruiert, daß sie mit

einem Minimum an deutschem Personal auskam. Besonders der Eichmann-Prozeß in Jerusalem 1961 hat offengelegt, mit welcher diabolischen Intelligenz die Nazis ihre Helfer aus den Reihen der Opfer zu gewinnen verstanden, angefangen von den Judenräten in verschiedenen Ländern Europas bis hin zu den Hilfspolizisten in den Lagern; in Theresienstadt, das allerdings kein Vernichtungslager darstellte, war sogar der Henker ein Jude[130]. Daß die meisten Hilfswilligen früher oder später selbst getötet wurden, braucht nicht besonders betont zu werden. Autoren wie z. B. Hannah Arendt, Gerald Reitlinger und Robert Pendorf[131] haben sich immer wieder darüber wundern müssen, daß »wenige tausend Menschen, von denen die meisten obendrein in Büros saßen«, eine so große Zahl anderer Menschen vernichten konnten. Pendorf vermerkt u.a.: »Auf dem ganzen Weg in den Tod bekamen die polnischen Juden kaum mehr als eine Handvoll Deutsche zu sehen.«

Im Herbst 1942 z. B. – also fast anderthalb Jahre nach dem Beginn der Ausrottung – hatten nach Ansicht des Historikers Laqueur »Hunderttausende, wenn nicht Millionen« in Deutschland zumindest gerüchtweise etwas von Massentötungen im Osten gehört[132]. Und 1943 schreibt Helmut Graf Moltke, ein Märtyrer der antifaschistischen Widerstandsbewegung, an einen britischen Freund[133]: »Ich glaube, wenigstens neun Zehntel der Bevölkerung wissen nicht, daß wir Hunderttausende von Juden getötet haben. Sie glauben immer noch, daß die Juden lediglich ausgeschieden wurden und eine so ziemlich unveränderte Existenz wie zuvor führen, nur eben weiter im Osten ...«

Als man 1945 daran ging, im Rahmen des amerikanischen Umerziehungs-Programms den KZ-Film »Todesmühlen« für das deutsche Publikum zusammenzustellen, vermerkte der Bericht des zuständigen Kriegsinformationsamts (Office of War Information/German Committee) vom 23.2.1945, der Initiator des Projekts, ein gewisser James Pollock, sei der Ansicht, »daß die Mehrzahl der Deutschen das Ausmaß der von Deutschen begangenen Greueltaten vermutlich wirklich nicht kenne und daß die Vorführung dieser Filme ihnen zu einem guten Teil erklären könne, warum die Alliierten sichergehen müßten, daß die Deutschen nicht noch einmal die Chance bekämen, einen Krieg anzuzetteln«.[134]

Der Schock und die spontane Entrüstung der meisten Zuschauer

sprachen für Mr. Pollocks Ansicht und veranlaßten die US-Behörden zu dem Eingeständnis, daß der weitere Zweck des Filmes, nämlich »ein Gefühl der individuellen und kollektiven Schuld zu wecken, total verfehlt« worden sei[135].
Als im Juni 1942 der ›Daily Telegraph‹ als erste Zeitung meldete, 700 000 Juden seien vergast worden, fühlten sich nicht wenige an den März 1916 erinnert; damals hatte das gleiche Blatt die (frei erfundene) Meldung verbreitet, die Mittelmächte hätten 700 000 Serben vergast[136]. Ebenso wie die wesentlich besser informierten alliierten Geheimdienste und viele jüdische Gemeinden dachte auch die wissende bzw. ahnende Minderheit in Deutschland die längste Zeit in den Dimensionen früherer Pogrome und lokaler Ausschreitungen[137]; das Unfaßbare, die totale Ausrottung, lag offenbar zunächst jenseits des Vorstellungsvermögens der meisten Menschen.
Undichte Stellen im Geheimhaltungssystem der Nazis gab es vor allem während der ersten Phase der »Endlösung« im Rußlandfeldzug, als die Einsatzgruppen hinter der Front versuchten, das osteuropäische Judentum unter dem Deckmantel der Partisanenbekämpfung durch Erschießungsaktionen auszurotten. Dabei war es unvermeidlich, daß eine gewisse Anzahl von Soldaten mit den Verbrechen konfrontiert wurde. Obwohl sich bei vielen Tatzeugen ein gerüttelt Maß an moralischer Stumpfheit und menschlicher Schwäche offenbarte, dürften Abscheu und Protest bei weitem überwogen haben.
Die Reaktion der Offiziere auf das Massaker von Borissow am 19. Oktober 1941 sei als Beispiel für zahlreiche andere Fälle zitiert: Als die Einsatzgruppen in dieser Stadt 7620 Juden erschossen hatten und sich die Nachricht in der Truppe verbreitete, bestürmten die Militärs »mit Tränen in den Augen« ihren Oberkommandierenden, gegen »dieses unerhörte Verbrechen« einzuschreiten[138].
Die größte Welle organisierter Ausschreitungen der Vorkriegszeit schlug in der »Reichskristallnacht« am 9. November 1938 über den Juden zusammen, als die Nazis jüdisches Eigentum an vielen Orten vernichteten; 36 Juden wurden ermordet. Nicht uninteressant ist hier der Bericht eines SS-Brigadeführers an seinen obersten Chef Himmler: »Einheimische antisemitische Kräfte wurden während der ersten Stunden veranlaßt, mit Pogromen gegen die Juden zu beginnen ..., wenngleich es sich als sehr schwierig erwies, sie dazu zu bringen.«
Das Oberste Parteigericht mußte Göring mitteilen: »Auch die Öf-

fentlichkeit weiß bis auf den letzten Mann, daß politische Aktionen wie die des 9. November von der Partei organisiert und durchgeführt sind, ob dies zugegeben wird oder nicht.«

Auf der gleichen Linie liegt der Bericht des britischen Generalkonsuls in Frankfurt vom 14. Dezember 1938: »Es scheint mir, daß eine sexuelle Massenperversion die Erklärung für diesen sonst unerklärlichen Ausbruch bieten mag. Ich bin überzeugt, daß, wenn die Regierung Deutschlands von der Wahl des Volkes abhinge, die Machthaber, die für diese Schandtaten verantwortlich sind, von einem Sturm der Entrüstung hinweggefegt worden wären, wenn man sie nicht an die Wand gestellt und erschossen hätte.«[139]

In der alljährlichen Weihnachstfeier der Reichsbank vor den Lehrlingen, bei der auch deren Eltern und viele Parteimitglieder anwesend waren, griff der Reichsbankpräsident Hjalmar Schacht 1938 mutig die Vorgänge vom 9. November auf[140]: »Solche Brutalität müßte jedem anständigen Menschen die Schamröte ins Gesicht treiben. Hoffentlich ist niemand von euch dabei beteiligt gewesen, sonst würde ich ihm raten, schleunigst aus der Reichsbank auszuscheiden. Für Leute, die Leben und Eigentum ihrer Mitmenschen nicht achten, ist bei uns kein Platz.«

Auch Hitler blieb die allgemeine Stimmung nicht verborgen. In einem Tischgespräch im Führerhauptquartier meinte er verärgert: Wenn heute einige Bürger weinten, weil Juden aus Deutschland auswandern müßten, dann ist das sehr bezeichnend für diese Kreaturen von Spießbürgern. Man müsse sie fragen, ob sie früher geweint hätten, als Hunderttausende von Deutschen Jahr um Jahr aus Deutschland auswandern mußten.[141]

Ähnlich Propagandaminister Goebbels Ende 1941 bei einem Essen in der Reichskanzlei[142] gegenüber Hitler: »Die Einführung des Judensterns hat genau das Gegenteil von dem bewirkt, was erreicht werden sollte, mein Führer! Wir wollten die Juden aus der Volksgemeinschaft ausschließen. Aber die einfachen Menschen meiden sie nicht, im Gegenteil! Sie zeigen überall Sympathie für sie. Dieses Volk ist einfach noch nicht reif und steckt voller Gefühlsduseleien.«

Man könnte nun weiter berichten über die Versuche von Militärs und Industriemanagern, die polnischen Juden durch Integration in die Industrie vor den Vernichtungslagern zu retten, oder von der untadeligen Haltung hoher Militärs vom Schlage eines Generals von

Falkenhausen[143] gegenüber den braunen Häschern im besetzten Westeuropa.
Erwähnenswert sind auch die Vorstöße der ordentlichen Gerichte, denen es bis Mitte der dreißiger Jahre immer wieder gelang, KZ-Kommandanten anzuklagen und abzusetzen[144], oder die Versuche der Heeresjustiz, gegen Judenmörder in der Truppe einzuschreiten[145]. Am interessantesten ist sicher der Versuch des SS-Richters Dr. Konrad Morgen, das KZ-System in den Jahren 1943 und 1944 von innen her aufzurollen. Seine Bilanz: 800 Fälle von Mord und Korruption bearbeitet, 200 gerichtlich abgeschlossen, mehrere KZ-Kommandanten gestürzt; zum Tode verurteilt und hingerichet: Hermann Florstedt, Kommandant von Lublin, und Karl Koch (»Bestie Koch«), Kommandant von Buchenwald[146]. Psychologisch geschickt hatte Morgen den obersten SS-Führer Himmler zu einer »Selbstreinigungs«-Aktion überredet und wurde erst gestoppt, als sich der Angriff aufs System nicht mehr verheimlichen ließ.
Alles in allem eine Fülle lobenswerter Versuche, aber kein großer Durchbruch. Man möchte gern wissen, ob es noch andere Mittel und Wege gegeben hätte. »Warum habt ihr nicht rebelliert?« So befragte der Ankläger im Eichmann-Prozeß stereotyp die jüdischen Zeugen, soweit sie nicht Widerstandskämpfer gewesen waren. Die gleiche Frage könnte man jedem Menschen vorlegen, der heute in einer Diktatur leben muß – immerhin über die Hälfte der Menschheit.
Hannah Arendt hat die Frage als nicht zweckdienlich bezeichnet[147]; sie ist naiv, und darum ist die Antwort banal: In einem totalitären System gibt es kaum noch Chancen für eine Rebellion von unten. Der angesehene Religionsphilosoph und Rabbiner Leo Baeck hat es so ausgedrückt[148]: »Als die Frage entstand, ob jüdische Ordonnanzen Juden für die Deportierung aussuchen sollten, habe ich die Ansicht vertreten, daß es besser wäre, wenn sie es tun, da sie wenigstens sanfter mit ihnen umgehen und ihnen eher helfen würden als die Gestapo und ihnen ihr Los leichter machen würden. Es lag kaum in unserer Macht, dem Auftrag wirksam Widerstand zu leisten.«
Man kann sich über den Rabbiner entrüsten. Man kann aber auch beten, nie in die gleiche Lage zu kommen wie er. Der Vollständigkeit halber sei vermerkt, daß Leo Baeck die Gelegenheit hatte, sich durch Flucht zu retten; er floh nicht.
Vor dem gleichen Dilemma wie die Juden standen die deutschen An-

tifaschisten. Der erwähnte Reichsbankpräsident und Ex-Minister Schacht sagt mit anderen Worten das gleiche wie Leo Baeck[149]: »Würde ich aus der öffentlichen Tätigkeit ausscheiden und mich wieder ins Privatleben zurückziehen, so hieße das, Hitler das Feld einfach zu überlassen. Unendlich viele sind diesen Weg gegangen, aber sind sie damit auch ihrer Verantwortung ledig geworden?«

Vielleicht sieht man die Dinge klarer, wenn man sich überlegt, was denn einem human denkenden Beamten oder Funktionär im Ostblock heute zu raten wäre. Ausscheiden, den Platz einem Parteifanatiker überlassen und die Hände in Unschuld waschen oder die bescheidensten Positionen nutzen, den Menschen helfen und auf Evolution setzen?

Der italienische Botschafter in Berlin, Bernardo Attolico, den Carl Burckhardt als einen »im Dienst seines Landes grau gewordenen Ehrenmann« beschreibt, meinte am Vorabend des Krieges zu dem Schweizer Völkerbunds-Kommissar[150]: »Das Leichteste ist emigrieren und protestieren, aber auch Aufstände anzetteln, Komplotte schmieden braucht weniger Kraft und Mut als der harten Wirklichkeit Tag für Tag das Mögliche abzuringen, ohne Pathos, immer wieder geschlagen, immer wieder beginnend, Dinge scheinbar sanktionierend, die man verabscheut, zäh und ohne jeden Eigennutz, klug, mit beständiger äußerster Aufmerksamkeit und Anspannung.«

Sicher wollte Attolico nicht die Bedeutung der Emigration und des Märtyrertums der offenen Auflehnung schmälern, sondern schlicht auf die kleinen Helden des Alltags hinweisen. Beim Nachdenken über Möglichkeiten und Grenzen eines Widerstands gegen die nationalsozialistische Judenpolitik sollten nicht nur die Geheimhaltung der Vorgänge und die geringen Chancen eines Aufbegehrens bedacht werden. Einen wichtigen Gesichtspunkt haben die Kollektivschuld-Theoretiker gar nicht zur Kenntnis genommen: Hitlers ambivalentes Verhältnis zum deutschen Volk. Die ersten, die 1933 nach der Machtübernahme der Nazis in Dachau gefoltert und getötet wurden, waren deutsche Nazigegner. Zu den letzten überlieferten Äußerungen Hitlers gehören Aussprüche wie: das deutsche Volk habe sich als schwächer erwiesen und würde somit aufhören, unter den Völkern der Erde eine Rolle zu spielen. »Was morsch und alt ist und fallen muß, soll man nicht stützen, sondern stoßen.« Die Zukunft gehöre dem stärkeren Volk im Osten[151].

So wie er keine Skrupel kannte, beim Rückzug aus Rußland eine Strategie der »verbrannten Erde« zu proklamieren, so hatte er zuletzt keine Hemmungen, Gleiches in Deutschland anzuordnen. Der sog. Nero-Befehl vom 19.3.1945 gebot, daß »alle militärischen Verkehrs-, Nachrichten-, Industrie- und Versorgungsanlagen sowie Sachwerte innerhalb des Reichsgebietes, die sich der Feind für die Fortsetzung seines Kampfes irgendwie sofort oder in absehbarer Zeit nutzbar machen kann«, zu zerstören seien[152].
Die Vergasungsspezialisten, welche die Nazis in die großen Vernichtungslager im Osten schickten, hatten vor der Endlösung tausendfach »lebensunwertes Leben« im eigenen Volk mit den gleichen Methoden ausgemerzt[153]. – Die Zahl der Deutschen, die in Konzentrationslagern interniert waren, schätzt man auf 750000 bis 1,2 Millionen, davon 500000–600000 politische Gefangene. Zwischen 100000 und 150000 wurden umgebracht, deutsche Juden nicht inbegriffen[154]. Allein nach dem Attentat vom 20. Juli 1944 sollen 5000 Menschen hingerichtet worden sein; eine ungleich höhere Zahl wurde eingekerkert oder mißhandelt.
Im Bewußtsein der Machtmittel einer modernen Diktatur konnte Heinrich Himmler, der Reichsführer der SS, zynisch feststellen[155]: »Ich weiß, daß es manche Leute in Deutschland gibt, denen es schlecht wird, wenn sie diesen schwarzen Rock sehen, wir haben Verständnis dafür und erwarten nicht, daß wir von allzu vielen geliebt werden.«
Im Nürnberger Prozeß betonte der amerikanische Hauptankläger Jackson: »Wahrlich, die Deutschen – nicht weniger als die Welt draußen – haben mit den Angeklagten eine Rechnung zu begleichen.«[156]
Stalin war nicht nur der Peiniger der Esten, Letten, Litauer, Finnen, Ukrainer, Wolgadeutschen, Polen, Krimtataren usw.; er war auch der Peiniger der Russen. Gleiches gilt für die Hitler-Diktatur: Nicht das deutsche Volk war der Feind des jüdischen Volkes, sondern der Nationalsozialismus war der Feind beider Völker.

4) Bliebe noch als letzter kollektiver Schuldvorwurf, die Deutschen hätten es unterlassen, Hitler zu stürzen. Wie schon erwähnt, registrierte die anglo-amerikanische Öffentlichkeit nur ein Attentat, nämlich das vom 20. Juli 1944; es wurde überwiegend als Versuch einer Handvoll konservativer Offiziere abgetan, sich im letzten Mo-

ment aus einer konkursreifen Firma herauszustehlen. In Wirklichkeit waren es – je nach Zählweise – 42 bzw. 50 Komplotte und Attentatsversuche[157], und sie begannen, lange bevor Hitler im Zenit seiner Laufbahn stand, lange vor dem Krieg. Der Historiker Peter Hoffmann hat in seinem bemerkenswerten Buch »Die Sicherheit des Diktators« alle Fälle analysiert und kommt zu dem wenig sensationellen Fazit, daß die Fehlschläge weniger von den Sicherheitsvorkehrungen als von bizarren Zufällen herrührten[158]. Auch Hitler selbst bekannte schon 1942[159]: »Ich habe mein Leben tausendmal riskiert, und ich verdanke mein Überleben einfach meinem Glück.«

Der emigrierte deutsch-jüdische Historiker Hans Rothfels hat den antifaschistischen Widerstand mit folgenden Worten charakterisiert[160]: »Die deutsche Opposition gegen Hitler war zunächst einmal zahlenmäßig verbreiteter, als vielfach zugestanden worden ist, sie war nicht nur Angelegenheit einer ›Elite‹ klassenmäßig und interessenmäßig begrenzter, in der Vergangenheit lebender, allem ›Modernen‹ abgewandter Art, noch, wie die Gegenthese lautet, in Intensität und Wirkungsgrad von der Nähe zum Kommunismus abhängig. Sie war breit gestreut und dabei ausgedehnter, als unter den Bedingungen des Terrors erwartet werden konnte.«

Und der Schweizer Carl Burckhardt ergänzt[161]: Trotz der widrigen politischen Umstände sei z. B. in Ostpreußen »kein überreizter Nationalismus ausgebrochen. Der nationalsozialistischen Revolution gegenüber verhielt man sich in weiten Kreisen kritisch. In Ostpreußen habe ich den deutschen ›Widerstand‹ kennengelernt, vertreten durch ernste Menschen ungebrochen vaterländischer Gesinnung, ihr Verhalten blieb untadelhaft bis zu den letzten Konsequenzen, die sie mit dem größten Mut auf sich nahmen.« Hier herrschte das altpreußische Ehrgefühl, das den königlichen Offizier Johann Friedrich Adolf von Marwitz im 18. Jahrhundert die stolze Grabinschrift verfassen ließ: »Wählte Ungnade, wo Gehorsam nicht Ehre brachte.«[162]

Der deutschen Opposition fehlte es nicht an Mut, Weitsicht, Selbstaufopferung oder an Unterstützung von innen. Es fehlten zwei Dinge: Glück und Unterstützung von außen. Seit 1937 bestanden fortlaufend geheime Kontakte mit der Regierung in London. Auf dem Höhepunkt der Sudetenkrise schien 1938 der Umsturz zum Greifen nahe. Hans Rothfels berichtet über die dramatischen Ereignisse[163]:

»In der Nacht des 7. September betrat er (Theo Kordt, der Abge-

sandte des deutschen Widerstands) Downing Street 10 durch den Garteneingang. Er legte Lord Halifax eine von Staatssekretär von Weizsäcker formulierte Erklärung vor. Sie wurde ausdrücklich im Namen ›politischer und militärischer Kreise in Berlin, die mit allen Mitteln einen Krieg verhindern wollen‹, abgegeben. Die Erklärung betonte die Notwendigkeit einer unzweideutigen Stellungnahme der britischen Regierung gegen Hitlers Kriegstreiberei. Lasse man seiner Gewaltpolitik freie Bahn, so werde ›der Weg für eine Rückkehr zu den Begriffen von Anstand und Ehre unter europäischen Nationen endgültig versperrt‹. Es sei wahrscheinlich, daß eine offene britische Erklärung den Krieg verhindern werde, und eine solche diplomatische Niederlage könne das nationalsozialistische Regime nicht überleben. Sollte gleichwohl Hitler auf seiner kriegerischen Politik bestehen, so erklärte Kordt, in der Lage zu sein zu versichern, daß die politischen und militärischen Kreise, für die er spreche, ›will take arms against a sea of troubles and by opposing end them‹.
Indem das Zitat aus Hamlets großem Monolog über ›Sein oder Nichtsein‹ den dramatischen Charakter der Unterredung unterstrich, endete Weizsäckers Botschaft in einer klaren Zusage: ›Wenn die erbetene Erklärung gegeben wird, sind die Führer der Armee bereit, gegen Hitlers Politik mit Waffengewalt aufzutreten.‹«
Was folgte, ist bekannt. Die verlangte Erklärung wurde nicht abgegeben, Chamberlain flog nach München, Hitler triumphierte, potentielle Bundesgenossen wurden unsicher, und Goerdeler mußte einem amerikanischen Freund schreiben[164]: » ... Das deutsche Volk wollte keinen Krieg; die Armee würde alles getan haben, ihn zu vermeiden; ... die Welt war rechtzeitig gewarnt und unterrichtet worden. Wenn man die Warnung beachtet und danach gehandelt hätte, würde Deutschland schon heute frei von seinem Diktator sein und sich gegen Mussolini wenden. In wenigen Wochen könnten wir damit beginnen, einen dauerhaften Weltfrieden zu gestalten, der auf Gerechtigkeit, Vernunft und Anstand beruht.«
Weitere konkrete Pläne und diplomatische Vorstöße der deutschen Antifaschisten, die auch die Mitarbeit Englands voraussetzten, gab es 1939, 1940 und 1943[165]. Sie scheiterten aus den gleichen Gründen wie der große Anlauf des Jahres 1942, den die britische Regierung nicht einmal einer Antwort wert befand; von ihm wurde schon in dem Abschnitt »Vom Antifaschismus zum Antigermanismus« berichtet.

Unabhängig von diesen spektakulären Bemühungen bestanden von 1937 bis 1944 fast ununterbrochen geheime Kontakte zwischen den Hitler-Gegnern und anglo-amerikanischen Diplomaten.
Ähnliche Erfahrungen wie die Abgesandten des Widerstands in London mußte auch der prominente US-Journalist Louis P. Lochner in Washington machen. Im November 1941, also noch vor Eintritt des Kriegszustands zwischen dem Reich und den Vereinigten Staaten, hatte er Kontakte mit führenden Antifaschisten. 1942 versuchte er vergeblich, dem amerikanischen Präsidenten eine Botschaft der deutschen Opposition zu überbringen. Später wurde ihm dann obendrein vom Militärzensor bedeutet, Roosevelt als Höchstkommandierender habe »jede Erwähnung eines deutschen Widerstandes« verboten[166].
Nicht besser ging es 1943 Commander George Earle, dem amerikanischen Marine-Attaché in Istanbul, bei seinen Geheimverhandlungen mit führenden Hitler-Gegnern. Roosevelt zeigte sich desinteressiert und versetzte den Commander auf die entlegene Pazifik-Insel Samoa[167].
Noch bevor auf der Casablanca-Konferenz im Januar 1943 die Formel von der bedingungslosen Kapitulation auftauchte, verwies Legationsrat Adam von Trott (er wurde 1944 von den Nazis gehenkt) in einer vertraulichen Denkschrift an die amerikanische Adresse verzweifelt auf die Unfähigkeit der Westmächte zu verstehen, daß die Deutschen selbst ein unterdrücktes Volk seien, das in einem besetzten Gebiet lebe, und daß »die Opposition die angelsächsischen Länder von bürgerlichen Vorurteilen und pharisäischen Theorien erfüllt sieht«.[168]
In der Folgezeit erschwerten inhumane Deutschland-Planungen der angelsächsischen Mächte die Aktivitäten der Opposition noch zusätzlich[169] und gaben der NS-Propaganda die willkommene Gelegenheit, die deutschen Antifaschisten nicht nur als Staats-, sondern auch als Volksfeinde hinzustellen.
In einer Rede von dem Unterhaus weigerte sich Churchill am 21. September 1943 ausdrücklich, dem deutschen Volk die gleiche Zusicherung wie dem italienischen zu geben, dem er Erlösung aus »Knechtschaft und Erniedrigung« versprochen hatte[170].
Wie schwierig die Lage der Widerstandskämpfer und wie wichtig ihre Unterstützung durch die Anglo-Amerikaner war bzw. gewesen wäre, zeigt auch eine Stellungnahme sozialistischer Hitler-Gegner,

die sich 1942 z. B. für das Aufschieben der Aktion aussprachen, bis die Westallierten auf dem Festland gelandet seien. Der Sturz des Diktators dürfe nicht die Eroberung durch die Sowjetunion und eine kummunistische Überflutung von ganz Europa zur Folge haben[171]. Professor Rothfels resümiert[172]: »Während alle sonstigen Untergrundbewegungen über Europa hin reichlich materielle wie psychologische Unterstützung erfuhren und sehr konkrete Belohnungen in

Dok. 22

Der deutsche Widerstand aus amerikanischer Sicht[173]

Der US-Diplomat George F. Kennan schildert seinen Meinungswandel, ausgehend von einem Memorandum zur deutschen Frage, das er 1940 für Sumner Welles, Unterstaatssekretär im US-Außenministerium, verfaßt hatte.

»... Des weiteren warnte ich vor den Sirenengesängen der deutschen Konservativen (wobei ich an Schacht und Papen dachte), die den Sturz Hitlers und die Bildung einer ›Regierung der Vernunft‹ in Aussicht stellten, mit der man ›ins Geschäft kommen‹ könne, wenn die Alliierten sich nur im voraus verpflichten würden, das deutsche Volk gut zu behandeln, um es so seiner derzeitigen Loyalitäten zu entwöhnen. Ich warnte auch davor, Friedenshoffnungen auf die wohlbekannten Meinungsverschiedenheiten zwischen Hitler und seinen Armeeführern zu gründen: meiner Meinung nach waren das taktische, keine strategischen Differenzen ...

Und ich schloß mit der Befürwortung einer Politik, deren Ziel die Teilung Deutschlands sein müsse, nämlich die Beseitigung des mit der nationalen Einigung Deutschlands und Italiens angerichteten Schadens durch eine Rückkehr zum Partikularismus des achtzehnten Jahrhunderts – zu den kleinen Fürstentümern, den Operettensoldaten und dem romantischen Lokalkolorit vergangener Zeiten.

Heute staune ich über mich selbst bei der Lektüre dieser Aufzeichnung. Ganz abgesehen von dem puerilen Schluß bringt sie mich zu der Erkenntnis, wie heimlich und allmählich und von einem selbst unbemerkt man doch seine Ansichten ändert. In den folgenden Jahren wurde ich zu einem überzeugten Verfechter der These, daß die Alliierten gerade darum ihre Chance verpaßt hatten, weil sie mit den deutschen Konservativen und den Armeeführern nicht hatten verhandeln wollen. Und als ich zweieinhalb Jahre später Deutschland verließ, hatte sich auch meine Einstellung zum deutschen Volk sehr gewandelt ...«

Reichweite hatten, war die deutsche allein völlig auf ihre eigenen Kraftquellen angewiesen. Diese waren nur an der Oberfläche militärisch, im Prinzip waren sie geistiger und religiöser Art.«

Die Frage »warum habt ihr den Tyrannen nicht gestürzt?« ist alt und doch immer aktuell. Als Chruschtschow auf dem XX. Parteitag Stalins Verbrechen anprangerte, riefen die Delegierten spontan: »Warum habt ihr Stalin nicht getötet?« Chruschtschow erwiderte: »Was konnten wir tun? Es war eine Terrorherrschaft.«[174]

Nüchtern stellte der US-Chefankläger Jackson vor dem Nürnberger Kriegsverbrecher-Tribunal fest[175]: »Wenn die breite Masse des deutschen Volkes das nationalsozialistische Parteiprogramm willig angenommen hätte, wäre die SA nicht nötig gewesen, und man hätte auch keine Konzentrationslager und keine Gestapo gebraucht.«

Die Kollektivschuld und Rassismus

Die Kollektivschuld-Theorie hält also in keinem Punkt einer kritischen Analyse stand. Der Londoner Verleger Victor Gollancz, einer der frühesten Warner vor der braunen Gefahr, hat ähnlich wie die katholischen Bischöfe über sie ein vernichtendes Urteil gefällt[176]: »Sie stützt sich – bestenfalls – auf gänzliche Unkenntnis der psychologischen und wissenschaftlichen Tatsachen und läßt sich in einer halben Stunde durch Zuhilfenahme jedes beliebigen Lehrbuches der europäischen oder Weltgeschichte richtigstellen. Ihr weitgehender Einfluß ist natürlich der Ansteckung durch das nazistische Rassendogma zuzuschreiben.«

Psychologisch gesehen stellt die Kollektivschuld-Theorie ebenso wie Blutrache und Sippenhaftung einen Rückfall in sehr frühe Entwicklungsstadien der Menschheit dar, wie der international bekannte Freud-Schüler C.G. Jung ausgeführt hat. Jung spricht von einer »magischen Unreinheit« und meint, die Schuld dehne sich als psychische Erscheinung »über die örtliche und menschliche Umgebung aus. Ein Wald, ein Haus, eine Familie, ein Dorf sogar, wo ein Mord geschehen ist, fühlt die psychische Schuld und bekommt sie von außen her zu spüren«.[177]

Daß die barbarische Simplifizierung der Kollektivschuld ein menschliches (oder besser unmenschliches) Urphänomen darstellt und damit alles andere als eine anglo-amerikanische Erfindung, hat erst wieder

1982 F. W. Rothenpieler in seiner gründlichen Analyse »Der Gedanke der Kollektivschuld in juristischer Sicht« dargelegt.
In seinem Buch »Unconditional Hatred« konstatiert der Engländer Russell Grenfell[178]: »Deutschland wurde zu einer vom Teufel besessenen Nation erklärt, die in dämonischer Weise für alle Übel der ganzen Menschheit verantwortlich sei.«
Die Kollektivschuld-Theorie bot auch den Vorteil, kollektive Strafmaßnahmen nicht mehr an eine Tat, sondern an eine Abstammung anzuknüpfen – zweifellos eine willkommene Verwaltungsvereinfachung, wie Truman in seiner bereits zitierten Erklärung vom 21. Dezember 1945 betont hatte: »Ich gebe zu, daß es natürlich viele Unschuldige in Deutschland gibt ... Aber die administrative Last, diese Leute herauszufinden, ... ist fast untragbar.« – Denkt man an die unbeschreiblichen Folgen dieses Konzepts im Osten, dann denkt man auch an die Worte von Papst Pius XII. am Heiligen Abend des Jahres 1945[179]:
»Wer darf sagen – so fügen wir mit der Heiligen Schrift bei (Spr.20, 9–10) –: Ich habe ein reines Gewissen, ich bin frei von Schuld? Zweierlei Gewicht und zweierlei Maß: beides ist dem Herrn ein Greuel. Wer also Sühne für Schuld verlangt, durch gerechte Bestrafung der Verbrecher nach dem Maß ihrer Verbrechen, muß peinlich darauf achten, daß er nicht das Gleiche tue, was er den anderen als Schuld oder Verbrechen vorhält.«
»Onward Christian Soldiers« (Vorwärts, christliche Soldaten), so sangen Franklin D. Roosevelt und Winston Churchill an Bord der Prince of Wales zusammen mit der versammelten Schiffsmannschaft, bevor sie die humanen Prinzipien der Atlantik-Charta der Weltöffentlichkeit verkündeten. Zum ersten »Tag der Vereinten Nationen« sprach Franklin D. Roosevelt über den Rundfunk das folgende Gebet[180]: »Der Geist des Menschen ist erwacht, und die Seele des Menschen ist vorangeschritten ... Schenke uns einen gemeinsamen Glauben, daß der Mensch Brot und Frieden, Gerechtigkeit und Rechtschaffenheit, Freiheit und Sicherheit, Gelegenheit und die gleiche Chance, sein Bestes zu tun, nicht nur in unserem Land, sondern in der ganzen Welt kennenlernen wird. Und in diesem Glauben laßt uns marschieren, auf die saubere Welt zu, die unsere Hände schaffen können. Amen.«
Trotz Roosevelts Faible für Stalin wäre es nicht fair, diese patheti-

schen Worte als pure Heuchelei abzutun. Der Präsident wünschte tatsächlich »Gerechtigkeit und Rechtschaffenheit in der ganzen Welt« – allerdings mit einer entscheidenden Einschränkung: für die Feindstaaten sollten die UN-Charta, die Atlantik-Charta und ähnliche Konkretisierungen menschen- und völkerrechtlicher Grundsätze nicht gelten. – Was aber nützen humanistische Bekenntnisse, wenn der Humanismus nur für bestimmte Teile der Menschheit gelten soll, für andere nicht? Verdient eine selektiver, ein gespaltener Humanismus noch seinen Namen?

Das Stichwort des selektiven Humanismus kann ein Beispiel verdeutlichen. Oft wird folgende Passage aus Himmlers Rede vom 4. Oktober 1943 vor SS-Führern zitiert[181]: »Ob die anderen Völker in Wohlstand leben oder ob sie verrecken vor Hunger, das interessiert mich nur soweit, als wir sie als Sklaven für unsere Kultur brauchen, anders interessiert mich das nicht. Ob bei dem Bau eines Panzergrabens 10000 russische Weiber an Entkräftung umfallen oder nicht, interessiert mich nur insoweit, als der Panzergraben für Deutschland fertig wird. Wir werden niemals roh und herzlos sein, wo es nicht sein muß; das ist klar. Wir Deutschen, die wir als einzige auf der Welt eine anständige Einstellung zum Tier haben, werden ja auch zu diesen Menschentieren eine anständige Einstellung einnehmen ...«

Schockiert von diesen geradezu tollwütigen Kapriolen des Rassismus, überliest man gern einen anderen Satz der Rede, der da lautet: »Ein Grundsatz muß für den SS-Mann absolut gelten: ehrlich, anständig, treu und kameradschaftlich haben wir zu Angehörigen unseres eigenen Blutes zu sein ...« Himmler sah sich selbst also keineswegs als Unmensch; er forderte Anstand – aber nicht gegenüber allen Menschen. Natürlich war bei dem SS-Führer die Rücksichtslosigkeit größer und der Horizont enger als bei dem US-Präsidenten; überhaupt sind die zwei fast nicht zu vergleichen bis auf einen Punkt: Beide waren Vertreter des selektiven Humanismus, eines Humanismus, der keiner ist.

Es hat nicht an Stimmen gefehlt, die das Kollektivschuld-Denken in die Nähe des Rassismus gerückt haben[182]. Elias Canetti, Kosmopolit jüdisch-bulgarischer Abstammung und Literatur-Nobelpreisträger des Jahres 1981, hat in seinen Aufzeichnungen 1942–1948 das Wort von den Deutschen als den neuen Juden Europas geprägt.

Auf den ersten Blick scheint die klassische Rassismus-Definition nicht ganz zu passen. Die Frage ist aber, ob es den klassischen Rassismus je gegeben hat. Sicher war der Antisemitismus der Nazis primär darwinistisch. Aber schon Hitlers »Mein Kampf« läßt auch andere Aspekte durchblicken, die man als Verschwörungstheorie bezeichnen könnte: »So ist der Jude heute der große Hetzer zur restlosen Zerstörung Deutschlands. Befreit sich Deutschland aus dieser Umklammerung, so darf diese größte Völkergefahr als für die gesamte Welt gebrochen gelten.«

Den Übergang von der Diskriminierungspolitik zur Internierungs- und Ausrottungspolitik begründete Hitler z. T. ähnlich; am 24.7.1942 bemerkte er[183], nach der Kriegserklärung des Weltzionistenkongresses und seines Führers Weizmann in seiner Botschaft an Premier Chamberlain sei das Weltjudentum der unerbittlichste Gegner des Nationalsozialismus, der Feind Nr. 1. Die Anspielung bezog sich auf einen Schriftwechsel zwischen dem britischen Premierminister und Dr. Chaim Weizmann, Präsident der Jewish Agency for Palestine, der am 5. September 1939 veröffentlicht wurde und dann am 6. September in der ›Times‹ und am 8. September in dem ›Jewish Chronicle‹ erschien. Darin erklärte Weizmann anläßlich des Kriegsausbruchs u. a., die Juden stünden zu Großbritannien und wollten auf der Seite der Demokratien kämpfen.

Wie sehr in den Köpfen der Nazis Rassenwahn und kollektive Strafgedanken durcheinanderwirbelten, zeigt Himmlers Rede vom 3.8.1944 vor Gauleitern in Posen über die Sippenhaft. Nach diesem Verfahren pflegten die Nazis nicht nur die Oppositionellen selbst, sondern auch deren ganze Verwandtschaft oft bis in die entferntesten Seitenlinien einzukerkern; Kinder wurden der »Nationalsozialistischen Volkswohlfahrt« (NSV) übergeben. Das Zitat lautet[184]:

»Es soll uns ja niemand kommen und sagen: das ist bolschewistisch, was Sie da machen. Nein, nehmen Sie es mir nicht übel, das ist gar nicht bolschewistisch, sondern sehr alt und bei unseren Vorfahren gebräuchlich gewesen. Sie brauchen bloß die germanischen Sagas nachzulesen. Wenn sie eine Familie in Acht taten und für vogelfrei erklärten oder wenn eine Blutrache in der Familie war, dann war man maßlos konsequent. Wenn die Familie vogelfrei erklärt wird und in Acht und Bann getan wird, sagten sie: Dieser Mann hat Verrat geübt, das Blut ist schlecht, da ist Verräterblut drin, das wird ausgerottet.«

Ein seltsames Gebräu aus Kollektivschulddenken und Rassismus hat jahrhundertelang auch christliche und allerchristlichste Gehirne vernebelt. 1581 erklärte Papst Gregor XIII., daß die Schuld der Rasse, die Christus von sich gewiesen und gekreuzigt habe, mit jeder Generation größer werde und alle ihre Glieder mit ewiger Knechtschaft belaste[185].
Der christliche Antisemitismus hat Tradition, wie die folgende Blütenlese zeigt. Der heilige Ambrosius von Mailand (339–397) behauptete, die Juden als Feinde Christi hätten keinen Anspruch auf Gerechtigkeit oder gesetzliche Unterstützung. Der heilige Johannes Chrysostomus (354–407) hielt die Juden für »unreine Bestien«, in ihrer Schamlosigkeit und Gier überträfen sie sogar die Schweine[186]. Noch Pius IX. (Papst von 1846–1878) glaubte, der Gott der Juden sei das Gold; sie stünden hinter allen Angriffen gegen die katholische Kirche[187].
Manchem werden die Zitate vielleicht bekannt vorkommen. Das Deja-vu-Erlebnis rührt daher, daß die angloamerikanischen Deutschenhasser z. T. fast wörtlich die selbe Terminologie benützten wie die christlichen Judenhasser.

Ambrosius: Kein Anspruch auf Gerechtigkeit; Attlee: Kein Recht, die Grundlage der Moralgesetze zu beschwören.

J. Chrysostomus: Gierige Schweine; Vansittart: Würger – Vögel.

J. Chrysostomus: Bestien; Morgenthau: Bestien.

Pius IX.: Ihr Gott ist das Gold; Nizer: Sie haben aus dem Krieg eine Religion und aus Massenmord einen Kult gemacht.

Pius IX.: Sie stehen hinter allen Angriffen gegen die Kirche; Nizer: Jahrhundertelange Verschwörung gegen den Weltfrieden.

Wie sagte doch der niederländische Kämpfer gegen den Hexenwahn, Balthasar Bekker? »Der theologische Haß ist ein teuflischer Haß.«
Vom sozialistischen Rassismus war im letzten Kapitel schon die Rede. Daß sich auch hier theologieähnliche Heilslehren und Vorurteile gegenüber »fortschrittsfeindlichen« Völkern und sogar Rassen oft die Hand gaben, ist erwähnt worden.
Nur die wenigsten wissen heute noch, daß im 18. Jahrhundert die Französische Revolution vielfach als Streit von zwei Rassen gesehen

wurde: Gallisches Bürgertum kontra fränkischen Adel. In seiner berühmten Streitschrift »Was ist der Dritte Stand?« verlangte Sieyes allen Ernstes, man solle die Adeligen als Nachkommen der fränkischen Eroberer nach Deutschland zurückschicken[188].

Auch Pol Pots Massenmord an seinen eigenen Landsleuten stellte nach Meinung der kambodschanischen Kommunisten nicht nur eine gesellschaftliche, sondern auch eine rassische Erneuerung dar. Die hellhäutige, durch Mischehen mit Nachbarvölkern entartete und durch die Kolonialherren korrumpierte Stadtbevölkerung sollte der urwüchsigen Khmer-Bevölkerung der Dörfer weichen[189], und der neue Mensch würde eine neue Gesellschaft schaffen.

Über den Völkermord an den Armeniern hat Dr. Johannes Lepsius 1919 geschrieben[190]: »Man darf aber nicht vergessen, daß es Religionsverfolgungen in Reinkultur niemals gegeben hat. Die Christenverfolgungen im Römischen Reich waren durch Gründe der Staatsräson diktiert, die Judenverfolgungen im Mittelalter und im Rußland der Neuzeit durch Habgier verursacht. Die Pogrome, die Mohammed selbst veranstaltete, hatten es ausschließlich auf Beute abgesehen. Die jungtürkische Christenverfolgung, vielleicht die größte aller Zeiten, hatte die gleichen Motive: Staatsräson und Habgier.«

Interessant ist, daß Lepsius die Armenierverfolgung noch primär unter religiösen Vorzeichen sah. Nach den Erfahrungen mit der nationalsozialistischen Judenpolitik neigt man heute mehr dazu, die nationalistisch-rassistischen Motive in den Vordergrund zu stellen. Religionsverfolgungen in Reinkultur hat es nie gegeben, und lupenreinen Rassismus ebensowenig. Entscheidend bleibt der Anknüpfungspunkt der Verfolger; beim religiösen Fanatiker ist es der Glaube, beim Rassisten die Abstammung. Was in dem blutigen Spiel selten fehlt, sind die hohen Ideale, allerdings in der Form des selektiven Humanismus: Menschlichkeit im Prinzip ja, aber nicht für diese oder jene Gruppe. So gesehen ist die Kollektivschuld-Theorie eine der vielen historischen Erscheinungsformen des Rassismus.

Ähnlich wie der altchristliche Antisemitismus liefert sie in der letzten Konsequenz einen Blanko-Scheck für alle Verbrechen am »schuldigen« Volk in Vergangenheit, Gegenwart und Zukunft. Aus dem Osten stammt die Lehre vom gerechten Krieg; alle Lehrbücher des Marxismus-Leninismus geben über sie erschöpfenden Aufschluß. Kommt aus dem Westen eine Lehre vom gerechten Völkermord?

Gilt in Zukunft etwa der Satz, daß Völkermord im Prinzip nichts Schlechtes ist, und daß man eben nur die richtigen Völker morden muß? Wer bestimmt, welche Völker schuldig und damit ohne Menschenrechte sind? Wenn der Tod von 2,8–3 Millionen Frauen, Kindern und Greisen jenseits der Oder-Neiße die gerechte Sühne für die Naziverbrechen war, wieviele Russen z. B. müßte man dann »gerechterweise« liquidieren, um die Sowjetverbrechen seit 1917 zu sühnen? Wie unterscheidet sich der Rassismus der Kollektivschuld-Theoretiker von dem jenes Kongo-Söldners, der Anfang der sechziger Jahre in einem Interview erklärte, schwarze Partisanen hätten seine Farm überfallen und seine Familie getötet, und jetzt gebe es für ihn nur das eine: »Nigger killen!«?
Die Faszination der Kollektivschuld-Theorie liegt neben der schrankenlosen Handlungsfreiheit für die Regierungen vor allem in der leichten Verständlichkeit für die Massen. Gerade die Einfachheit dieser Lehre dürfte wesentlich zu ihrer Verbreitung beigetragen haben. Das Resümee ist bei dem englischen Staatsmann und Historiker Macaulay nachzulesen[191]:
»Ein Strafsystem, das ohne Unterschied auf den Schuldigen und den Unschuldigen einschlägt, wirkt bloß wie eine Seuche oder eine große Naturkatastrophe und ist ebensowenig wie die Cholera oder ein Erdbeben geeignet, Verbrechen zu verhüten ... Die Menschen hundertweise zu enthaupten, ohne nach ihrer Schuld oder Unschuld zu fragen, dem Reichen mit Hilfe von Kerkermeistern und Henkern sein Geld abzupressen ... – das ist die einfachste und leichtbegreiflichste aller Regierungsweisen. Über ihren sittlichen Rang wollen wir schweigen, gewiß erfordert sie aber keine Fassungskraft, die über die des Barbaren oder des Kindes hinausgeht.«

15. Polnische Motive

Täter und Motive

Über die Polen, die sich an Gewaltverbrechen gegen die ostdeutsche Zivilbevölkerung beteiligten, bemerkt die einschlägige Dokumentation des Bundesarchivs[1]: »Täter waren in der Mehrzahl Angehörige einer willkürlich zusammengestellten Miliz, in geringerer Anzahl Zivilpersonen, die im Zusammenhang mit Plünderungen Deutsche überfielen.«

Die Motive der Zivilisten waren recht eindeutig; eine andere amtliche Dokumentation beschreibt sie folgendermaßen[2]: »Ein Teil der ins Land gekommenen Polen wollte sich, nachdem die Provisorische Regierung die Bevölkerung Polens zur Ansiedlung in den ostdeutschen Gebieten aufgefordert hatte, in den verlassenen Höfen der Deutschen und ihren Häusern als Ansiedler niederlassen, ein anderer Teil der polnischen Ankömmlinge bestand aber aus Spekulanten, Schiebern und Beutemachern, die nur eine günstige Chance zur Bereicherung witterten, ohne daß sie die Absicht hatten, im Lande zu bleiben. Manche von ihnen stellten sich der Miliz zur Verfügung, andere gaben sich gegenüber den polnischen Behörden in den deutschen Orten als Ansiedler aus, gewannen auf diese Weise schnell Vermögen, das sie bald abtransportierten oder verkauften, und kehrten darauf nach Polen zurück, um das gleiche Experiment an anderer Stelle zu wiederholen.«

Der polnische Volksmund hatte für diesen Menschenschlag das Schlagwort »Erste Brigade« parat, einen Spottnamen aus der Terminologie der Ära Pilsudski[3], der auf Marodeure und Plünderer gemünzt war[4]. Im Winter 1945/1946 endete die Zeit der sog. Wilden Siedlung und damit auch der »Ersten Brigade«.

Gefährlicher und zugleich personell vielschichtiger war der andere Täterkreis, die polnische Miliz. Das vorliegende Material erlaubt folgende zusammenfassende Beschreibung[5]:

»Als ›Organ der öffentlichen Sicherheit‹ herrschte in den deutschen Dörfern und Städten die polnische Miliz. Sie rekrutierte sich gewöhnlich aus bei Kriegsende anwesenden oder im Gefolge der sowjetischen Armeen ins Land gekommenen Polen, die teils schon von den sowjetischen Kommandanturen Aufsichtsfunktionen erhalten hatten. Meist nach dem Belieben der einzelnen sowjetischen Kommandanten oder der polnischen Ortsgewaltigen aufgestellt, waren die lokalen Milizeinheiten oft aus sehr fragwürdigen Elementen zusammengesetzt. Ihre überstürzte Aufstellung führte dazu, daß sich ihr häufig arbeitsunlustige junge Leute oder aber Personen anschlossen, die sich von der Tätigkeit der Miliz ein einträgliches Geschäft versprachen. Von Ausnahmen abgesehen, hat diese von den polnischen Behörden aus dem Boden gestampfte Miliz eine für die deutsche Bevölkerung verhängnisvolle Rolle gespielt.«

Verschiedene Menschen, verschiedene Motive. Am leichtesten sind wieder dic Beweggründe der Glücksritter und Geschäftemacher zu definieren. Psychologisch eindeutig war auch die Motivation ehemaliger Kollaborateure der deutschen Besatzungsmacht in Polen, von denen es in der Miliz etliche gab[6]. Ihre Psychoanalyse ist schon im 12. Kapitel (tschechische Motive) versucht worden. – Bei den ehemaligen Partisanen dominierten, soweit sie Verbrechen begingen, teils Rachsucht, teils der traditionelle polnische Nationalismus[7].

Gläubige Christen in Schlesien und anderswo hatten gehofft, nach dem Übergang der Verwaltung von den »gottlosen Sowjets« auf die »katholischen Polen« würden sich die Zustände bessern; sie wurden bitter enttäuscht. Zwar hielten die Milizsoldaten in der Regel die kirchlichen Feiertage, stellten Ehreneskorten für katholische Prozessionen und schätzten Kreuze, Herz-Jesu- und Marienbilder in ihren Autos[8]. Ein Hindernis für Raub und Gewalttat schien ihre Religiosität aber selten gewesen zu sein. Einige charakteristische Episoden berichtet z. B. der Benediktinerpater Ambrosius Rose[9]:

Im schlesischen Grüssau erschienen bei einer alleinstehenden Frau mit zwei Kindern Polen, um sich ihr Haus anzueignen. Als sie ein Kruzifix an der Wand sahen, knieten sie zum Gebet nieder. Auf die Vereinbarkeit ihres Tuns mit Gottes Gebot angesprochen, reagierten die ungebetenen Gäste mit besonderer Brutalität und vertrieben Frau und Kinder binnen weniger Minuten aus ihrem Besitz. – In den schlesischen Orten Gottesberg und Rothenbach beteiligten sich sogar polnische Geistliche an Plünderungen. – Von der Ermordung deutscher katholischer Priester ist schon im I. Teil des Buches die Rede gewesen.

Das meistzitierte Motiv für die Unmenschlichkeiten bei der Vertreibung ist in der heutigen populärwissenschaftlichen Literatur der Vergeltungsdrang wegen der skrupellosen Besatzungspolitik der Nazis in Polen. Sicher sollte man diesen Punkt nicht unterschätzen; man darf ihn allerdings auch nicht überschätzen. Die polnischen Gewaltverbrechen bei dem Versuch, Oberschlesien 1921 entgegen dem Ergebnis der Volksabstimmung zu annektieren, und ähnliche Ereignisse lassen sich schlecht durch NS-Verbrechen erklären. Sadismus und blinder Rassismus bis hin zum Kindermord sind im übrigen nicht automatische menschliche Reaktionen auf erlittenes Unrecht. Aufschlußreich ist der Bericht eines Augenzeugens. Über Polen, die im Krieg alles verloren haben, liest man in Lehndorffs ostpreußischem Tagebuch[10]: »Oft bin ich tief beschämt über die Bereitwilligkeit, mit der sie als Reaktion auf ein menschliches Wort alle berechtigten Rachegefühle zurückstellen und das, was wir ihnen durch Hitler angetan haben, als eine dem deutschen Wesen fremde Verirrung ansehen. Und gerade diejenigen, die am meisten gelitten und verloren haben, sind es, mit denen man am leichtesten über solche Dinge sprechen kann. Aber darüber wundere ich mich nicht, denn damit ist es wohl überall auf der Welt das gleiche ...«

Andererseits ergeben die vorliegenden Materialien, daß für zahlreiche Täter das erlittene Unrecht der Vergangenheit tatsächlich zum Beweggrund wurde, selbst Unrecht an Unschuldigen zu begehen (führende Nazis und andere, die ein schlechtes Gewissen hatten, waren in aller Regel rechtzeitig geflohen[11]). Auch das ist ein Aspekt der menschlichen Natur, den wir zur Kenntnis nehmen müssen, ob wir nun wollen oder nicht. Die Deutschen sind gegen diese teuflische Versuchung genauso wenig gefeit wie jedes andere Volk auf der Welt.

Recht lehrreich ist eine historische Parallele aus dem Dritten Reich. Aufgrund der Erfahrungen der Vergangenheit bildete die deutsche Minderheit in Polen etwa Anfang Oktober 1939 vielerorts Selbsthilfeorganisationen, die sich Volksdeutscher Selbstschutz nannten und neue Überfälle der polnischen Mehrheit abwehren sollten. Die Organisation wurde dann der SS bzw. der Polizei unterstellt und z. T. als Hilfspolizei eingesetzt, und bald verstand es die NS-Führung, die Emotionen der leidgeprüften Volksdeutschen vor den Karren ihrer kühlrechnenden Volkstumspolitik zu spannen[12]. So kam es, daß sogar Heydrich, Chef der Sicherheitspolizei und des SD, einer der intelligentesten und zugleich skrupellosesten Nazis, in einem Aktenvermerk am 2. Juli 1940[13] konstatieren mußte, daß »der Selbstschutz zu Anfang zwar aus verständlicher Erbitterung gegen die Polengreuel

selbst zum Teil unmögliche, unkontrollierbare Racheakte ausführte ...«. Der Selbstschutz mußte schließlich aufgelöst werden[14].
Zusammenfassend stellt der Zeitgeschichtler Martin Broszat fest[15]: »Es zeigte sich bald, daß Haß und Terror sich verselbständigten, sobald ›energisches Durchgreifen‹ gegen die Polen ›von oben‹ honoriert wurde und Anreiz für Subalterne bildete, die beflissen durch Forschheit Karriere zu machen suchten.«
Z. T. ähnliche Phänomene wie im »Selbstschutz« zeigten sich bei der Etappe der Wehrmacht in Polen; hierzu ein Zitat aus dem Bericht des NS-Sicherheitsdienstes (SD) vom 14.5.1943 aus Galizien[16].
Danach ist das besetzte Polen »für unsere Parteihyänen und für verschiedene Sorten Drückeberger, die den Frontdienst wie den Teufel fürchten, ein Eldorado für goldene Geschäfte und ein Zufluchtsort für die Zeit des Krieges. Kein Wunder, daß sich dort der Abschaum des Volkes zusammensucht und findet. Wir haben Tausende von Beispielen.«
Stellt man die beiden letzten Zitate auf den Kopf und vertauscht »Polen« und »Deutsche«, dann hat man auch bereits das Grundmuster für die Vorgänge jenseits von Oder und Neiße nach 1945. Wie leicht sich private Leidenschaften für staatliche Zwecke nutzbar machen lassen, haben nicht nur die Nazis vor 1945 und die Sowjets nach 1944 bewiesen, sondern auch die neue Regierung in Warschau. Daß ohne allerhöchste Duldung und Förderung der Verbrechen nur ein Bruchteil davon passiert wäre, liegt auf der Hand.
Mit Recht verweist die »Dokumentation der Vertreibung der Deutschen aus Ost-Mitteleuropa« auf eine regierungsamtliche polnische Äußerung vom August 1944[17], in der es bezüglich der bevorstehenden Vertreibung hieß, es stünde zu hoffen, daß die Rote Armee zu diesem Zeitpunkt bereits »alle erwachsenen Deutschen ins Innere Rußlands zur Wiederaufbauarbeit geschickt haben« würde, und fährt dann fort: »Auch in der auf der Potsdamer Konferenz von polnischer Seite vorgebrachten Versicherung, ein großer Teil der Deutschen werde die Gebiete jenseits der Oder und Neiße freiwillig verlassen, wenn diese dem polnischen Staat unterstellt würden, darf man mit gutem Grund den ungesagt gebliebenen Vorsatz der polnischen Regierung erkennen, alles irgend Mögliche zu tun, um schon während der polnischen Verwaltung und vor der Ausweisung die Verminderung der ostdeutschen Bevölkerung in die Wege zu leiten und

den Deutschen eine Behandlung widerfahren zu lassen, die ihren Willen, in der Heimat zu bleiben, sehr bald brechen würde.«

Der Schlüssel zum Verständnis der Vorgänge östlich von Oder und Neiße liegt weniger bei den einzelnen Tätern als bei den Regierungen, die den Pöbel mobilisierten und legitimierten. – Was waren nun die Beweggründe der polnischen Regierungsvertreter für eine Völkervertreibung, die die Welt in diesem Ausmaß und mit diesen Begleiterscheinungen noch nie gesehen hatte?

Obwohl die Oder-Neiße-Linie nicht Gegenstand dieser Untersuchung und im übrigen alles andere als ein aktuelles Thema ist, kann die gestellte Frage doch nicht ohne einen Blick auf die historische Grenzdebatte beantwortet werden. Denn viele, denen die Annexionen und Vertreibungen politisch unumgänglich und moralisch gerechtfertigt erschienen, die also gleichsam A gesagt hatten, glaubten auch B sagen und die zu erwartenden Vertreibungsverbrechen im Interesse übergeordneter politischer Ziele achselzuckend hinnehmen zu müssen (von anderen, die Massenverbrechen bewußt gefördert haben, soll hier nicht mehr die Rede sein).

Die offiziellen Gründe

Als im Juli 1945 in Potsdam die Großmächte über die Zukunft Europas beratschlagten, wurde am 23. des Monats die provisorische polnische Regierung eingeladen, eine Delegation zu entsenden. Die Einladung war für die Polen offenbar keine Überraschung; denn schon am Abend des gleichen Tages trafen sie sich vor Ort mit Stalin und Molotow zu einem informativen Gespräch. Am Vormittag des nächsten Tages konnten sie ihren Standpunkt zur Grenzfrage vor den Außenministern Byrnes, Eden und Molotow darlegen. Als erster sprach Stalins besonderer Schützling, Ministerpräsident Bierut. Er verwies auf die polnischen Gebietsabtretungen an die Sowjetunion und das Erfordernis einer Kompensation im Westen.

Als nächster stellte Außenminister Rzymowski Gesichtspunkte einer deutschen Wiedergutmachung an Polen und strategisch-militärische Gründe für die geplante Westexpansion in den Vordergrund. Außerdem sei die Oder-Neiße-Linie eine alte historische Grenze. Schließlich solle eine ausgedehnte Küste und die schlesische Industrie zur wirtschaftlichen Entwicklung Polens beitragen.

Anschließend sprach Mikolajczyk; er begründete ausführlich, warum es wichtig sei, Deutschland wirtschaftlich zu schwächen.
Zum Schluß nahm Molotow das Wort und bot seine ganze Beredsamkeit zugunsten der polnischen Wünsche auf, so daß der amerikanische Außenminister Byrnes später meinte, er habe den Russen die polnische Sache mit mehr Eloquenz verfechten hören als die Polen selber[18].
Abgesehen vom Gesichtspunkt der Schwächung des besiegten Landes, der sich im wesentlichen mit den bekannten Bestrafungstheorien deckt, erkennt man vier Hauptargumente:
1. Kompensation der östlichen Gebietsverluste,
2. Wiedergutmachung bzw. Sühne für die nationalsozialistische Besatzungspolitik,
3. historische Gründe und Rechtstitel,
4. wirtschaftliche und strategische Erwägungen.
In früheren offiziellen Erklärungen hatte noch – etwa bis zum Herbst 1941 – die strategische und vor allem wirtschaftliche Argumentation überwogen; Polen benötige Danzig, Ostpreußen und Oberschlesien, damit seine wirtschaftliche Entwicklung im Verhältnis zu seiner Bevölkerungszahl sichergestellt sei. Für die starke ländliche Überbevölkerung brauche man große Gebiete mit gutentwickelter landwirtschaftlicher Struktur und die zusätzlichen Arbeitsplätze der oberschlesischen Industrie[19].
Interessant ist die Parallelität der Taktik der polnischen Delegation auf der Pariser Friedenskonferenz nach dem 1. Weltkrieg. Damals legte man am 25.2.1919 eine Denkschrift vor, in der es hieß: »Polen muß eine Grenzziehung zu seinem Vorteil in all den Fällen haben, wo eine unerbittlich streng ethnographische Grenze aus geographischen, wirtschaftlichen oder strategischen Gründen der Verbesserung bedarf.«[20]
Im Klartext meinte man damit Oberschlesien, Ostpreußen und Danzig-Westpreußen im Westen und im Osten fast das ganze ehemalige Großfürstentum Litauen einschließlich der westlichen Landesteile Weißrußlands und der Ukraine.
Nachdem am Konferenztisch und bei Volksabstimmungen nur Teilerfolge zu verbuchen waren, versuchte man es nach dem Ersten Weltkrieg schließlich mit Waffengewalt – im Westen (Oberschlesien) ohne, im Osten mit Erfolg.

Kompensation für ostpolnische Gebiete

Das erste Argument, das die Vertreter der provisorischen polnischen Regierung auf der Potsdamer Konferenz vorbrachten, lautete: Polen braucht Ostdeutschland als Ersatz für die verlorenen ostpolnischen Gebiete.

Der Kompensationsgedanke hat trotz erheblicher moralischer Bedenken gegen das Prinzip zunächst auch eine gewisse Faszination. Man betrachtet die Landkarte, vergleicht die Territorien, stellt sich die gewaltigen Ströme polnischer Ostflüchtlinge vor, und die Welt scheint irgendwie in Ordnung zu sein.

So einfach liegen die Dinge allerdings wieder nicht. Daß die ehemals polnischen Gebiete östlich der sog. Curzonlinie eine Frucht der großpolnischen Expansionspolitik nach dem Ersten Weltkrieg darstellten und immer mehrheitlich von Ukrainern und Weißrussen besiedelt waren, ist schon erwähnt worden. Trotz der polnischen Siedlungs- und Kolonialpolitik und trotz frisierter Statistiken konnte Warschau in diesen Landesteilen 1939 nur einen polnischen Bevölkerungsanteil von 36%[21] vorweisen, ein Prozentsatz, der etwa dem der Deutschen in den Abtretungsgebieten des Deutschen Reiches von 1919 entsprach. Nach russischen Schätzungen vom Oktober 1939 – mindestens ebenso frisiert – waren von der Gesamtbevölkerung Ostpolens in Höhe von insgesamt 11,5 Millionen sogar 10 Millionen Ukrainer bzw. Weißrussen[22].

Genauere Zahlen lassen sich nur schwer ermitteln. Fest steht, daß in den fünfziger Jahren zwischen 1,8 und 2,1 Millionen repatriierter Kriegsgefangener, Sowjetdeportierter sowie geflohener oder vertriebener Ostpolen und Volkspolen aus den polnischen Sprachinseln im Inneren der Sowjetunion im polnischen Machtbereich gezählt wurden. Anderthalb Millionen davon stammten aus dem ehemaligen Ostpolen. Bedenkt man weiter, daß aus Polen selbst nach 1945 518 000 Ukrainer, Weißrussen und Litauer in die Sowjetunion umgesiedelt wurden, fast 200 000 Juden auswanderten und außerdem rund 1 Million Volksdeutscher (der Rest von 2,1 Millionen nach dem 1. Weltkrieg) aus Polen vertrieben wurden, dann bleibt für Kompensationsgedanken kein Platz mehr[23].

Die ostpolnischen Vertriebenen und sogar die Umsiedler aus dem Inneren der Sowjetunion usw. hätten in den verlassenen Siedlungen der Minderheiten untergebracht werden können, ohne die polnische

Westgrenze auch nur um einen Meter zu verschieben. Die Annexion ostdeutscher Gebiete mit einer Vorkriegsbevölkerung von rund 9 Millionen[24] und die Vertreibung ihrer Bewohner hat mit Kompensation sicher nichts zu tun.

Die sogenannten polnischen Ostprovinzen sind zwar flächenmäßig um ca. 65% größer als die Oder-Neiße-Gebiete, aber sehr dünn besiedelt; abgesehen vom südlichsten Teil (Galizien) handelt es sich um wenig entwickelte Wald- und Moorlandschaften (Pripjet-Sümpfe). Molotow schätzte ihren Wert auf 3,5 Milliarden Dollar, den Wert der ostdeutschen Länder auf 9,5 Milliarden. Der amerikanische Außenminister Byrnes schätzte den letzteren Wert auf 11,3 Milliarden Dollar. Am Nationaleinkommen gemessen, ergibt sich nach polnischen Schätzungen sogar eine Wertrelation von 3,4 zu 18 Millarden Zloty[25].

Wiedergutmachung

Das zweite Argument der polnischen Delegation in Potsdam lautete: Wiedergutmachung bzw. Sühne für den Besatzungsterror der Nazis in Polen.

Zu den Zuständen in den besetzten Gebieten läßt man am besten zunächst die Beteiligten selbst sprechen. Schon Ende 1939 ließ Generaloberst Blaskowitz vom Oberkommando des Heeres Hitler eine Denkschrift wegen der Übergriffe von SS und Polizei zugehen. Hitlers Heeresadjutant Engel notierte dazu am 18. November 1939 in seinem Tagebuch[26] »...Denkschrift von General Blaskowitz über die Zustände in Polen: größte Besorgnis wegen illegaler Erschießungen, Festnahmen und Beschlagnahmungen, Sorgen um Disziplin der Truppe, die diese Dinge sehenden Auges erlebt; örtliche Absprachen mit SD und Gestapo ohne Erfolg, berufen sich auf Weisungen Reichsführung SS; Bitte, gesetzmäßige Zustände wieder herzustellen, vor allem Exekutionen nur bei rechtmäßigen Urteilen durchführen zu lassen. – Lege am gleichen Nachmittag die Denkschrift, die vollkommen sachlich gehalten ist, F.(ührer) vor. Dieser nimmt sie zunächst ruhig zur Kenntnis, beginnt dann aber wieder mit schweren Vorwürfen gegen ›kindliche Einstellungen‹ in der Führung des Heeres; mit Heilsarmee-Methoden führe man keinen Krieg.« Blaskowitz und andere Militärs ließen sich nicht entmutigen und setzten ihre Proteste fort. In einer Vortragsnotiz für einen auf den 15.2.1940 angesetzten Besuch beim Oberkommandierenden des Heeres notierte

Blaskowitz u.a.[27]: »Die Einstellung der Truppe zur SS und Polizei schwankt zwischen Abscheu und Haß. Jeder Soldat fühlt sich angewidert und abgestoßen durch diese Verbrechen, die in Polen von Angehörigen des Reiches und Vertretern der Staatsgewalt begangen werden. Er versteht nicht, wie derartige Dinge, zumal sie sozusagen unter seinem Schutz geschehen, ungestraft möglich sind.«
Am Schluß protestierte sogar der oberste Kolonialherr in Polen, Generalgouverneur Frank, der sich zu Anfang des Krieges als besonders rabiater Nazi profiliert hatte. Nach einem erfolglosen Versuch, am 24. August 1942 sein Amt niederzulegen, übersandte er Hitler am 19. Juni 1943 eine Denkschrift mit einem kompletten Sündenregister der braunen Besatzungspolitik[28]:

a) rigorose Arbeitererfassung,
b) diskriminierende Behandlung der Zivilarbeiter im Reich,
c) unzureichende Ernährungslage in Polen,
d) Enteignung von Grundbesitz und gewerblichen Betrieben,
e) Massenverhaftungen und Erschießungen,
f) Lahmlegung des kulturellen Lebens,
e) Beschlagnahme von Klöstern etc.

Hinter diesem scheinbar planlosen Wüten standen viele Konzeptionen und doch wieder keine. Alle Chronisten des Dritten Reiches wundern sich über den Kompetenzenwirrwarr in der großdeutschen Ostpolitik. 1940 meinte der damalige Wirtschaftsminister Funk dazu[29]: »Um dieses Durcheinander auszuhalten, muß man entweder verrückt oder besoffen sein – ich ziehe das letztere vor.« Die Konzeptionen reichten von einer wirtschaftlich-pragmatischen Versöhnungspolitik bis hin zu Himmlers »Generalplan Ost« aus der Zeit 1941/1942, der eine vollständige Eindeutschung bei gleichzeitigem Abschub aller »rassisch Unerwünschten« nach Rußland vorsah. Der Generalplan wurde allerdings nicht alt; durch den Führererlaß vom 13. Januar 1943 stoppte man »alle Vorbereitungen und Planungen für künftige Friedensaufgaben«[30].
Hitlers persönliche Konzeption sah so aus: Germanisierung der polnischen Randgebiete im Westen, die im wesentlichen als »Warthegau« annektiert wurden, und Aufrechterhaltung des polnischen Kerngebiets als »Heimstätte der Polen« d. h. als polnisches Reservat zur wirtschaftlichen Ausbeutung[31]. Ergo war das Gros der Polen aus den annektierten Gebieten zu vertreiben und die polnische Füh-

rungsschicht als potentielle Gefahr für die braune Kolonialherrschaft zu liquidieren.
Vertrieben wurden zwischen 350 000 und 400 000 Polen aus den eingegliederten Gebieten[32]. – Zu einer Tragikomödie entwickelte sich das einzige große Siedlungsprojekt Himmlers im Inneren Polens. Ohne die deutsche Verwaltung des Generalgouvernements zu unterrichten, versuchte der Reichsführer-SS, den Kreis Zamosc bei Lublin in einer Blitzaktion Ende November 1942 zu einem »germanischen Siedlungsbollwerk« zu machen. Die Aktion scheiterte wegen der gewaltigen Unruhe unter der polnischen Bevölkerung, der wachsenden Partisanentätigkeit und des Widerstandes des Generalgouverneurs Frank. Unterm Strich bleiben von der Aktion nur allgemeine Verunsicherung und 36 000 verschleppte Männer, die überwiegend als »Fremdarbeiter« ins Reich geschickt wurden[33].
Wieviele Angehörige der polnischen Führungsschicht von den Nazis ermordet wurden, ist nicht leicht zu ermitteln. Das polnische Kriegsentschädigungsamt sprach 1947 von insgesamt 22 392 Angehörigen der Intelligenz, die zur Zeit des 2. Weltkrieges umgekommen seien[34]. Man vermutet, daß über 50% davon auf Hitlers Mordkonto gehen; bei dem Rest handelt es sich vor allem um Opfer der Massenliquidation Stalins in Ostpolen.

Exkurs: Die polnischen Kriegsverluste

Noch schwieriger wird die Antwort, wenn man nach der Gesamtzahl von Hitlers polnischen Opfern fragt; zu wechselvoll und zu blutig war die Zeit zwischen 1939 und 1945. Eine historische Retrospektive macht deutlich, welche komplexen Probleme die gestellte Frage aufwirft:
Abgesehen von den blutigen »Befriedungsaktionen« der Vorkriegszeit in den ukrainischen Ostgebieten Polens wurden im September 1939 Tausende polnischer Staatsangehöriger ukrainischer und deutscher Abstammung durch Polen ermordet. Ab September 1939 begann schlagartig die Jagd der Nazis auf polnische Intellektuelle und andere Angehörige der Führungsschicht, von den anderen willkürlichen Morden des Sicherheitsdienstes der Polizei und der SS ganz zu schweigen. Aus Ostpolen deportierten die Sowjets 1,65 bis 2,5 Millionen, darunter 52% Polen, 30% Juden und 12% Ukrainer und Weißrussen; weit über die Hälfte der Verschleppten dürfte umge-

kommen sein[35]. Die Massenerschießung polnischer Kriegsgefangener seitens der Sowjets ist durch die Funde im Wald von Katyn (bei Smolensk) gut belegt[36].

Nach Hitlers Einmarsch in Rußland 1941 liefen die Todesmühlen immer schneller. In Lemberg z. B. ermordeten die Sowjets vor ihrem Rückzug noch massenhaft polnische und vor allem ukrainische Zivilisten, was der ukrainische Pöbel und die nachrückenden Nazis ihrerseits zum Anlaß nahmen, massenhaft angebliche jüdische Kollaborateure zu ermorden[37].

1942 wurden die großen Vernichtungslager für Juden eingerichtet, denen – relativ zur Gesamtzahl der Naziopfer im polnischen Staatsgebiet – mit Abstand die meisten polnischen Staatsangehörigen zum Opfer fielen. Immerhin war das Polen der Vorkriegszeit der Staat mit dem höchsten jüdischen Bevölkerungsanteil in Europa. Traditionell wurden – wie schon im Zarenreich und im alten Österreich-Ungarn[38] – die Juden in Osteuropa primär nicht als Religionsgemeinschaft, sondern als Nationalität betrachtet, weil ihre Muttersprache nicht russisch, polnisch udgl. war, sondern jiddisch, ein deutscher Dialekt des Mittelalters; bei der polnischen Volkszählung vom 9. Dezember 1931 gaben außerdem 244 000 Hebräisch als Muttersprache an[39]. Alfred Döblin schrieb in den zwanziger Jahren in seiner Reportage über die Juden in Polen: »Es ist ein Volk. Wer nur Westeuropa kennt, weiß das nicht.«[40] Engels schwankte, ob er in den osteuropäischen Juden Deutsche oder eben eine eigene Nationalität sehen sollte; wie die meisten Autoren entschied er sich für letzteres[41]. Für die polnischen Nationalisten war eher die erste Meinung typisch.

Gustaw Olechowski schreibt[42]: »Ausländer nennen gewöhnlich die Polen bewohnenden Juden – polnische Juden, Juifs polonais. Dies ist ein Fehler. In Polen leben deutsche Juden. Sie kamen nach Polen aus Deutschland, sprechen einen deutschen Jargon, sind Sympathisanten des Deutschtums, solidarisieren sich mit deutschen Interessen, ihnen imponiert die deutsche Kultur.« Über die Seelenverwandtschaft von Deutschen und Juden gewann Maciej Wierzbinski in seinem 1919 erschienenen Buch die folgenden tiefen Erkenntnisse[43]: »...die Preußen sind den Juden sehr ähnlich. Die einen wie die anderen oszillieren zwischen hündischer Fügsamkeit, die bis zum Verlust der persönlichen Würde reicht, und einer unverschämten Arroganz, mit welcher sie, wenn sie sich irgendwo festgesetzt haben, sich den ersten Platz unrechtmäßig aneignen und sich auf die breite Bühne drängen. Sie beide charakterisiert der Mangel an Ethik und eine große Stammessolidarität.«

Seit jeher erschienen die Juden in den amtlichen polnischen Nationalitäten-Statistiken neben Ukrainern, Deutschen usw. als nichtpolnische Volksgruppe. 1939 gar versprach das Regierungslager in einer Broschüre, die Juden sollten nach nationalsozialistischem Vorbild enteignet werden und hätten langfristig das Land zu verlassen[44].

Noch im Krieg waren in den Zeitschriften der rechtsgerichteten Nazigegner wie z. B. des »National-Radikalen Lagers« (ONR) Artikel wie der folgende zu lesen[45]: »Polen und dem polnischen Volke wünschen wir, daß uns Gott bewahren möge vor Hunger, Feuer, Seuche und Demokratie, weil wir uns dann schon selbst schützen können vor den Deutschen aus dem Westen, den Moskowitern aus dem Osten und den Juden – im Innern.«

Im Hinblick auf den traditionellen polnischen Antisemitismus schrieb der englische Nationalökonom John Maynard Keynes 1921 ärgerlich, Polen besitze kein Gewerbe außer Judenhetze[46]. Immerhin hatten die größten Judenmassaker vor Hitler 1648 im polnischen Reich stattgefunden (ca. 200 000 Tote[47]), und nach einer kurzen Beruhigung wegen des Besatzungsterrors der Nazis, die Juden und Polen gleichermaßen als Untermenschen betrachteten, lebte gleich nach Kriegsende die alte Tradition wieder auf. Ein Pogrom in Kielce am 4. Juli 1946 z. B. kostete einundvierzig Juden das Leben[48] und belastete nachhaltig die Beziehungen zu den USA.

Am 9.12.1968 mußte Bertrand Russell in einem offenen Brief an Wladyslaw Gomulka feststellen[49]: »Im Lauf der letzten 18 Monate haben Presse, Geheimpolizei und Regierung in Polen vorsätzlich zum Antisemitismus gehetzt. Bei offiziellen Aufmärschen sieht man heute Plakate, die Juden als hakennasige Bucklige darstellen ... Diese Tatsachen, in informierten Zeitschriften dokumentiert und gut bekannt, bedeuten für die kleine jüdische Gemeinschaft in Polen das schreckliche Leben von plötzlichem Existenzverlust, Armut, rassischer Verfolgung und dem Alptraum einer noch schlimmeren Zukunft...«

Nach dem 2. Weltkrieg wurden die furchtbaren Verluste der Juden im ehemaligen Großpolen dazu benutzt, um den »Blutzoll des polnischen Volkes« möglichst hoch erscheinen zu lassen – z. T. von den gleichen Nationalisten, die sich 1938 für eine Entfernung der »deut-

schen Juden« aus Polen eingesetzt hatten. Wie schrieb schon 1929 Felix Deutsch[50]: »Gegenüber den Juden zieht man gewöhnlich einen scharfen Trennungsstrich. Wenn aber einer berühmt geworden ist, beispielsweise der Mediziner Remak oder Madame Curie, erkennt man sie flugs als Polen an.«
Nach und neben der Judenvergasung spielten sich Partisanenkämpfe ab und der Warschauer Aufstand von 1944, dessen blutige Niederwerfung die Rote Armee bekanntlich am Stadtrand geflissentlich abwartete, um bei dieser Gelegenheit den Rest der nichtkommunistischen polnischen Führungsschicht loszuwerden.
Dann kamen die Morde der Roten Armee und der polnischen Miliz an Volksdeutschen in Polen, danach bürgerkriegsähnliche Auseinandersetzungen mit Antikommunisten und ukrainischen Nationalisten. Weitgehend unbekannt ist, daß 1944–1946 im südlichen polnisch-ukrainischen Grenzgebiet eine ukrainische Aufständischen-Armee gegen Russen und Polen kämpfte, die Ende 1945 noch 200 000 Mann stark gewesen sein soll, und daß z. B. in der Region Sandomierz zwischen dem 18. August 1944 und dem 13. Februar 1945 mehr Personen verhaftet wurden als in den vier Jahren der Naziherrschaft. Allein von den Mitgliedern der antikommunistischen AK-Resistance wurden 50 000 nach Osten deportiert[51]. Des Tötens war kein Ende.
Kein Wunder, daß sich – außer polnischen KP-Propagandisten – nur wenige Statistikexperten genauer mit der Frage befassen, wieviele Polen denn nun wirklich durch die Nazis umgebracht wurden; meist begnügt man sich mit einem pauschalen Hinweis, daß während des Krieges zwischen 4 und 5 Millionen polnischer Staatsangehöriger in Ost und West umgekommen sind[52]. Die polnische Regierung gibt sogar 6 Millionen an und erweckt dabei gern den Eindruck, es handle sich ausschließlich um NS-Opfer[53]. Die Gründe für diese Taktik liegen auf der Hand; einerseits möchte man die »brüderliche Sowjetunion« nicht mit der Millionenzahl der Opfer des Stalinismus in Ostpolen belasten, andererseits aber auch die eigene Position bei polnisch-deutschen Verhandlungen stärken. – Eine Statistik auf der Grundlage der Staatsangehörigkeit und nicht der Nationalität ist wenig aussagekräftig, weil man dabei polnische und deutsche, ukrainische und jüdische, weißrussische und litauische Opfer ebensowenig unterscheiden kann wie die deutschen, russischen, polnischen und ukrainischen

Täter. Der Vollständigkeit halber sei jedoch erwähnt, daß nach neueren wissenschaftlichen Untersuchungen die gesamten Kriegsverluste an polnischen Staatsbürgern (also Polen und nichtpolnische Minderheiten) in Ost und West vermutlich bei maximal 4 Millionen, im kongreßpolnischen Gebiet unter 2,35 Millionen liegen dürften[54]. Da die Forschungen noch nicht abgeschlossen sind, kann man durchaus weitere Präzisierungen erwarten.

Die Divergenzen erklären sich u.a. aus der höchst ungewöhnlichen Zählweise der polnischen Regierung. Das Statistische Jahrbuch der Warschauer Regierung von 1956 z. B. vergleicht den Bevölkerungsstand auf dem polnischen Territorium des Jahres 1946 mit dem des Jahres 1931 im gleichen Gebiet und erreicht bzw. überschreitet die 6-Millionen-Zahl, indem es u.a. die Millionen bis dahin verschwundener Schlesier, Pommern und Ostpreußen als polnischen Bevölkerungsverlust ausweist[55]. Eine »Kleine Geschichte Polens«, in englischer Sprache von der polnischen Botschaft in Washington herausgegeben (gedruckt 1965 in Warschau), beschreibt die polnische Verlustbilanz am Ende des Krieges folgendermaßen: »Polen hatte 22 Prozent seiner Bürger verloren und 38 Prozent seines Nationalvermögens einschließlich der totalen Zerstörung seiner Hauptstadt, ebenso einer Zahl anderer großer Städte wie Danzig, Stettin und Breslau...«[56] Natürlich sind nicht alle Zahlenspiele der polnischen Kommunisten so durchsichtig; zur seriösen Wissenschaft gehören aber wohl die wenigsten.

Es geht bei der Untersuchung der deutsch-polnischen Beziehungen also zunächst darum, einerseits die Verluste der nichtpolnischen Nationalitäten und Minoritäten im polnischen Staats- und Verwaltungsbereich zu eliminieren und andererseits die Verluste durch Gewalttaten der Sowjets, Ukrainer und der Polen selbst. Tut man dies nicht, so geraten alle Statistiken heillos durcheinander; aus einem von Polen 1939 oder 1944/1945 erschlagenen Volksdeutschen würde ein polnisches NS-Opfer, und ein ermordeter Jude jiddisch-deutscher Muttersprache aus dem ukrainischen Lemberg (vormals Ostpolen) z. B. erschiene in den polnischen, jüdischen und russischen Verlustrechnungen zugleich und würde sich gleichsam verdreifachen.

Wohl die gründlichsten wissenschaftlichen Analysen des Problems stammen von Albin Eissner (Alfred Bohmann) und Alfred Schickel[57]. Sie errechnen unter Berücksichtigung amerikanischer Forschungsergebnisse rund 570 000 Menschen polnischer Abstammung, die entweder 1939 im Krieg und später bei Partisanenkämpfen gegen deutsche Truppen gefallen sind oder durch die Nazis ermordet wurden. (Von der Bevölkerung der sowjetischen Besatzungszone Polens starben mindestens 750 000 Volkspolen, die meisten davon bei Deportationen[58].)

Per Saldo bleibt festzuhalten, daß die Propaganda der polnischen Kommunisten – ähnlich wie die der deutschen Nationalsozialisten nach dem Bromberger Blutsonntag – die durch das Nachbarland erlittenen Verluste ihrer Landsleute mit dem Zehnfachen der wirklichen Größenordnung angibt. »Historiker in einem totalitären Staat sind mächtiger als der liebe Gott: sie können sogar die Vergangenheit ändern« (Salvador de Madariaga).

Historische Ansprüche

Während der Gesichtspunkt der Wiedergutmachung relativ spät in der Argumentation der polnischen Exilregierung erscheint, können die »historischen Ansprüche« auf eine lange Tradition zurückblikken.

Tatsächlich sind slawische Stämme nach der Völkerwanderung bis an die Elbe-Saale-Linie vorgedrungen und haben sich etwa seit dem 7. Jahrhundert u. a. in ganz Brandenburg, Mecklenburg, Sachsen, Teilen von Oberfranken, der bayerischen Oberpfalz und im östlichen Österreich niedergelassen. Vor diesem Hintergrund proklamierte 1917 der Panslawist Hanus Kuffner die Elbelinie als Westgrenze der »Slawenzone«[59]. Kaum hatte die polnische Regierung 1945 die Oder-Neiße-Linie erreicht, da verlangte ihr Beauftragter F. Stojanowski 1946 konsequenterweise die Elbelinie einschließlich Schleswig-Holstein sowie Hamburg, Magdeburg und Dresden als Brückenköpfe links der Elbe[60]; die Gebiete zwischen Oder und Elbe sollten als Elbestaat bzw. Lausitzstaat integrierende Teile Großpolens werden.

Wenig bekannt sind die Versuche der Jahre 1945–1947, das ganze westliche Ufergebiet der Oder unter polnische Kontrolle zu bringen[61]. Als Teilerfolg dieser eigenmächtigen Aktionen konnten die polnischen Expansionisten die sowjetische Duldung der Annexion von Stettin und Umgebung verbuchen – immerhin 800 qkm mit einer Vorkriegsbevölkerung von 440 000 Einwohnern, ein Gebiet, von dem in den Potsdamer Beschlüssen nicht die Rede war.

In den dreißiger Jahren gab die Vereinigung polnischer Volksbüchereien Postkarten heraus, die »Polens historische Westgrenze« zeigten: Sie verlief am östlichen Stadtrand von Berlin und umfaßte außer der oberen Elbe einschließlich Dresdens auch die ganze Tschechoslowakei[62]. Zwei Monate vor Beginn des Zweiten Weltkriegs veröffentlichte die Zeitung »Dziennik Poznanski« eine Karte mit noch wesentlich weiter reichenden Zielvorstellungen[63]. Nachdem die polnische »See- und Kolonialliga« in der Zwischenkriegszeit einen Anteil am deutschen Kolonialbesitz gefordert hatte, gab die antifaschistische Untergrundbewegung während des Krieges Vignetten heraus mit der Überschrift »Darum kämpfen wir«; auf ihnen war außer der Landkarte eines polnischen Großreichs von der Ostsee bis zum Schwarzen Meer auch eine Karte mit sämtlichen ehemals deutschen Afrika-Kolonien abgebildet[64]. Die Aufzählung aller Beispiele des kartografischen Nationalismus würde den Rahmen dieses Buches sprengen[65].

Daß in Ostpreußen, abgesehen von dem schmalen masurischen Streifen im Süden, niemals Slawen gelebt haben, störte die Panslawisten ebensowenig wie die Tatsache, daß die polnische Westgrenze von 1919 gegenüber Schlesien, Brandenburg und Pommern exakt der von 1335 entsprach und damit zu den ältesten Grenzen Europas gehört[66]. Der Siegeszug der patriotischen Archäologie war unaufhaltsam.

Die Front der Archäologen wurde verstärkt durch Staatsrechtler und Rasseforscher. Die ersteren verwiesen auf die ruhmvollen Zeiten des polnisch-litauischen Großreichs im 15. Jahrhundert, als der Staat Litauen, Weißrußland und die Ukraine bis zum Schwarzen Meer umfaßte; ihr Schlachtruf war »von Meer zu Meer« (Od morza da morza)[67]. Die anderen huldigten dem Sarmatismus, dem Gegenstück zum Arier-Glauben der deutschen Rassisten, und untermauerten z. B. ihre Ansprüche auf Danzig mit den sarmatischen Gesichtszügen dortiger Statuen[68].

Gedankengänge dieser Art tauchen übrigens schon im 18. Jahrhundert auf[69]. Daß sie den Sympathien gegenüber den westlichen Nachbarn nicht gerade förderlich waren, liegt auf der Hand. Als historische Parallele bietet sich die amerikanische Westsiedlung an. Eine Untersuchung zu letzterem Thema kommt zu folgendem Ergebnis[70]: »Der Haß auf den Indianer, zu dem der weiße Siedler letztlich in einem Verhältnis stand wie Kain zu Abel, kam zu einem gut Teil daher, daß der Weiße in Amerika den Garten Eden, das Paradies und somit seine eigene Wiege, seine vorzeitliche Heimat, wiedergefunden zu haben glaubte. Kolumbus selbst hielt den Orinoko für den Fluß Gihon, einen der vier in der Bibel beschriebenen Flüsse des Paradieses. Nun mußte der Weiße zu seinem Schrecken feststellen, daß das Paradies keineswegs unbewohnt und leer war ...« – Nicht inkonsequent war es daher, wenn der Staatsrechtler S. Kutrzeba schon 1919 betonte, die Vertreibung derjenigen, die »mit Polen nicht verbunden« waren, die »künstlich von den Besatzern ins Land gebracht wurden, um ihm ein fremdes Aussehen zu geben«, stelle nur den alten Rechtszustand wieder her[71].

Das alles entbehrt nicht einer bizarren Logik ... bis man ein beliebiges Lexikon zur Hand nimmt und unter »Goten« oder »Krimgoten« nachschlägt. Dort ist dann nachzulesen, daß Germanen am Schwarzen Meer etwa vom 2. bis 18. Jahrhundert nachweisbar sind, und daß der Slogan »von der Ostsee bis zum Schwarzen Meer« genausogut ein pangermanistischer sein könnte; denn immerhin hatte die germanische Besiedelung schon um 750 v. Chr. die Ostseeküste bis zum Raum Danzig erfaßt, ca. 500 v. Chr. den größten Teil Polens, um dann schließlich in der nachchristlichen Zeit den Bereich »von Meer zu Meer« abzudecken[72].

Neuere wissenschaftliche Erkenntnisse[73] haben ergeben, daß es nach der Völkerwanderung östlich der Elbe im 7. u. 8. Jahrhundert n. Chr. weitgehend ein friedliches Nebeneinander von Germanen und Slawen gab, daß dann das 9.–11. Jahrhundert durch slawische Zuwanderer geprägt war, daß es im 12. u. 13. Jahrhundert abermals zu einem Nebeneinander von Germanen und Slawen kam, bis dann etwa ab dem 14. Jahrhundert dieser Raum wieder überwiegend germanisch-deutsch geprägt war.

Ausrottungen oder Vertreibungen fanden zu keiner Zeit statt. Vielmehr vollzog sich die jeweilige Assimilation der Autochthonen im Prinzip nicht anders als die Romanisierung der Gallier, die Anglisierung der Schotten oder die Germanisierung der baltischen Preußen (auch Prussen oder Pruzzen) im Ostpreußen des Mittelalters. Zu letzterem Thema existiert eine umfangreiche Literatur, insbesondere zum Fortleben der altbaltischen Preußensprache bis ins 16. oder gar 17. Jahrhundert[74].

Kurios ist jedenfalls, wie sich die heutigen offiziellen Verlautbarungen Warschaus und die historischen Phantasien der Nazis gleichen. Hitler im Gespräch mit Himmler im Führerhauptquartier am 2.11.1941[75]: »Wir müssen jetzt auf Rechtstitel ausgehen, die möglicherweise 2000 Jahre zurückliegen ... Die Krim wird vielleicht Gau Gotland heißen.« Beim polnischen Weichselland verwies man im Dritten Reich gern auf eine »erste germanische Kultur« und dachte darüber nach, wie man polonisierte Deutschstämmige in die »große germanische Familie« zurückholen und einen germanischen »Vandalengau«[76] etablieren könnte.

Historisierenden Nationalismus dieser Art hat es in den verschiedensten Ländern Europas gegeben; man denke nur z. B. an den Streit zwischen ungarischen und rumänischen Historikern über die wahren Ursprünge der Bevölkerung Siebenbürgens, der bis heute fortdauert[77].

Das Besondere an den polnischen Vorstellungen ist nur, daß es die ersten historisch verbrämten Expansionsbestrebungen sind, die im Millionenmaßstab in die Praxis umgesetzt wurden; einen derart totalen Triumph der »Archäologie« hat es in der Geschichte Europas noch nicht gegeben. – Tragikomisch und zugleich abgründig wirken die historisierenden Argumente, wenn man sich vor Augen hält, daß sie nicht nur Modelle zur Liquidierung der ostdeutschen Volksgruppen, sondern auch zur Vertreibung des polnischen Volkes selbst und vieler anderer Völker liefern.

Wirtschaft und Strategie

Gesichtspunkte der Wirtschaft und der Strategie waren die letzten, aber vielleicht ehrlichsten Argumente der polnischen Regierungsdelegation in Potsdam.

Die strategische Begründung gemahnt an Hitlers antitschechische Rhetorik, die ČSR sei eine Speerspitze, gerichtet auf das Herz Deutschlands, und müsse daher zerschlagen werden; eine eingehende Beschäftigung damit kann man sich wohl sparen.

Auch die wirtschaftlichen Gründe erinnern fatal an die »Lebensraum«-Theorien der Nazis und wirken sogar noch peinlicher als diese, wenn man bedenkt, daß z. B. 1961 die Volksrepublik Polen eine Bevölkerungsdichte von 97 Personen pro qkm hatte, während man in der Bundesrepublik Deutschland 217 Personen/qkm zählte[78];

auch vor dem Krieg war die Bevölkerungsdichte in Polen wesentlich geringer als in Deutschland[79].
Die wirtschaftliche Nutzung der hochentwickelten ostdeutschen Agrargebiete durch Polen ist ebenfalls nicht optimal. Während 1980/81 ein Landwirt in der Bundesrepublik Deutschland im Durchschnitt 33 Menschen ernähren konnte, versorgte sein Kollege in der Volksrepublik Polen nur 7[80]. Nach vorsichtigen Schätzungen der offiziellen polnischen Kontrollkommission lagen im Frühjahr 1982 in Polen 233 000 Hektar Anbaufläche brach[81]. Ostdeutschland ist unter polnischer Verwaltung vom klassischen landwirtschaftlichen Überschußgebiet zum Zuschußgebiet geworden[82].
Mit subtilen Überlegungen dieser Art wird aber kein wahrer Patriot seine Zeit vergeuden. Viel wichtiger als solche Sophismen war am nationalen Lagerfeuer stets der Einklang der Herzen, und dazu gehörte nicht zuletzt der Fremdenhaß. Vom Prager Panslawistenkongreß des Jahres 1848 berichtet Michael Bakunin[83]:
»Der Haß gegen die Deutschen war der unerschöpfliche Gegenstand aller Besprechungen; er diente als Begrüßung zwischen Unbekannten; wenn zwei Slawen einander begegneten, richtete sich ihr erstes Wort fast stets gegen die Deutschen, als wollten sie einander dadurch versichern, daß sie beide aufrichtige, gute Slawen seien. Der Haß gegen die Deutschen ist die wichtigste Voraussetzung der Einheit und Verständigung der Slawen untereinander.«
Es ist vielleicht übertrieben, wie Pilsudski von einer »1000 Jahre alten Deutschfeindlichkeit des polnischen Volkes«[84] zu sprechen; in den historischen deutsch-polnischen Querelen steckt viel Allgemeinmenschliches. Der Psychologe Manfred Koch-Hillebrecht, der sich mit derartigen Problemen genauer befaßt hat, formuliert es so[85]: »Im nationalen Bereich läßt sich das Gesetz aufstellen, daß Völker mit gemeinsamer Grenze in aller Regel im Laufe der Geschichte miteinander Streit bekommen und infolgedessen ein bestimmtes, negativ getöntes, von Mißtrauen gefärbtes Bild voneinander entwickeln. Wo wir auch immer in der Welt hinschauen, freundliche nachbarliche Beziehungen finden wir selten. Ein günstiges Stereotyp vom Nachbarn so gut wie nie. Ob wir nun Spanien und Portugal ansehen, die USA und Mexiko, Japan und Korea, Thailand und Kambodscha, Indien und Pakistan, Norwegen und Schweden, Polen und Rußland, Rußland und China: gemeinsame Grenzen schließen den Keim zum Streit

und zum negativen Stereotyp in sich.« Umgekehrt gilt: Immer wenn zwei Länder ein drittes einschließen, entwickeln sie positive Stereotypen voneinander (Sandwich-Prinzip)[86].
Über 100 Jahre Fremdherrschaft seit den »polnischen Teilungen« von 1793/1795 dürften auch dazu beigetragen haben, nationale Leidenschaften freizusetzen.
Tatsache ist jedenfalls, daß sich spätestens im 19. Jahrhundert in Polen ein Nationalismus und damit ein Fremdenhaß entwickelte, von dessen Intensität und Verbreitung sich andere Völker mit weniger hitzigem Temperament[87] kaum eine Vorstellung machen können. In der Zeit zwischen den beiden Weltkriegen jedenfalls war die politische Rechte die tragende Kraft; mit wenigen Ausnahmen standen die polnischen Historiker, Schriftsteller und Journalisten rechts, und Deutschenhaß und Judenhaß gingen Hand in Hand[88].
Deutschfeindliche Literatur erreichte die höchsten Auflagen[89]. Der Romancier Maciej Wierzbinski schrieb über »den Deutschen«: »Er besitzt sogar die charakteristische Eigenschaft, daß ihm das Brot, das er dem Nächsten aus dem Mund reißt, am besten schmeckt.«[90] Für den exilpolnischen Ministerpräsidenten Sikorski war die deutsche Nation »vergiftet bis ins Innerste«, und ähnliche Glaubensbekenntnisse legten seine Minister Zaleski und Sayda ab[91]. Sie formulierten später im großen, was dem Mann auf der Straße aus seinem Sprichwortschatz bekannt war[92]: »Hau ihn, denn er ist ein Deutscher« oder »100 Jahre soll leben, wer den Deutschen in die Fresse schlägt« (Trinkspruch aus Mittelpolen). Der überraschende Sieg der Polen über die Rote Armee im August 1920 und die erfolgreichen Feldzüge gegen Litauer und Ukrainer hatten dem bramarbasierenden Nationalismus mächtigen Auftrieb gegeben, und so wurde auch der »Marsch auf Berlin« zum populären Schlagwort[93]. Während die Bemühungen der Weimarer Demokratie um eine friedliche Revision ihrer Ostgrenze einigermaßen bekannt sind, gerieten ihre Befürchtungen wegen einer polnischen Westexpansion mit weniger friedlichen Mitteln fast in Vergessenheit. In der krisengeschüttelten deutschen Republik, die 1923 nicht einmal den Handstreich des kleinen Litauen gegen das Memelland hatte verhindern können, rechnete man 1922, 1923, 1931 und 1932 mit polnischen Aktionen gegen Ostpreußen und Schlesien. Der deutsch-russische Rapallo-Vertrag von 1922 war u..a. durch diese Befürchtungen motiviert, ebenso der Bau einer Verteidigungs-

linie im Frühjahr 1932 in Ostpreußen; die deutsche Heeresleitung schließlich plante, Schlesien im Fall eines polnischen Angriffs zu räumen[94].

Eine Beruhigung wenigstens der offiziellen Agitation trat zeitweise im Verlauf der Ära Pilsudski (1926–1935) ein. Das autokratische polnische Staatsoberhaupt sah in der Sowjetunion die Hauptgefahr und traf sich später in seinen autoritären Vorstellungen weitgehend mit Hitler[95]. Nach Pilsudski erreichte der antideutsche Nationalismus neue Höhepunkte. In grotesker Verkennung des veränderten militärischen Kräfteverhältnisses sprachen die nationalistischen Schriftsteller, Journalisten und Vortragsreisenden wieder vom »Marsch auf Berlin« und von der deutschen Wehrmacht als einem großen Bluff, und eine allgemeine Kriegsstimmung machte sich breit[96]. Die offizielle Diplomatie der Warschauer Regierung bevorzugte zwar eine andere Diktion; aber was beim Versammlungsredner in der Provinz wirklichkeitsfremd erscheinen mußte, war für die polnischen Staatsmänner ein riskantes, doch wohlüberlegtes Spiel.

Emissäre der britischen Regierung registrierten im Juni 1939 in einem Geheimbericht, der erst 1979 veröffentlicht wurde[97], in Polen nicht nur verbreiteten Chauvinismus und Antisemitismus bei Bauern und Beamten, sondern auch phantasievolle Annexions- und Vertreibungspläne und Projekte zur Zerstückelung Deutschlands nach einem erwarteten »allgemeinen Krieg« bei offiziellen Stellen. Und der Schweizer Völkerbund-Diplomat Carl Burckhardt berichtet in einem Brief vom 20.8.1938 über seine Gespräche mit dem polnischen Außenminister Beck[98]: »Die Polen warten in scheinbarer Ruhe. Beck, während unserer nächtlichen Fahrt, hat mich etwas in seine Pläne eingeweiht. Weiterhin spielt er sein doppeltes Spiel. Es ist kein deutsches Spiel, wie manche Franzosen und die polnische Opposition glauben. Es ist ein Spiel, bei welchem man für Polen auf den höchsten Gewinn hofft, einen Gewinn, der sich ergeben soll aus einer schließlichen und unvermeidlichen deutschen Katastrophe ...

Jetzt hofft man im stillen in Warschau nicht nur auf die bedingungslose Integration Danzigs in den polnischen Staatsbereich, sondern auf viel mehr, auf ganz Ostpreußen, auf Schlesien, ja auf Pommern. Im Jahre 1933 noch sprach man in Warschau vom polnischen Pommerelien, aber jetzt sagt man ›unser Pommern‹. Beck macht eine rein polnische Politik, eine letzten Endes antideutsche Politik, eine nur scheinbar polnisch-deutsche Entspannungspolitik seit der Besetzung des Rheinlandes und der französischen Passivität bei Anlaß dieses Vorganges. Aber man bemüht sich, die Deutschen ganz methodisch in ihren Fehlern zu bestärken ...«

1945 war dann das Jahr der Ernte, die Sternstunde des polnischen Nationalismus. Die Planeten standen so günstig wie seit Jahrhunderten nicht mehr: Die Konjunktion der angloamerikanischen Bestrafungstheologie mit der sowjetischen Hegemonialstrategie am Ende der »unvermeidlichen deutschen Katastrophe« brachte den Spielern den erhofften »höchsten Gewinn«, die größte Expansion des polnischen Siedlungsgebiets in der Geschichte; obendrein konnte sich der historische polnische Chauvinismus im Gewand der Kompensations- und Kollektivschuldtheorie in fashionablen westlichen Gesellschaftskreisen sehen lassen. Und es bestätigte sich wieder einmal die Erfahrung, daß Propaganda weniger von der Kraft ihrer Argumente als von der Unwissenheit ihrer Adressaten lebt.

Im Zug einer verstärkten Rückbesinnung auf die Menschenrechte hat man in den Vereinigten Staaten, in Australien und in Neuseeland neuerdings damit begonnen, die Geschichtsbücher von zweifelhaften Pionierlegenden zu befreien und den fürchterlich dezimierten Indianern, Aborigines und Maoris moralische Rehabilitierung und historische Gerechtigkeit widerfahren zu lassen – obwohl kein Weißer daran denkt, wieder in die Alte Welt zurückzukehren. Warum sollte es nicht auch in Europa möglich sein, eine legendenfreie Geschichte im Geist der Menschenrechte und der historischen Wahrhaftigkeit zu schreiben?

16. Jugoslawische Motive

Der historische Hintergrund

Der Untergang der deutschen Volksgruppe in Jugoslawien war alles in allem nur ein Nebenprodukt der größeren Konflikte und Auseinandersetzungen in dem zerrissenen Balkanland. Ohne Kenntnis des historischen Hintergrunds sind die Vorgänge kaum zu verstehen. Vielleicht wird man sie auch mit Vorkenntnissen nicht verstehen, aber zumindest hat man dann eine gewisse Chance.

Als Jugoslawien nach dem 1. Weltkrieg gegründet wurde, bestand die Mitgift aus einem doppelten Konfliktpotential, dem religiösen und dem nationalen. Ethnographisch gab es einmal die stammverwandten Serben und Kroaten, die aber durch den religiösen Gegensatz zwischen Katholiken und Orthodoxen entzweit wurden, von historischen Differenzen und dem sozialen Gefälle zwischen dem höherentwickelten Kroatien und dem ärmeren Serbien ganz zu schweigen. Außerdem lebten im Norden die Slowenen, im Süden die Mazedonier, ein bulgarischer Stamm, daneben im Bereich Kosovo ca. 1,3 Millionen Albaner. Die Albaner waren großenteils islamisch; Mohammedaner gab es darüberhinaus im ganzen südlichen und zentralen Jugoslawien, vor allem in Bosnien. Die Bedeutung der deutschen und ungarischen Minderheiten lag weniger in ihrer Zahl als in ihrem wirtschaftlichen und kulturellen Gewicht. Daß sich das Konfliktpotential bis in die Gegenwart erhalten hat, zeigen die laufenden Säuberungen der kroatischen Parteispitze, der permanente publizistische Schlagabtausch zwischen Bulgarien und Jugoslawien wegen der Mazedonien-Frage und die periodisch wiederkehrenden Eruptionen von Kosovo.

Nach dem Staatsstreich von König Alexander am 6.1.1929 verschärften sich die nationalen Konflikte in dem jungen Staat; vor allem die Kroaten fühlten sich von den Serben unterdrückt. Explosiv wurde die Lage, als die Regierung Cvetkovic am 25. März 1941 in Wien den Beitritt zu dem deutsch beeinflußten Dreimächtepakt mit Rumänien und Bulgarien unterschrieb. Es gab einen Militärputsch, und Cvetkovic wurde am 27. März bei seiner Rückkehr verhaftet. Die Regierungsgewalt übernahm General Simovic. Freudenkundgebungen in Belgrad zeigten, daß der Putsch zumindest in Serbien populär war. Angesichts des geplanten Rußlandfeldzugs glaubte Hitler eingreifen

zu müssen. Am 6. April marschierten deutsche, italienische, ungarische und bulgarische Truppen ins Land ein. Am 17. April kapitulierte die jugoslawische Armee. Noch vor Ankunft der Deutschen ließ Dr. Ante Pavelic, der Leiter der nationalrevolutionären halbfaschistischen Ustascha (Ustaša), den unabhängigen Staat Kroatien ausrufen, der später durch seine Verfolgung von Serben und anderen Minoritäten zu einer zweifelhaften Reputation kam. Nach Gebietsabtretungen an Albanien, Bulgarien, Ungarn, Deutschland und Italien existierten schließlich auf dem jugoslawischen Territorium drei Satellitenstaaten der Achsenmächte: Kroatien, Serbien und Montenegro. De-facto-Besatzungsmächte waren Italien und Deutschland.
Im Sommer 1941 begannen die ersten Aktionen der Partisanen. Die Freischärler waren – wie vieles in Jugoslawien – auch wieder in zwei getrennte Organisationen gespalten. Die sog. Tschetniks (Četnici) leitete der konservative großserbische Monarchist Draža Mihailovic, während der Generalsekretär der KPJ Josip Broz, genannt Tito, die »Proletarischen Brigaden« befehligte. Schon 1942 zeigten sich Konflikte zwischen den beiden Untergrund-Organisationen, und Mihailovic begann insgeheim punktuell mit der Achse zusammenzuarbeiten. Gegen Ende des Krieges gewannen die Tito-Gruppen das Übergewicht, nicht zuletzt, weil sie seit der Konferenz von Teheran (28.11.–1.12.1943) von den Alliierten unterstützt wurden.
Im kroatischen Staat begannen im großen Stil Massaker der Ustascha-Milizen an den griechisch-orthodoxen Serben[1], die als Minderheit in Bosnien lebten. Die Serben wiederum machten sich an die Ausrottung der Muselmanen[2]. Bemerkenswert war vor allem die Grausamkeit der Partisanen, die jedes westeuropäische Fassungsvermögen überstieg; Folter und Verstümmelung gehörten zur Routine. Historiker haben zur Erklärung die jahrhundertelangen Partisanenkämpfe gegen die Türken angeführt[3]. Immerhin waren die Osmanen erst 1867 aus Belgrad abgezogen, aus anderen Teilen Jugoslawiens noch später.
In einer wenig beneidenswerten Lage waren die Kommandierenden der deutschen und italienischen Besatzungsarmeen und ihrer Hilfstruppen, antikommunistischer Kosaken. Nach Zeugenaussagen war z. B. der Schriftwechsel des Generals Glaise-Horstenau mit seinem Oberkommando »ein einziges Händeringen,... die deutsche Wehrmacht von dem Ballast der Ustascha-Tätigkeit zu befreien«[4]. Das

Oberkommando der Wehrmacht erließ allerdings schon am 16.9.1941 selbst den berüchtigten Keitel-Befehl, wonach für jeden von Partisanen getöteten Soldaten 50–100 Geiseln zu erschießen seien. In den Nürnberger Prozessen wurden zwar Geiselnahme und sogar Geiselerschießungen (als letzter Ausweg) grundsätzlich nicht als völkerrechtswidrig bezeichnet; allerdings mußten die Richter das »Übermaß an Repressalien« beanstanden[5]. Die blutigen Repressalien der italienischen Besatzer standen den deutschen in nichts nach.
Das Jugoslawien der Jahre 1941–1944 erinnert lebhaft an Deutschland z. Zt. des Dreißigjährigen Krieges: ein großer Krieg und viele kleine, historische, regionale, soziale und konfessionelle Konflikte untrennbar miteinander vermischt, Haß und größte Grausamkeit bei den meisten Parteien.

Die Stellung der Volksdeutschen

Zur Situation der Jugoslawiendeutschen ist zu ergänzen, daß sie grundsätzlich nicht zur Wehrmacht, sondern zur Waffen-SS (nicht zu verwechseln mit der besonders berüchtigten Allgemeinen SS) eingezogen wurden[6]. Als Rechtsgrundlage mußte meist eine »Pauschal-Freiwilligkeitserklärung« der nazistisch gelenkten Volksgruppenführung herhalten[7]. In der Praxis war die Rekrutierung oft mit psychischem und physischem Zwang verbunden, wobei z. T. auch Todesfälle und Hinrichtungen vorkamen[8].
Von Tito wurde die ganze deutsche Volksgruppe trotzdem nicht nur mit den exzessiven Geiselerschießungen der Wehrmacht, sondern auch mit den Grausamkeiten der verbündeten kroatischen Nationalisten identifiziert[9], und so griffen die Partisanen zum probaten Mittel des Balkan-Krieges, der Ausrottung. Die Volksdeutschen teilten ihr Schicksal mit 40 000 Albanern, die Anfang 1945 in Kosovo ermordet wurden[10], mit der italienischen Volksgruppe, die Tito aus dem annektierten Istrien vertrieb[11], und mit den italienischen und deutschen Kriegsgefangenen. Allein von den letzteren dürften mindestens 80 000 nach ihrer Gefangennahme ums Leben gekommen[12], d. h. überwiegend ermordet worden sein.

17. Resümee

Als Bilanz der Hintergründe und Motive der Vertreibungsverbrechen bleibt festzuhalten, daß nur ein kleiner Teil des Geschehens durch spontane Racheakte von Verfolgten des Naziregimes zu erklären ist. In den meisten Fällen gilt das Wort von der Banalität des Bösen, d. h. wo Freiräume für die menschliche Aggression geschaffen oder geduldet werden, füllen sie sich automatisch mit dem Bodensatz der Gesellschaft.

Im konkreten Fall haben radikale Politiker der osteuropäischen Staaten bewußt solche Freiräume geschaffen, um ihre extremen nationalistischen Expansionspläne zu verwirklichen. Durch unerträgliche Lebensbedingungen für die verbliebene Bevölkerung sollten die deutschen Ostprovinzen so schnell wie möglich menschenleer gemacht werden.

Straflosigkeit bei Verbrechen, Möglichkeiten persönlicher Bereicherung und – besonders in der Sowjetunion – eine exzessive Haßpropaganda waren die realen Hintergründe der meisten Unmenschlichkeiten. Die Vertreibungsverbrechen stellen keine Häufung von Ausschreitungen dar, sondern eine neuartige Form staatlich gelenkter Liquidationspolitik.

Daß der Schlüssel zum Verständnis der Vertreibungsverbrechen nicht bei den einzelnen Tätern, sondern bei den Regierungen liegt, zeigt vor allem das tschechische Beispiel. Obwohl das tschechische Volk nach den neutralen Nationen mit die geringsten materiellen und personellen Verluste während des 2. Weltkriegs in Europa erlitt (die Menschenopfer der Sudetendeutschen während des Krieges lagen ungleich höher), erreichte die tschechische Exilregierung als erste die Zustimmung der Alliierten zur Vertreibung der sudetendeutschen Volksgruppe. Auch das Schicksal der deutschen Juden und Antifaschisten nach 1945 beweist, daß es der tschechischen Regierung nicht um Antifaschismus, sondern um expansiven Nationalismus ging.

Aus der Moskauer Perspektive stellte sich die Völkervertreibung als Mittel dar, Einfluß auf Polen und die Tschechoslowakei zu gewinnen und durch das erwartete Chaos in Mitteleuropa vorrevolutionäre Zustände zu schaffen. Die Vertreibung und ihre Begleitumstände waren Teil eines langfristig angelegten Hegemonialstrebens in Europa.

Die Verwirklichung der sowjetischen Pläne wurde möglich durch das naive Vertrauen F.D. Roosevelts zu »Onkel Joe«, wie der Präsident den Diktator Stalin zu nennen pflegte, und durch die Ausbreitung der Kollektivschuld-Theorie in den USA und Großbritannien im Verlauf des Krieges.

Die Theorie von der Kollektivschuld der Deutschen beruht, wie ihre Kritiker dargetan haben, auf der Unkenntnis fundamentaler historischer Tatsachen und der Widerstandsmöglichkeiten in einer totalitären Diktatur. Sie wurde in der Praxis zur Rechtfertigung von millionenfachen Verbrechen gegen die Menschlichkeit benützt. Historisch gesehen ist diese Theorie eine der vielen Erscheinungsformen des Rassismus; sie entspricht weitgehend dem christlichen Antisemitismus vergangener Jahrhunderte.

Das wichtigste Vertreibungsargument der polnischen Regierung war die angeblich nötige Kompensation für die verlorenen ostpolnischen Gebiete. Dabei muß aber erwähnt werden, daß die letzteren überwiegend erst in den Jahren 1920/1921 von Polen annektiert wurden und niemals eine polnische Bevölkerungsmehrheit hatten. Es kamen daher auch nur etwa 1,5 Millionen polnischer Flüchtlinge aus diesen Gebieten. Man hätte sie unschwer in den verlassenen Wohnsitzen der zwei Millionen zählenden deutschen Minderheit unterbringen können, die es schon nach dem Ersten Weltkrieg in Polen gab. – Der weitere polnische Hinweis auf die mittelalterliche Slawensiedlung östlich der Elbe erinnert an gewisse Gedankengänge der Nazis. Auch sie begründeten ihre Kolonialpläne im Osten z. T. mit der altgermanischen Besiedelung des Raumes zwischen Ostsee und Schwarzem Meer.

III. TEIL

Bewältigung

18. Das Informationsdefizit und seine Folgen

Der unbekannte Völkermord

Als der junge amerikanische Historiker Alfred M. de Zayas Anfang 1977 sein Buch »Nemesis at Potsdam. The Anglo-Americans and the Expulsion of the Germans« vorlegte, wunderte er sich in der Einführung[1]: »Das menschliche Elend, das diese Umsiedlung vor allem in den Jahren 1945–48 hervorrief, gehört zu den schlimmsten Kapiteln des zwanzigsten Jahrhunderts, und es ist eigentlich erstaunlich, daß dreißig Jahre nach dem Krieg außerhalb Deutschlands so wenig über dieses unglückselige Nachspiel bekannt ist.«

Der Amerikaner war nicht der einzige, der diese Feststellung machen mußte. Fast alle Autoren, die sich mit dem Vertreibungsproblem befaßt haben, kamen zu ähnlichen Schlüssen. Rudolf Mühlfenzl, als Chefredakteur des Bayerischen Fernsehens verantwortlich für die erste nennenswerte TV-Produktion zum Thema, sprach von einem Halbtabu und meinte[2]: »Es ist unglaublich, daß über die Jahre voller menschlicher Schicksale so lange nicht gesprochen wurde.« Ähnliches vermerkt Gerhard Ziemer in seinem Buch »Deutscher Exodus«[3], und auch ein Gutachten, das die Bavaria Fernseh GmbH in den siebziger Jahren anfertigen ließ[4], bestätigt den Eindruck einer auffallenden Unterrepräsentation der Vertreibung im Film und in anderen Medien.

Möglicherweise sind das alles nur subjektive Urteile. Die Fernsehredaktion des Südwestfunks wollte es genauer wissen. Für eine »Report«-Sendung am 26. Juni 1979 ließ sie vom EMNID-Institut eine Repräsentativumfrage veranstalten. Die Ergebnisse waren eindeutig. Rund die Hälfte der Befragten (49%) hielt sich für ausreichend informiert über die Verbrechen der Nazis, aber nur ein Viertel (25%) meinte ausreichende Informationen über Vertreibungsverbrechen zu haben. Um die subjektive Komponente auszuschließen, lautete die Kontrollfrage, wieviele Menschenleben die Verbrechen etwa gekostet haben. Hier zeigt sich die Wissenslücke noch deutlicher: Bei den NS-Verbrechen konnten 24% keine konkreten Zahlen nennen, bei Vertreibungsmorden dagegen mußten etwa dreimal so viele (71%) die Antwort schuldig bleiben.

Dok. 23

Die Vertreibung in Film und Literatur[4]

Aus einem Gutachten für die Bavaria Fernseh GmbH:
»Man fragt sich unwillkürlich, weshalb ein so dramatisches, einschneidendes und so viele betreffendes historisches Ereignis wie der Verlust der ehemals deutschen Ostgebiete innerhalb von drei Nachkriegsjahrzehnten weder in der ernstzunehmenden deutschen Literatur noch im deutschen Film – unter welchen politischen und unpolitischen Aspekten auch immer – ein irgendwie bemerkenswertes und dem Faktum angemessenes Echo gefunden hat. Gesetzt den Fall, ein ähnliches Schicksal hätte Frankreich, Italien oder England getroffen – wäre es da denkbar, daß französische, italienische oder englische Filmemacher einen derart spektakulären und sozial äußerst folgenschweren Vorgang in ihrem Land dreißig Jahre lang einfach ignorierten oder sich gar durch opportunistische Selbstzensur (was wird wohl das Ausland dazu sagen?) an einer freimütigen Behandlung dieses so ungemein reichhaltigen Stoffgebietes hindern ließen?«

Trotz des offenkundigen Informationsdefizits und mehrerer Anläufe im Parlament konnte sich die seinerzeitige Regierung nicht dazu entschließen, die zusammenfassende Dokumentation des Bundesarchivs über die Vertreibungsverbrechen zu veröffentlichen.
In der Fragestunde des Bundestages vom 25. September 1974 z. B. meinte der zuständige Parlamentarische Staatssekretär Baum vom Bundesinnenministerium u. a., er wisse »aus eigenen Erkenntnissen«, daß der Jugend diese Verbrechen »durchaus bekannt« seien[5].
Im gleichen Jahr wurde sogar einem amerikanischen Wissenschaftler die Einsicht in die Dokumentation verweigert und erst nach der parlamentarischen Intervention des Abgeordneten Windelen und der dadurch ausgelösten Bundestagsdebatte gestattet[6].
Ein respektloser Journalist namens Wilfried Ahrens veröffentlichte die Dokumentation 1975 schließlich im Alleingang[7]. Dieser »Raubdruck« blieb umstritten, bis die Unterlagen dann wenige Wochen nach dem Bonner Regierungswechsel vom Oktober 1982 freigegeben wurden.

Ähnliche Querelen wie bei der Dokumentation der Vertreibungsverbrechen gab es übrigens auch um die Dokumentation »Zur Geschichte der deutschen Kriegsgefangenen des Zweiten Weltkriegs«, die über 10 Jahre in den Kellern eines Bielefelder Verlages unter Verschluß lag, bevor die Bücher verkauft werden durften[8].
Ein Kapitel eigener Art ist die gerichtliche Bewältigung von Massenverbrechen. Daß einige tausend Urteile das Leid von Millionen niemals angemessen sühnen können, daß es dabei also mehr um die moralische Signalwirkung geht, ist in Deutschland ebenso wie in Israel bekannt. Gegen Naziverbrecher wurden nicht nur die Nürnberger Prozesse geführt, sondern auch eine Reihe amerikanischer, englischer, sowjetischer und französischer Prozesse. Allein in den Westzonen haben alliierte Gerichte mehr als 5000 Personen verurteilt, davon 800 zum Tod; etwa 500 Todesurteile wurden vollstreckt[9]. Im sowjetischen Machtbereich gab es wesentlich mehr Urteile. Während die westalliierten Verfahren zumindest überwiegend rechtsstaatlichen Anforderungen entsprachen[10], war es bei den östlichen eher umgekehrt.
Nach dem Abschluß der alliierten Prozesse und der Entnazifizierung leistete die Ludwigsburger Zentralstelle zur Aufklärung von NS-Verbrechen gute Arbeit bei der gerichtlichen Bewältigung der braunen Vergangenheit. Die westdeutsche Justiz hat nach dem Krieg von sich aus gegen über 84 000 Personen ermittelt; über 6400 wurden verurteilt[11]. Sachkenner rechnen damit, daß die NS-Prozesse die deutsche Justiz noch bis zur Jahrhundertwende beschäftigen werden[12]. Eine derartige Aufarbeitung von Auslands-Straftaten eigener Staatsbürger[13] hat es bisher noch in keinem Land gegeben. Bei den Vertreibungsverbrechen fehlt bis heute eine Zentralstelle nach Ludwigsburger Muster. Die staatliche Unterstützung der Justiz ist ungenügend.
Als z. B. bei der Staatsanwaltschaft in Hagen umfangreiche Ermittlungen gegen sieben namentlich bekannte polnische Gewaltverbrecher aus dem berüchtigten KZ Lamsdorf/Oberschlesien liefen, wurde der Staatssekretär Hans de With (Justizministerium) in der Fragestunde des Parlaments darauf angesprochen, ob man bei dem Bonner Treffen mit dem polnischen Justizminister Jerzy Bafia auch über Rechtshilfe bei der Verfolgung von Vertreibungsmorden gesprochen habe.

gefertigt: Die Bundesregierung sei nicht bereit, »sinnlose Sachen« anzugehen. Im September 1979 wurden die Akten der Staatsanwaltschaft geschlossen. In der Einstellungsverfügung heißt es im Hinblick auf die Verfolgung der »hinreichend verdächtigen« Massenmörder in Polen: »Die für diese Entscheidung zuständige Bundesregierung hat davon abgesehen, an die Regierung der Volksrepublik Polen heranzutreten.«[14]

Eine ähnliche Zurückhaltung bei der Verfolgung deutscher Gewaltverbrecher war bisher weder in Polen noch einem anderen östlichen Land zu beobachten. Vielmehr wurde den Verdächtigen notfalls in Abwesenheit der Prozeß gemacht. Für israelische Begriffe sind die Bonner Gedankengänge absolut unverständlich, wovon sich jeder Israel-Reisende unschwer selbst überzeugen kann.

Ähnlich wie die Justiz haben auch die öffentlich-rechtlichen Fernsehanstalten unseres Landes ihren Beitrag zur Aufarbeitung der Epoche des Dritten Reiches geleistet. Über die Judenverfolgung allein wurden bis zum Jahr 1978 mindestens 100 Sendungen ausgestrahlt[15]. Seit der Serie »Holocaust« (Anfang 1979) hat sich die Zahl der einschlägigen Produktionen drastisch erhöht[16]. Hinzu kommt eine Vielzahl von Sendungen über andere NS-Verbrechen in den besetzten Gebieten und in binnendeutschen Konzentrationslagern, über die Lage der sowjetischen Kriegsgefangenen usw. Im Gegensatz zu dieser moralisch gebotenen und weltweit beispiellosen[16a] Aufklärungsarbeit kann die Bewältigung des Vertreibungsthemas im Fernsehen in keiner Weise befriedigen. Abgesehen von zwei kurzen Erwähnungen im Jahr 1979 war z. Zt. des Erscheinens dieses Buches der Dokumentarbericht »Flucht und Vertreibung« aus dem Jahr 1981 der einzige erwähnenswerete[17] Fernseh-Beitrag zur intellektuellen Auseinandersetzung mit dem größten Verbrechen der Nachkriegsgeschichte.

Jeder großen und auch mancher kleineren Tragödie dieses Jahrhunderts ist bisher ein würdiges Denkmal gesetzt worden. Man denke z. B. an das imposante Mahnmal auf dem Hügel »Schwalbenburg« in Eriwan (Jerewan), der Hauptstadt der Sowjetrepublik Armenien. Es wurde 1965 zum 50. Jahrestag des türkischen Völkermords an 1,5–2 Millionen Armeniern errichtet[18].

Trotz östlicher Kritik wurde am 6. März 1982 auf dem Thurloe Square im Londoner Zentrum (gegenüber dem Victoria and Albert Museum) ein bemerkenswertes Denkmal enthüllt[19]. Es soll an über 2 Millionen Russen und andere Osteuropäer erinnern, die nach dem Krieg gegen ihren Willen von den Westmächten ausgeliefert wurden und zu einem großen Teil im Osten umkamen.
Im südafrikanischen Bloemfontein gemahnt ein Obelisk mit einer eindrucksvollen Bronzegruppe an die 26 370 Frauen und Kinder, die im Burenkrieg 1901 in englischen Lagern (concentration camps) starben. Am Fuß des Obelisken ist die Asche von Emily Hobhouse eingebettet, einer Engländerin, die die Leiden der Gefangenen zu lindern suchte.
Zu den Gedenkstätten von Hiroshima und Nagasaki pilgert die Welt, und im Ostblock existiert eine so große Zahl von historischen Gedächtnisstützen zum Thema der NS-Besatzung, daß ihre Auflistung hier zu weit führen würde. Sogar auf hoher See dient ein Schiff durch seinen Namen dem Andenken der 186 Toten des tschechischen Dorfes Lidice[20]. Die Erinnerung an beinahe drei Millionen Vertreibungsopfer dagegen wurde im kommunistischen Machtbereich mit großer Gründlichkeit ausgelöscht; für sie dürfte im Osten keine einzige Gedenkstätte existieren.
Auf einem Feld im südmährischen Pohrlitz z. B. konnte man an der unterschiedlichen Farbe der jungen Saat die Lage von Massengräbern erkennen, in denen Opfer des Todesmarsches der Brünner Deutschen vom Frühjahr 1945 liegen. Zur Zeit des Prager Frühlings wollten ortsansässige Tschechen die Stelle durch einen Gedenkstein und eine Baumgruppe bezeichnen. Der russische Einmarsch machte diese Pläne zunichte. Über den Gräbern wurden landwirtschaftliche Gebäude eines Staatsbetriebes – dem Vernehmen nach Kuhställe – errichtet[21]. – Als zu Anfang der achtziger Jahre Rußlanddeutsche u.a. die Errichtung eines Mahnmals für die Deportationsopfer 1941–1945 forderten, wurde ihnen in Frunse (Kirgisien) ein Schauprozeß gemacht; die Urteile lauteten auf Straflager[22].
Die ehemaligen Konzentrationslager in Deutschland erinnern heute durchwegs als würdige Gedenkstätten und Museen an den Leidensweg der Antifaschisten, Juden, Zigeuner, Zeugen Jehovas, Homosexuellen und anderen Naziopfer. – Am vollkommensten ist die Aufarbeitung der Vergangenheit naturgemäß in Israel. Außer regelmäßi-

gen staatlichen Gedenktagen mit öffentlicher Schweigeminute und Unterrichts-Schwerpunkten in den Schulen[23] ist vor allem an Yad Vashem zu erinnern, die gewaltige Forschungs- und Gedenkstätte auf dem Herzl-Berg in Jerusalem.
1983 schenkte die US-Regierung einem »Holocaust Memorial Council« zwei große Gebäude in bevorzugter Zentrumslage in Washington zur Einrichtung eines amerikanischen Yad Vashem[24]. Den Sinn dieser Mahnmale hat Simon Wiesenthal schon 1979 bei der Eröffnung eines ähnlichen – kleineren – Zentrums in Los Angeles erläutert[25]: »Diese Stätte soll allen Menschen, die guten Willens sind, als Warnung vor Gleichgültigkeit dienen.«
Während sogar Chruschtschow die Errichtung eines großen Denkmals für die Opfer des Stalinismus plante[26], sucht man bei uns vergeblich nach einer adäquaten Gedenkstätte für die Opfer der Vertreibungsverbrechen »als Warnung vor Gleichgültigkeit«. Der Verfasser hat sich auf den fünf Kontinenten umgesehen und glaubt sagen zu können, daß dieser Zustand auf der Welt einmalig ist. Der Hundefriedhof von Cobham bei London[27], ein Produkt englischer Tierliebe und liebenswerten Spleens, ist ungleich größer und eindrucksvoller als das größte und eindrucksvollste Denkmal für die Millionen Vertreibungsopfer[28].

Hindernisse bei der Bewältigung

»In dem Recht besitzt und verteidigt der Mensch seine moralische Daseinsbedingung, ohne das Recht sinkt er auf die Stufe des Tieres herab, wie denn ja die Römer ganz konsequent die Sklaven vom Standpunkt des abstrakten Rechts aus auf eine Stufe mit den Tieren stellten... Das Verhalten eines Menschen oder Volkes angesichts einer Rechtskränkung ist der sicherste Prüfstein seines Charakters.«
Diese Sätze schrieb vor mehr als 100 Jahren Rudolf von Jhering, der bedeutendste Rechtsgelehrte seiner Zeit[29]. Angesichts der fehlenden Bewältigung der Nachkriegsverbrechen sind sie für Deutsche nicht gerade schmeichelhaft.
Die psychologischen und politischen Hindernisse bei der Auseinandersetzung mit dem letzten Stück unbewältigter Vergangenheit sind komplex. Außer sowjetischen Pressionen und der Kollektivschuld-Theorie werden am häufigsten Begründungen angeführt, wie sie z. B. der Parlamentarische Staatssekretär Gerhart Baum in der

zitierten Fragestunde des Bundestages vom 25. September 1974 zum Thema »Dokumentation der Vertreibungsverbrechen« vorbrachte. Der Kernsatz des Regierungssprechers lautete[30]:
»Es würde sich um eine Verbrechensbilanz handeln, die, ob man es nun will oder nicht, zu einer Aufrechnungsdiskussion führen würde, die im Grunde von niemandem, besonders von keinem Deutschen, gewollt sein kann. Es würde auch gar nicht möglich sein, das Mißverständnis auszuschließen – so hat es der frühere Bundeskanzler Willy Brandt in seiner Eigenschaft als Außenminister hier vor diesem Hohen Hause am 25.4.1969 formuliert –, mit einer massierten Publizierung des Materials werde eine politische Absicht verfolgt und eine Diskussion in der Öffentlichkeit des Inlands oder gar des Auslands provoziert. Dies hätte, so fuhr der damalige Außenminister fort, bei allen Beteiligten – oder bei vielen Beteiligten – alte Wunden aufreißen können und wäre der auf Versöhnung gerichteten Außenpolitik der Bundesregierung nicht dienlich gewesen.«
Zunächst fällt auf, daß Bonn hier im Gegensatz zu Moskau, Warschau und Prag einen Widerspruch zwischen Versöhnung und Entspannung einerseits und Vergangenheitsbewältigung andererseits sah. Obwohl man sich im Ostblock ebenfalls zur Entspannungspolitik bekennt, beschäftigt man sich dort sehr eingehend mit dem Verbrechen der anderen Seite.
Außerdem taucht das Schlagwort von der Aufrechnung auf, obwohl es nicht für, sondern gegen die Meinung des Redners spricht; denn am Ende jeder Aufrechnung stünden ja wohl Schweigen und allseitige Amnestie, und das hat noch kein Deutscher Bundestag gutgeheißen. Man denke nur an die Debatten um die Verjährung von NS-Verbrechen von 1960, 1965, 1969 und 1979. Deutsche Demokraten, allen voran die Männer des Widerstands gegen Hitler[31], haben seit jeher für eine uneingeschränkte Verfolgung von NS-Verbrechen plädiert. Und so ist es nur ein Gebot der geschichtlichen Logik, die Nachkriegsverbrechen in gleicher Weise zu bewältigen wie die Kriegsverbrechen. »Zweierlei Gewicht und zweierlei Maß, beides ist dem Herrn ein Greuel«, so steht es schon in der Bibel (Spr. 20, 10).
Worum es bei aller Bewältigung geht, hat in der letzten Verjährungsdebatte der Abgeordnete Weber (SPD) sehr klar ausgedrückt[32]: »Es geht uns doch nicht um Rache, sondern es geht darum, daß wir das höchste Rechtsgut des Menschen, nämlich sein Leben, entsprechend

diesem Rang auch in das Bewußtsein unseres Volkes hineintragen.« – Wer einen Mord konsequent verfolgt und einen anderen konsequent vertuscht, bewirkt das genaue Gegenteil. Gerade unter diesem Gesichtspunkt begründet die Verfolgung der NS-Auslandsstraftaten für die Bundesregierung nicht nur das Recht, sondern auch die Pflicht, sich auch mit Verbrechen an den Menschen auseinanderzusetzen, deren Nutzen zu mehren und von denen Schaden zu wenden die Kabinettsmitglieder in ihrem Amtseid geschworen haben, vgl. Art. 64 und 56 des Grundgesetzes.

Beim Stichwort »Versöhnung« schließlich wird unterstellt, daß die Anklage gegen einen Mörder zugleich eine Anklage gegen ein ganzes Volk beinhaltet. Es ist das übrigens der gleiche Fehlschluß, dem auch die rechtsradikalen Anti-Nestbeschmutzer erliegen. – Durch opportunistisches Schweigen kann man keine Versöhnung zwischen den Völkern schaffen, allenfalls zwischen Regierungen, und deren Amtsperioden dauern meist nur vier Jahre. Für die Versöhnung zwischen Völkern ist das einzig dauerhafte Fundament die Wahrheit und der Respekt vor den Menschenrechten der anderen. Wer eine wirkliche Völkerverständigung will, wird alles tun, um so schnell wie möglich alles Trennende zu beseitigen, und dazu gehört nun einmal auch ein Berg von Toten. Man muß sie aber ordentlich bestatten; mit einer Leiche im Keller hat noch keiner Frieden gefunden.

Willy Brandt hat einmal gefordert, mehr Demokratie zu wagen. Mehr Wahrheit wagen wollte er offenbar nicht. Schade; denn »Erziehung zum Frieden setzt Erziehung zur Wahrheit voraus« (Rudolf Mühlfenzl[33]).

Als im Jahr 1975 das Verteidigungsministerium das Bundeswehr-Liederbuch von ostdeutschen Stücken (Schlesierlied, Kleines Märkerlied) säuberte und stattdessen u.a. das russische »Kalinka« neu aufnahm, hieß es in der Begründung, man habe geprüft, inwieweit die Lieder politisch und gesellschaftlich tragbar seien[34]. Diese Praxis erinnert fatal an die Theorie von der »Finalisierung der Wissenschaft«[35], wonach sich z. B. Forschung und Lehre nach »gesellschaftlich relevanten Zwecken« auszurichten haben. Es entsteht der Eindruck, als würde die Regierung hier wie bei anderen Gelegenheiten zwischen erwünschtem und unerwünschtem Wissen, zwischen gesellschaftlich tragbaren und untragbaren historischen Wahrheiten unterscheiden.

Auch in Orwells utopischem Roman »1984« ist die Hauptfigur Winston Smith im Wahrheitsministerium mit der permanenten Korrektur der Geschichte beschäftigt; Ereignisse oder Personen werden wegretuschiert, Positives in Negatives umgedeutet und umgekehrt, alles den jeweiligen Bedürfnissen der Parteilinie angepaßt. Dazu der Kommentar von Orwells Dissidenten: »Wenn die Partei sich so in die Vergangenheit einmischen und von diesem oder jenem Ereignis behaupten konnte, es habe nie stattgefunden – war das nicht wirklich furchtbarer als Folter und Tod?«

Und der Kommentar des Historikers Golo Mann zur Person des Autors und seinem Anliegen[36]: »Es warnt vor den Gefahren, die typisch für unsere Zeit sind, überall, nicht nur hinter dem Eisernen Vorhang ... Orwells einziges Motiv ist die totalitäre Gefahr in unserem Inneren und in allen politischen Systemen unserer Epoche.«

Über die geistige Situation der Bundesrepublik, die zu dem Informationsdefizit geführt hat, ist schon oft nachgedacht worden. Vielfach hat man auf das Lizenzsystem der Besatzungsmächte bei der Zulassung von Zeitungen in den Jahren 1945–1949 verwiesen. Nach dem amerikanischen Handbuch für die Kontrolle der deutschen Nachrichteneinrichtungen (Manual for the Control of German Information Services) waren nicht nur alle Mitglieder der NSDAP als Lizenzträger ausgeschlossen, sondern auch »reaktionäre Antinazis..., der pro-westliche noch mehr als der pro-östliche Sektor der deutschen konservativen Meinung«[37]. Und nach der Anweisung Nr. 2 des Alliierten Kontrollrats vom 4. September 1945 durften keine Artikel gedruckt werden, »die eine Respektlosigkeit gegenüber den Besatzungsbehörden oder Mitgliedern der Vereinten Nationen darstellen«[38]. Nach dieser Anweisung wurden bis etwa 1948 Veröffentlichungen über Vertreibungsverbrechen von den Besatzungsmächten unterdrückt. Da für die Vertriebenen ein Koalitionsverbot galt, existierte auch praktisch keine eigene Vertriebenenpresse.

In der Münchener »Süddeutschen Zeitung« erschien z. B. im Juni 1946 ein Artikel unter der Überschrift »Sie ernten den Haß...«. Darin wurde vom Eintreffen eines Vertriebenentransports in München berichtet und erwähnt, diese unglücklichen Menschen hätten »grauenhafte Darstellungen« von den Lagern in der Tschechoslowakei gegeben. Die Schilderungen, deren Glaubwürdigkeit nicht zu bezweifeln sei, wolle man nicht wiedergeben, da das dem geschlagenen Volk an-

gesichts der Untaten seiner einstigen Machthaber nicht zustehe. Man wünsche nur, daß diese Berichte den Besatzungsmächten nicht vorenthalten blieben. Es könne nicht ihr Wille sein, »daß man es Frauen, Greisen und Kindern so grauenvoll entgelten läßt, was ein Verbrecherregime verschuldet hat«. Wegen dieses eher zurückhaltenden Artikels setzte die US-Militärregierung für 30 Tage die Seitenzahl des Blattes von 8 auf 4 Seiten herunter und drohte für den Wiederholungsfall das Verbot der Zeitung oder den Entzug der Lizenz an[39].
In der britischen Besatzungszone praktizierte man die Pressezensur etwas liberaler, in der französischen Zone allerdings wurden noch bis zur Aufhebung des Lizenzzwangs im Jahr 1949 Verbote und Beschlagnahmen ausgesprochen. Ob diese Tendenzen nach so langer Zeit noch fortwirken, erscheint zumindest zweifelhaft.
Eine andere denkbare Erklärung könnte ganz einfach in der Tatsache des verlorenen Krieges liegen. Man frage sich z. B., warum wir so viel von den alten Römern wissen und so wenig von den Etruskern, oder warum jedes Kind etwas von den Christenverfolgungen der römischen Kaiser gehört hat und nichts von den späteren Heidenverfolgungen der christlichen Antike, obwohl letztere viel blutiger waren als erstere[40]. Die Antwort lautet: weil jede Geschichtsschreibung primär eine Geschichtsschreibung des Siegers ist. Es ist dies ein psychologisches Phänomen, das sich in verschiedensten Formen im großen wie im kleinen zeigt, z. B. auch beim »overclaiming« im Zusammenhang mit Wahlen: Regelmäßig behaupten nach der Wahl bei Meinungsumfragen mehr Bürger, die Siegerpartei gewählt zu haben, als das Wahlergebnis ausweist[41]. Der Durchschnittsmensch möchte sich möglichst immer auf der Seite des Siegers sehen.
Dieser simple Mechanismus kann allerdings nur dann eine befriedigende Erklärung für die deutschen Verhältnisse abgeben, wenn er bei vergleichbaren Völkern ähnliche Wirkungen zeigen würde. Vergleichbar ist zunächst Japan, der mächtigste Verbündete Hitlers.
Trotz der Grausamkeit und der Millionen Opfer der japanischen Aggression allein in China und trotz der amerikanischen Kriegsverbrecherprozesse ist Japan spätestens seit den Olympischen Spielen des Jahres 1964 eine ausgesprochen selbstbewußte Nation. Die Verbrechen des japanischen Imperialismus werden zwar nicht geleugnet, aber es würde keinem Japaner – gleich welcher politischen Richtung – einfallen, deswegen z. B. Hiroshima zu verschweigen oder zu

rechtfertigen[42]. Auf das dunkle Kapitel des japanischen Einmarsches in China angesprochen, stellte Ministerpräsident Zenko Suzuki 1982 in einem Interview[43] die historischen Dimensionen heraus: »Es stimmt, daß es einige unglückliche Zeiten in der Geschichte der japanisch-chinesischen Beziehungen gegeben hat – einer mehr als 2000 Jahre alten Beziehung.«

Nach dem Krieg verzichtete Tokio zwar auf einige, nicht aber auf alle Gebiete, die die Sowjetunion 1945 besetzte, und von denen sie – ebenso wie von den annektierten finnischen und deutschen Gebieten – einen höchst zweifelhaften Gebrauch macht[44]. Wegen der vier Inseln bzw. Inselgruppen Etorofu, Kunashiri, Shikotan und Habomai erklärte die Regierung den »Tag der Nordterritorien« trotz sowjetischer Proteste zum Feiertag und begeht ihn feierlich mit Kundgebungen und Gebeten unter Mitwirkung des Ministerpräsidenten und der Vertreter sämtlicher Parteien[45].

Ähnlich unbefangen beschäftigt sich die junge Generation mit den Fällen völkerrechtswidriger Behandlung ihrer Landsleute durch die Alliierten. Allein zum Thema der sog. Nisei, der 110 000 amerikanischen Staatsbürger japanischer Abstammung, die man während des 2. Weltkrieges in den USA in Lagern interniert hatte, liefen zu Anfang der achtziger Jahre in einem Broadway-Theater drei Bühnenstücke. Man erwartet, daß ein eigens eingesetztes Kongreßkomitee der US-Regierung empfehlen wird, sich bei den Japanern in aller Form zu entschuldigen und den Nisei durch Gesetz eine finanzielle Wiedergutmachung zu gewähren[46].

Nicht viel anders liegen die Dinge in Italien. Mussolinis Diktatur kannte zwar keinen systematischen Antisemitismus, erinnerte aber im übrigen durchaus an Hitlers Deutschland, vor allem was den expansiven Imperialismus, den Terror der Schwarzhemden in Kroatien und die Kolonialgreuel in Libyen und Äthiopien angeht. Die vorübergehende Gefangennahme Mussolinis kann in diesem Zusammenhang außer Betracht bleiben; sie hatte auf den Lauf der Dinge keinen nennenswerten Einfluß mehr. Übereinstimmend wird heute berichtet, daß Italien weder eine »Geschichtsschreibung der anderen« noch Kollektivschuld-Gedanken kennt, ja leider nicht einmal einen vollständigen Bruch mit der Vergangenheit, etwa in Form der Beseitigung aller faschistischen Denkmäler und sonstigen Relikte.

Die einäugige Vergangenheitsbewältigung und die »Lust am schlechten Gewissen«, die der Soziologe Helmut Schoeck diagnostiziert, lassen sich also mit der Verliererrolle Deutschlands oder den Untaten der diktatorischen Epoche allein nicht erklären. Die Ursachen müssen älter sein und tiefer sitzen.

Recht aufschlußreich ist dabei eine Repräsentativumfrage zum Thema des nationalen Selbstbewußtseins, die das Institut für Demoskopie Allensbach 1963 im Auftrag der internationalen Ausgabe von ›Reader's Digest‹ in den damaligen EWG-Ländern und Großbritannien durchführte. Das Ergebnis war eindeutig: Die Deutschen rangierten am unteren Ende der Skala; an der Spitze lagen Frankreich und kurz dahinter die ehemalige Mussolini-Diktatur Italien, während Briten, Niederländer und Belgier das Mittelfeld stellten. Per Saldo erreichten die Teutonen 105 Punkte gegenüber den Franzosen mit 284 Punkten[47]. Neuere Umfragen haben ergeben, daß in den folgenden Jahren trotz aller wirtschaftlichen Erfolge das Selbstwertgefühl des Schlußlichts Deutschland noch weiter reduziert wurde[48].

Wie es aussieht, korrespondiert das Informationsdefizit der Deutschen zum Thema der Nachkriegsverbrechen an ihren eigenen Landsleuten mit einem Defizit an kollektivem Selbstbewußtsein.

Das letztere ist nichts grundsätzlich Neues. Ch.M. Wieland hat schon 1791 den Deutschen »die gänzliche Abwesenheit« von »Gemeinsinn und Nationalgeist« vorgeworfen, was wir heute sogar mit Hilfe der Demoskopie in Zahlen ausdrücken können.

Während die ›Times‹ den Deutschen in sprachlicher Hinsicht Unterwürfigkeit bescheinigte, notierte Immanuel Kant: »(Der Deutsche) hat keinen Nationalstolz.« Ähnliche Beobachtungen machte zur Zeit Napoleons Germaine de Stael[49], die geistreichste Frau ihrer Epoche. In Übersee gehören die Deutschen bekanntlich zu den Einwanderern, die sich am schnellsten assimilieren, was schon Bismarck als sprachkundiger und auslandserfahrener Diplomat wußte. Als Kanzler bemerkte er am 28.11.1885 in einer Reichstagsrede: »Nun haben wir gerade in Deutschland an nationalem Empfinden und nationaler Lebendigkeit keinen erheblichen Überschuß: ich möchte sagen, wir sind in der Richtung einigermaßen blutarm; es ist eine bedauerliche Leichtigkeit, mit der der Deutsche überall, im Osten und Westen, sich von seiner Nationalität lossagt.«

Wie Reichskanzler Bismarck mußte auch Bundeskanzler Schmidt sorgenvoll vermerken, man könne doch nicht einfach »aus der Nation aussteigen«[50]. Eine passende Replik darauf liegt vielleicht in einem Wort von Stefan Kisilewski, der gesagt hat, Pole zu sein sei schwer, aufzuhören, einer zu sein, unmöglich. Auf deutsche Verhältnisse übertragen, könnte die Aussage lauten: Deutscher zu sein ist schwer, aufzuhören, einer zu sein – nichts leichter als das! Bei vielen Deutschen jedenfalls hatte Ulrich Sonnemann den bestimmten Eindruck, daß sie z. B. »jede Grenzziehung gutheißen würden, auch wenn sie westlich Dresdens oder Berlins oder mitten durch Thüringen führte: nicht weil sie dafür wären, sie dort verlaufen zu lassen, sondern weil jede Kritik daran, als ›nationale‹, ihnen eben tabu ist«[51]. Man kann auch annehmen, daß die Betreffenden jede beliebige Zahl von Vertreibungstoten akzeptieren würden, statt 2,8–3 Millionen vielleicht 28–30 Millionen oder mehr – ein intellektuelles Spiel ohne Grenzen.

Ein Vakuum füllt sich

»Der Zionistische Kongreß zeigte sich wild entschlossen, das noch etwas schwächliche Herdengefühl durch ein Wutgeschnaube künstlich zu beatmen. Das genüßliche Beschreiben weltumspannender Judenfeindlichkeit, das Ausmalen von Racheakten an Juden waren nicht geeignet, die böse Welt zu größerer Sympathie zu zwingen. Doch man hatte damit ein schnell wirkendes Mittel, um in den zionistischen Kessel mehr Dampf zu bringen.«

Was soll man zu diesen Zeilen sagen? Übelster Rassismus, rechtsradikale Schmierereien? Ein naheliegender Gedanke. Allerdings handelt es sich hier nicht um einen neonazistischen Kommentar, sondern um einen verfremdeten ›Spiegel‹-Artikel[52] über einen Parteitag der CSU; es wurde nur jeweils das Wort »deutsch« durch das Wort »jüdisch« und »CSU« durch »zionistisch« ersetzt. Man sieht auf diese Weise wohl am besten, zu welchen Entwicklungen die fehlende Bewältigung der Nachkriegsverbrechen führt.

Eines von Parkinsons Gesetzen lautet: Ein Vakuum, geschaffen durch fehlende Kommunikation, füllt sich in kürzester Zeit mit falscher Darstellung, Gerücht, Geschwätz und Gift. Das Informationsdefizit bei den Vertreibungsverbrechen bestätigt den Satz eindringlich. Um den Leser nicht durch eine endlose Folge von geistesverwandten Zitaten zu ermüden, sollen aus den öffentlichen Diskussionsbeiträgen hier nur zwei herausgegriffen werden: die Vertriebenendenkschrift der EKD und die deutsch-polnischen Schulbuch-Empfehlungen.

Der Rat der Evangelischen Kirche in Deutschland ließ 1965 eine Denkschrift ausarbeiten, die den Titel trug: »Die Lage der Vertriebenen und das Verhältnis des deutschen Volkes zu seinen Nachbarn.«[53] Darin werden die Christenmenschen u.a. belehrt, »das deutsche Volk« habe »schwere politische und moralische Schuld gegenüber seinen Nachbarn auf sich geladen« (Seite 6, ähnlich S. 17, 20, 40); die Vertreibung sei ein »Gericht Gottes« (S. 15, 17) und »Wiedergutmachung für begangenes Unrecht« (S. 40). Bis hierher reine Kollektivschuld-Theorie. Aber es geht noch weiter.

Man spricht von der Verpflichtung der Deutschen, dem polnischen Volk »den Raum zu lassen, dessen es zu seiner Entfaltung bedarf« (S. 29) und zitiert kommentarlos den polnischen Erzbischof von Breslau, Komenek, der schlicht »Lebensraum« für Millionen polnischer Menschen reklamiert (S. 20). In diesem Zusammenhang verweist die Schrift auf die polnischen Gebietsverluste im Osten, die flächenmäßig größer seien als die »wiedergewonnenen Länder« im Westen (S. 21, 29). Außerdem bringt das Papier ein paar unrichtige Zahlen zu den beiderseitigen Bevölkerungsverlusten und die Feststellung, die Deutschen hätten die Polen ausrotten wollen (S. 20).

Die Denkschrift ist für Historiker und Moraltheologen gleichermaßen lehrreich. – Zunächst die historische Seite: Daß die sog. polnischen Ostgebiete erst nach dem Ersten Weltkrieg annektiert wurden und mehrheitlich ukrainisch und weißrussisch besiedelt waren, ist im 15. Kapitel unter dem Stichwort »Kompensationstheorie« erörtert worden, ebenso die Frage der Flächengröße usw. Daß die Besatzungspolitik der Nazis in Polen zwar brutal war, daß aber eine Ausrottung nach Art der »Endlösung der Judenfrage« nicht zur Debatte stand, wurde auch schon erwähnt.

Die Lebensraum-Theorie schließlich ist unverhüllter Faschismus und erhält eine besonders pikante Note durch den Vergleich der Bevölkerungsdichte: Sie ist in der Volksrepublik Polen nicht einmal halb so groß wie in der Bundesrepublik Deutschland.

Die Kollektivschuld-Theorie wurde in diesem Buch bereits untersucht und als eine der vielen historischen Erscheinungsformen des menschenfeindlichen Rassismus klassifiziert. Als Rechtfertigung von Verbrechen taugt sie ebensowenig wie die christliche Lehre von der

Erbsünde. Solange Erbsünde und Kollektivschuld in den theologischen Studierstuben der Erbauung dienen, verdienen sie etwa so viel Interesse wie die berühmten Streitfragen der mittelalterlichen Theologie, wieviele Engel auf einer Nadelspitze Platz haben, ob Maria mit oder ohne Nachgeburt geboren habe, welche Temperaturen in der Hölle herrschen usw.[54]. Sobald aber Völkermord zum Gericht Gottes und Folterknechte zu himmlischen Sendboten werden, liegen die Dinge anders.
Auch auf jüdischer Seite hat es übrigens vereinzelt »Bestrafungstheologen« gegeben. Die einen sahen in Auschwitz die Strafe für die Assimilation, die anderen für den Zionismus, wieder andere für den Abfall vom Glauben usw. Treffend bemerkt dazu Günther Bernd Ginzel, diese Bestrafungstheologie sei ein Rückfall in Glaubenskategorien von Göttern und Götzen, die Menschenopfer heischen[55].
Im 14. Kapitel wurde dargestellt, wie der christliche Antisemitismus vergangener Jahrhunderte mit der Kollektivschuld der Juden am Tod Christi begründet wurde. Dieses Schlupfloch des Rassismus wurde im Oktober 1965 durch die Erklärung »Nostra aetate« des 2. Vatikanischen Konzils endgültig verstopft. Es heißt darin wörtlich[56]: »Obgleich die jüdischen Obrigkeiten mit ihren Anhängern auf den Tod Christi gedrungen haben, kann man dennoch die Ereignisse seines Leidens weder allen damals lebenden Juden ohne Unterschied noch den heutigen Juden zur Last legen. ...Im Bewußtsein des Erbes, das sie mit den Juden gemeinsam hat, beklagt die Kirche, die alle Verfolgungen gegen irgendwelche Menschen verwirft, nicht aus politischen Gründen, sondern auf Antrieb der religiösen Liebe des Evangeliums alle Haßausbrüche, Verfolgungen und Manifestationen des Antisemitismus, die sich zu irgendeiner Zeit und von irgend jemandem gegen die Juden gerichtet haben.«
Der unreine Geist der Kollektivschuld-Theorie, den die Katholiken erfolgreich ausgetrieben hatten, fuhr zur nämlichen Stund' in die protestantischen Oberen und produzierte im gleichen Monat des gleichen Jahres (!) die zitierte evangelische Denkschrift.
Der psychologische Schlüssel zum Verständnis der unterschiedlichen Haltung der Konfessionsoberen liegt vielleicht in den dreißiger Jahren. Während die katholischen Bischöfe den Antisemitismus im allgemeinen nicht förderten[57], schuf die Evangelische Kirche Deutschlands schon 1933 einen Arierparagraphen und schloß »Nichtarier«

von kirchlichen Ämtern aus[58]. Während Papst Pius XI. am 14. März 1937 in seiner historischen Enzyklika »Mit brennender Sorge« mahnte[59]: »Wer die Rasse oder das Volk oder den Staat ... aus dieser ihrer irdischen Wertskala herauslöst, sie zur höchsten Norm ... macht und sie mit Götzenkult vergöttert, der verkehrt und verfälscht die gottgeschaffene ... Ordnung der Dinge ...«, während also der Papst so mahnte, erklärten die evangelischen Landesbischöfe am 27.1.1934[60]: »Unter dem Eindruck der großen Stunde, in der die Kirchenführer der deutschen evangelischen Kirche mit dem Herrn Reichskanzler versammelt waren, bekräftigen sie einmütig ihre unbedingte Treue zum Dritten Reich und seinem Führer. Die Kirchenführer verurteilen auf das schärfste alle Machenschaften der Kritik an Staat, Volk und Bewegung, die geeignet sind, das Dritte Reich zu gefährden.«

Während Papst Pius XII. nach dem Krieg die Vertreibungsverbrechen öffentlich anprangerte und zusammen mit den katholischen Bischöfen an der unchristlichen Kollektivschuld-Theorie vernichtende Kritik übte[61], lieferte die EKD mit ihrem Stuttgarter Schuldbekenntnis 1945[62] ein theologisches Mäntelchen für beides. Kollaborateurssyndrom, könnte man sagen, oder: Abermals krähte der Hahn (Mark. 14, 72).

So sind sich jedenfalls die Spitzen beider Konfessionen auf ihre Weise treu geblieben (ob die Mehrheit des evangelischen Kirchenvolkes die Vorurteile seiner Oberen je geteilt hat, darf füglich bezweifelt werden).

Interessant für Historiker sind die deutsch-polnischen Schulbuchempfehlungen[63] vom April 1976. Die 26 Empfehlungen sind das Ergebnis von neun Zusammenkünften einer deutsch-polnischen Kommission. Auf polnischer Seite zeichnete das staatliche »Institut für Lehrpläne« des Ministeriums für Bildung und Erziehung verantwortlich, deutscherseits das Georg-Eckert-Institut für internationale Schulbuchforschung, eine selbständig arbeitende Einrichtung. Die Empfehlungen haben einigen Staub aufgewirbelt; man sollte sie sich im einzelnen ansehen.

Über die germanische Frühgeschichte Osteuropas findet man zwei Sätze[64]: »Über die Entstehung der großen indoeuropäischen sprachlich-ethnischen Gruppen, u.a. die Germanen und Slawen, deren Urheimat und Wanderungen sowie die Ausbreitung der ostgermanischen Stämme gibt es verschiedene Hypothesen, und als solche sollten sie in den Schulbüchern gekennzeichnet werden. Es steht fest, daß die Ostgermanen keine Vorfahren der deutschen Stämme waren.«

Die slawische Frühgeschichte Ostdeutschlands wird dagegen zunächst auf zwei Seiten und später noch an verschiedenen Stellen behandelt.

Unerwähnt bleibt, daß z. B. die slawischen Pomeranen (Pommern) keine Polen und die Pruzzen (auch Prussen genannt, die Ureinwohner Ostpreußens) nicht einmal Slawen, sondern Balten waren.

Intolerante Züge der deutschen Nationalitätenpolitik in der wilhelminischen Ära werden erwähnt[65], nicht aber die ungleich größere Intoleranz gegenüber der deutschen Minderheit in Polen nach 1919.

Während Hitlers Überfall auf Polen registriert wird, fehlt der Einmarsch Stalins ganz. Während der Nazi-Terror im besetzten Polen ausführlich beschrieben wird, heißt es bei den Vertreibungsverbrechen nur, daß die deutsche Bevölkerung »unter großen Verlusten flüchtete«[66].

»Der unmenschlichste Beschluß, der je von zur Verteidigung der Menschenrechte berufenen Regierungen gefaßt wurde« (Anne O'Hare McCormick in der ›New York Times‹), wird so charakterisiert[67]: »Die territorialen Veränderungen bei Ende des Zweiten Weltkrieges wurden mit umfangreichen Bevölkerungsverschiebungen verbunden. Sie zielten darauf ab, staatliche und ethnische Grenzen nach Möglichkeit in Übereinstimmung zu bringen.«

Gebietsverluste Polens im Osten und Gewinne im Westen werden nach qkm angegeben[68]; verschwiegen wird dagegen der nichtpolnische Charakter der »polnischen Ostgebiete«, ihre geringe Bevölkerungsdichte und ihre geringe wirtschaftliche Entwicklung.

Von der total fehlenden Verfolgung von Vertreibungsverbrechen in Polen liest man nichts, während zu der – trotz mancher Schwächen weltweit wohl einzigartigen – gerichtlichen Aufarbeitung der NS-Verbrechen in der Bundesrepublik vermerkt wird[69]: »...Inkonsequenzen bei der Durchführung der Entnazifizierung und der gerichtlichen Verfolgung nationalsozialistischer Verbrechen haben die Beziehungen der Bundesrepublik Deutschland zu Polen und zu anderen Ländern in vieler Hinsicht belastet.«

Die Schulbuchempfehlungen sind ein Kompromiß zwischen Wissenschaftlern und Propagandisten. Wenn sich Wahrheit und Unwahrheit auf halbem Weg treffen, kann man nicht mehr erwarten als Halbwahrheiten. Vor dem Bundestag hat Bundespräsident Karl Carstens am 19.2.1976 – damals noch als Abgeordneter – dazu festgestellt: »Herr Kollege Brandt hat gesagt, man könne Aussöhnungspolitik nicht mit halbem Herzen betreiben, ...aber man kann Aussöhnungs- und Verständigungspolitik auch nicht mit halben Wahrheiten bestreiten.«

Aufgrund der verbreiteten Kritik an dem Papier arbeitete ein unabhängiger Historiker-Kreis 1978 Alternativ-Empfehlungen aus. Die Bundeszentrale für politische Bildung erklärte sich auch bereit, sie in der Beilage zum »Parlament« abzudrucken, wo auch die Empfehlungen von 1976 veröffentlicht worden waren. Der Satz stand, und die Korrekturen waren schon gelesen, als den Autoren plötzlich ein Brief der Bundeszentrale ins Haus flatterte, »aus allgemeinen politischen Gründen« wolle man doch lieber von der Publikation Abstand nehmen. Hintergrund war, wie sich später herausstellte, eine Demarche des polnischen Botschafters beim Auswärtigen Amt in Bonn. Kurzkommentar des rheinland-pfälzischen Landtagspräsidenten Albrecht Martin: »Finnlandisierung«[70].

Die zitierten Beispiele zeigen, womit sich das Informationsvakuum zum Thema der Vertreibungsverbrechen füllt. Es ist dies zum einen die wiedererstandene Kollektivschuld-Theorie, zum anderen die östliche Propaganda. Beide feiern geradezu zwangsläufig fröhliche Urständ, solange es an einer Vergangenheitsbewältigung nach wissenschaftlich – objektiven und moralischen Kriterien fehlt.

Angesichts des desolaten Standes der Bewältigung der Nachkriegsverbrechen in Deutschland gehört nicht viel Phantasie dazu, sich die Renaissance der Kollektivschuld-Theorie in ihrem Geburtsland auszumalen. Nicht etwa aus einem russischen Schüleraufsatz, sondern aus dem Lehrstoff amerikanischer Hochschulen sind die folgenden Kostproben entnommen:

»Die Preußen hatten keine Ideen, außer so viel Land für sich zu raffen wie möglich.«[71] Im gleichen Stil geht es weiter[72]: Schon der Preußen-König Friedrich Wilhelm I. erscheint als »Potsdam-Führer«; die preußische Armee war eine gigantische Strafanstalt. Die demokratische Nationalversammlung von 1848 in der Paulskirche zeigte rassistische Neigungen. Die ganze deutsche Bevölkerung hat die Ausrottung der Juden gekannt und gebilligt. Überhaupt führt ein gerader Weg von Luther über das 18. und 19. Jahrhundert bis zur Nazi-Barbarei. Die Hitler-Attentäter des 20. Juli 1944 waren Nazis, und der ehemalige Bundeskanzler Kiesinger ist ein Ex-Nazi. Die deutsche Geschichte wirkt wie ein überdimensionales Verbrecheralbum; die Vertreibungsverbrechen werden nicht erwähnt.

Der Berliner SPD-Bundestagsabgeordnete Peter Männig, als Mitglied der Atlantischen Gesellschaft mit dem bizarren Deutschlandbild der amerikanischen College-Absolventen besonders gut vertraut, forderte 1979 in einer Anfrage die Bundesregierung auf, die 1967 eingeschlafene deutsch-amerikanische Schulbuchkommission wieder zu beleben. U. a. meinte der Parlamentarier[73]: »Nimmt man dazu noch die vielen Kriegsfilme in amerikanischen Kinos und Fernsehprogrammen, die Ausstrahlung des Films ›Holocaust‹ und die Deutschland-Berichterstattung, vor allem der Zeitungen im Mittelwesten, dann kann man nur Angst bekommen.« – Tatsächlich hatte die Initiative Erfolg[74], und man kann auf das Ergebnis gespannt sein. Die Chancen der Wahrheitsfindung bei einem Ausschuß aus freien Wissenschaftlern freier Länder dürften jedenfalls wesentlich besser sein als im Falle der deutsch-polnischen Schulbuch-Kommission.

Daß die Besorgnis des Abgeordneten Männig nicht ganz unbegründet war, zeigt u.a. eine Emnid-Umfrage vom Oktober 1977. Danach beziehen immerhin 32% der befragten Amerikaner ihr Deutschland-Bild aus dem Schulunterricht[75]. Die wichtigste Informationsquelle stellt mit 36% das Fernsehen dar[76]. In diesem Medium geht es nicht viel anders zu als in den Schulbüchern. 1978 z. B. mußte der ›Economist‹ im Hinblick auf amerikanische TV-Produktionen berichten[77]: »Jede Woche wird Kindern ein frei erfundenes, wiedergekäutes Zeug über den Zweiten Weltkrieg angeboten, bei dem die Deutschen bestenfalls als dumm und schlimmstenfalls als fürchterlich brutal und tückisch dargestellt werden. Etwa jeden Monat wird Kindern und Erwachsenen ... eine Mischung aus Tatsachen und Erfindungen vorgeführt, in der die Deutschen im selben Licht gezeigt werden. Der mutige oder gar der gute Deutsche ist selten zu sehen. Der durchschnittliche Deutsche ist ein Verbrecher in brauner, grauer oder gar schwarzer Uniform.«

Dabei gab es nach dem Auslaufen der Kriegspropaganda und dem Rückzug der Roosevelt-Mannschaft in der anglo-amerikanischen

Filmindustrie der fünfziger und z. T. auch noch der sechziger Jahre durchaus Ansätze einer objektiven Darstellung der Nazizeit. Es wurde vielfach zwischen Nazis und anderen Deutschen unterschieden, z. B. in »Duell im Atlantik« oder »Taxi nach Tobruk«. Später aber geriet die filmische Darstellung der Deutschen in vielen Fällen zur reinen Monster-Show.
Ähnlich wie bei der Haltung der Kirchen im Kampf gegen das Kollektivschuld-Denken und die damit verbundenen Vorurteile frappiert auch in der Filmgeschichte die Gleichzeitigkeit von Fortschritt und Rückschritt. Bis in die Mitte der fünfziger Jahre hinein nämlich spielte der Indianer im US-Film die gleiche Rolle wie der Deutsche heute.
Über den Mythos des Wilden Westens ist in dem Buch »Western-Kino/Geschichte und Mythologie des Western-Films« nachzulesen[78]:
»Der Mythos ist eine Methode, das Unvereinbare zusammenzuzwingen, das heimliche Verlangen, wie ein Indianer zu leben, und die historische ›Notwendigkeit‹ des Völkermords zum Beispiel ... Und die Legende ist eine Mauer gegen die Wahrheit, zum Beispiel gegen die Wahrheit, daß die Geschichte des Westens die Geschichte von Betrug, Verrat, Unterdrückung und Mord an den Indianern ist. Die Legende des Western gegen diese fast nicht zu verdrängende Wahrheit ist die vom Heldentum der Männer vom Schlage Custers und die Legende von den Pionieren...«
Die Entdeckung, daß auch Indianer Menschen sind und daß ihre Ausrottung nicht unbedingt als Heldentat zu bewerten ist, brachte vor allem Delmer Daves Film »Broken Arrow« (1950). Die neue Perspektive begann sich dann etwa ab 1954–1956 allgemein durchzusetzen[79].
Aber kaum war der Ungeist des Vorurteils verjagt, da kehrte er auch schon in veränderter Gestalt wieder. Der böse Wilde, der anonyme Aggressor, kam nun nicht mehr in Mokassins und Federschmuck daher, sondern mit Knobelbechern und Stahlhelm. Die Ursachen der Metamorphose sind eher auf politischem als auf ästhetischem Gebiet zu suchen.
Der demokratische Wahlsieg vom November 1958 brachte in den USA wieder die »Liberals« zu Ehren, die allerdings mit der europäischen Liberalität außer dem Namen nicht allzuviel gemeinsam haben; Roosevelt und seine Berater können als repräsentativ für diese

Schule gelten. Während der verblichene Präsident den Massenmörder Stalin noch allzu naiv als guten, alten Onkel bezeichnete, sprachen die neuen Liberals schon wesentlich geschickter von »primitivem Antikommunismus«, ohne zu sagen, wie ein nichtprimitiver denn aussieht und ob es ihn überhaupt gibt. Lediglich die antideutschen Ressentiments waren die alten: Der rassistische Autor Louis Nizer[80] konnte wieder Bestseller plazieren, und William S. Shirer, im Krieg einer der schärfsten Vertreter des Antigermanismus[81], wurde mit seinem Buch vom Aufstieg und Fall des Dritten Reiches sogar zum Superseller.

Seitdem geistert der Ewige Deutsche, unsterblich wie der legendäre Ahasver, durch alle möglichen und unmöglichen Medienlandschaften. – Populär ist z.Zt. beispielsweise Nazi-Fiction, d. h. Zukunftsromane und -filme über die Bedrohung der Welt durch das »kommende Vierte Reich«[82], daneben Kriegs-Comics und in England Nachdrucke der Tageszeitungen aus der Kriegszeit (War Papers[83]), nicht zu vergessen »typisch deutsche« Musikstücke aus der Nazizeit; der Münchner Branchendienst »Medientelegramm« bezeichnete 1981 das Horst-Wessel-Lied (Die Fahne hoch ...) sogar als Superhit[84].

Angesichts der diskreten Expansion der Nazi-Porno-Branche sah sich die Bundesprüfstelle für jugendgefährdende Schriften neulich veranlaßt, einen Wissenschaftler der Universität Bonn mit der Untersuchung der neuen Gattung der Populärkunst zu beauftragen[86]. Das Ergebnis seines Gutachtens: Allein auf dem Taschenbuch-Markt 200 Titel mit einschlägigem Bezug. Und das Fazit: »Zum einen erscheinen Deutsche als barbarische Sexualmörder, zum anderen sind ... die Handlungen in die Gegenwart gerückt und lassen beim unkritischen Leser den Eindruck entstehen, als sei vom Fortbestehen des Naziterrors in der Gegenwart, jedenfalls beim Gewaltsex, auszugehen.«

Nicht nur in Europa und in den USA ist das Deutschlandbild vom grauen bzw. braunen Star getrübt. Auch die Mehrzahl der befragten Japaner beantwortete die Frage »Was fällt Ihnen ein, wenn Sie an Deutschland denken?« mit »Hitler, Nazis, Krieg«[87]. Als man 2000 japanische und deutsche Schüler im Alter zwischen 10 und 18 Jahren aufforderte, ihre jeweiligen Vorstellungen vom anderen Land mit Zeichenstift und Pinsel wiederzugeben, war das Resultat ähnlich. Während die deutschen Jugendlichen ein rosarotes Japanbild zu Pa-

pier brachten, geriet das japanische Deutschland-Bild tiefbraun. Im »Stern« Nr. 1/1982 schreibt Gunnar Schönherr:
»... das japanische Klischee sieht Deutschland noch in den Klauen der Nazis. Jeder fünfte Schüler, der an Deutschland dachte, malte Hitler – gleich neben Neuschwanstein, Rhein, Bratwurst und Maßkrug. Selbst im Bierschaum noch erscheinen die angstverzerrten Gesichter von KZ-Opfern. Warum tobt der häßliche Deutsche durch die Phantasie der Japaner? Schüler, Lehrer und Journalisten verweisen zur Erklärung meist auf das japanische Fernsehprogramm. Dort ist der Zweite Weltkrieg noch lange nicht zu Ende. In amerikanischen Serienproduktionen wie ›Combat‹ oder ›The Rat Patrol‹ kämpfen clevere US-Soldaten unermüdlich und stets erfolgreich gegen tumbe, brutale Landser, deren schnarrende Kommandos im deutschen Originalton überkommen. Wochenzeitschriften werben mit Hitlers Konterfei für einschlägige Neuerscheinungen auf Japans Buchmarkt. Nazi-Kinofilme und Nazi-Comics lassen Deutschland und Drittes Reich eins werden ...«
Während sogar die Deutschaustralier gegen eine pauschale Diffamierung protestieren mußten[88], erklärte der skandinavische Wikinger-Fachmann Eric Graf Oxenstierna in einem Gespräch mit dem Autor, daß die antigermanische Welle auch sein entlegenes Forschungsgebiet erreicht habe.
Natürlich wird kein verantwortungsbewußter Bürger einem Verzicht auf eine historisch korrekte Darstellung des Nationalsozialismus und seiner Untaten das Wort reden oder gewisse antideutsche Vorurteile dazu mißbrauchen, um daran die Suppe des Antiamerikanismus zu kochen. Ebenso natürlich wird niemand den Crime-and-Sex-Antigermanismus amerikanischer Fernsehfilme mit dem dogmatisch-mörderischen Antisemitismus Adolf Hitlers auf eine Stufe stellen wollen.
Aber wie Christus, der Erlöser, hatte auch Hitler, der Verderber, Vorläufer und Propheten. Von der bolschewistischen und/oder kapitalistischen Weltverschwörung über die Kollektivschuld am Gottesmord bis hin zu den Vulgärformen von Neid und Fremdenhaß gab es kein antisemitisches Vorurteil, das nicht eine gewisse Anziehungskraft ausübte und es seinen Anhängern nicht ermöglichte, ihre Frustrationen und Fehlleistungen auf den jüdischen Sündenbock zu projizieren. Wie schnell Vulgäres in Dogmatisches umschlagen kann,

lehrt die jüngste Vergangenheit. Und daß angesichts der Renaissance des Deutschland-Bildes der Ära Roosevelt auch noch andere Verhaltensweisen denkbar sind als die des Kaninchens gegenüber der Schlange, demonstriert der zukunftsträchtige Ansatz der deutsch-amerikanischen Schulbuchkommission.

Die Folgen

Bedenkt man, wie zögernd die amerikanische Bevölkerung auf die Propaganda der Deutschenhasser während der letzten Kriegsjahre reagierte[89], so wird man die kurzfristige Wirkung des neuen Antigermanismus nicht allzuhoch einschätzen müssen. Zwar häufen sich in deutschen, englischen und amerikanischen Zeitungen nach jeder Ausstrahlung besonders »gelungener« TV-Sendungen Berichte über deutsche Schulkinder in den USA und Großbritannien, die von ihren Klassenkameraden beschimpft und schikaniert werden[90]. Geradezu klassisch lautete die Frage eines 7jährigen deutsch-englischen Schülers[91]: »Vati, ich werde immer verhauen, und sie nennen mich einen Nazi; was ist das eigentlich?« Vorerst dürfte es sich dabei allerdings noch um Ausnahmefälle handeln. Recht aufschlußreich aber ist der Bericht eines Lehrers aus den Vereinigten Staaten über eine Diskussion zum Thema Drittes Reich[92]:

»Die Schüler forderten mich als Deutschen im Unterricht (Mathematik) leidenschaftlich auf, zu dem Geschehenen Stellung zu nehmen. Ohne etwas zu beschönigen oder abzustreiten, habe ich versucht, ihnen die damalige Situation klarzumachen... Aber sie konnten das alles verständlicherweise schwer begreifen. Ein Mädchen erklärte: ›Ich schäme mich, daß ich eine deutsche Großmutter habe.‹ Ein anderer sagte: ›Ich habe gegenüber den Deutschen Gefühle, wie man sie früher in Amerika gegen die Neger hatte.‹...«

Kindermund tut Wahrheit kund. So wie man in der Vergangenheit oft die hohe Kriminalitätsrate bei den amerikanischen Farbigen als rassisches Phänomen deutete, indem man einfach die identische Kriminalität vergleichbarer weißer Sozialgruppen unerwähnt ließ (die Neger gehören in den USA überwiegend zur Unterschicht[93]), so regt sich heute wieder der aus der Roosevelt-Morgenthau-Ära sattsam bekannte Drang, das Dritte Reich und seine Untaten nicht politisch, historisch oder soziologisch, sondern anlagebedingt zu erklären. Völkermord erscheint so als ein »teutonisches Phänomen«[94]; denn ande-

re Millionenmorde wie die Ausrottung der Armenier, die Verbrechen des Stalinismus oder die Vertreibungsmorde kommen im Lehrplan in der Regel nicht vor.
Besonders der junge amerikanische Historiker und Völkerrechtler Alfred M. de Zayas, der sich seit Jahren um eine Objektivierung des Deutschlandbildes in den Schulbüchern der USA bemüht, ist nicht müde geworden, vor den Gefahren der Darstellung des Völkermordes als einer spezifisch deutschen Erscheinung zu warnen[95], und der renommierte US-Historiker und Politologe David P. Calleo ergänzt[96]: »Viele deutsche Autoren scheinen eine Art perversen Vergnügens daran zu finden, ihrem Volk eine einzigartige Schlechtigkeit zuzuschreiben, die es von der übrigen Menschheit unterscheidet.«
Der durchschnittliche Deutsche mag im internationalen Vergleich keine sonderlich liebenswerte Erscheinung sein; die Frage ist aber nicht, ob man die Deutschen mag, sondern ob man Völkerhaß und Rassismus mag. Wenn es der Ernst des Themas nicht verböte, wäre man fast versucht zu sagen: Schön wär's ja, wenn Völkermord und Verbrechen gegen die Menschlichkeit spezifisch deutsche Erscheinungen wären; es könnten dann wenigstens die Völker außerhalb Europas ruhig schlafen. Aber leider sind 127 Kriege und Konflikte allein von 1945 bis 1980 und ihre 32 Millionen Opfer[97] ebenso traurige wie unübersehbare Tatsachen.
Eine weitere Gefahr ist in diesem Zusammenhang zu nennen, nämlich die nachträgliche Rechtfertigung der Vertreibungsverbrechen im Sinne der Kollektivschuld-Theorie. Diese Doktrin liefert über ihre historische Bedeutung hinaus ein Denkmodell zur Rechtfertigung von Massenverbrechen an »schuldigen« Völkern schlechthin, eine Lehre vom gerechten Völkermord. Es kann durchaus der groteske Zustand eintreten, daß durch eine fehlgelenkte Aufklärung über die Unmenschlichkeiten der Vergangenheit den Unmenschlichkeiten der Gegenwart der Weg geebnet wird. Nicht den Rassen- und Völkerhaß abzuschaffen, sondern nur die Richtigen zu hassen, ist die Moral von der Geschicht', wenn an die Stelle des Antifaschismus wieder der Antigermanismus tritt. Sollte sich diese Philosophie durchsetzen, dann wären Millionen von Naziopfern umsonst gestorben, dann hätte Hitler am Ende doch triumphiert.
Jenseits aller globalen Perspektiven ist aber der leidende Mensch, der einzelne, nicht zu vergessen. Verbrechensopfer leiden lebenslang.

Nach Feststellungen von Dr. Hans Joachim Herberg, Mitarbeiter des »Deutschen Dokumentationszentrums für Gesundheitsschäden nach Gefangenschaft«, sind bleibende psychische Schäden die Regel bei Personen, die länger als ein halbes Jahr in einem Zwangsarbeits- oder Konzentrationslager zubringen mußten[98]. Über Juden, die der Verfolgung durch die Nazis entgehen konnten, bemerkt der Psychiater William G. Niederland in seinem Buch »Die Folgen der Verfolgung«, für die meisten sei es trotzdem Seelenmord gewesen[99]. Von irreparablen seelischen Schäden, insbesondere bei den Millionen Opfern sowjetischer Sexualverbrechen, berichtet auch die Dokumentation des Vertriebenenministeriums[100]. Paranoide Tendenzen, Verfolgungswahn, Angst vor Dunkelheit usw. registriert die Viktimologie, die junge Wissenschaft der Verbrechensopferforschung, neuerdings sogar als Langzeitwirkung bei Geiseln, die sich relativ kurze Zeit in der Gewalt von Terroristen befunden haben[101]. – Wenn also selbst bei weitestgehender Solidarität der Gesellschaft mit den Opfern die psychischen Nachwirkungen noch gravierend sind, kann man sich unschwer den Zustand der überlebenden Opfer von Vertreibungsverbrechen vorstellen. Bei ihnen kann von einer solidarischen Öffentlichkeit z.Zt. noch nicht die Rede sein. Tendenz und Tonlage gewisser Kommentare – etwa die Formulierung »sogenannte Vertreibungsverbrechen« – lassen nicht selten Zweifel aufkommen, ob die Opfer oder die Täter die Sympathien der Gesellschaft genießen.

Exkurs: Vergangenheitsbewältigung und Zukunftsbewältigung

So endet denn diese Untersuchung des letzten Kapitels der unbewältigten Vergangenheit mit der Feststellung, daß noch viel Arbeit zu leisten ist – Informationsarbeit, Denkarbeit und Trauerarbeit.

Während an dieser Stelle der rein historisch interessierte Leser das Buch aus der Hand legen wird, fragt sich vielleicht der politisch orientierte, welche Auswirkungen von der Renaissance der Kollektivschuld-Theorie in Zukunft noch zu erwarten sind. Mit Rücksicht auf den politischen Leser und im Vertrauen auf die Toleranz des historisch orientierten sei daher zum Schluß eine kurze Abschweifung von der Vergangenheit in die Zukunft erlaubt.

Die Ungereimtheiten der bisherigen Art der Vergangenheitsbewältigung haben in der westdeutschen Öffentlichkeit eine ganze Reihe bemerkenswerter Phänomene hervorgebracht. Schon der Gebrauch einer seltsamen Chiffrensprache verheißt dem Psychologen ein lohnendes Betätigungsfeld. Wie man im Mittelalter den Teufel nicht beim Namen nannte, sondern vom Leibhaftigen oder vom Gottseibeiuns sprach, so sagt man heute gern »jüngste Vergangenheit«, wenn man die Naziverbrechen meint. Besonders deutlich zeigen sich die unterschwelligen Strömungen bei einer Stimme aus der Nachkriegsgeneration:

»Ja, ich wußte genau, daß ich Hitler war, bis zum Gürtel, daß ich da nicht herauskommen würde, daß es ein Kampf auf Leben und Tod ist, der mein Leben verseucht, seine gottverdammte Existenz hat sich an meine geklebt wie Napalm, und wenn ich auch eigentlich ganz andre Sachen vorhabe ... ich muß versuchen, die brennende Flamme zu löschen, aber es ist gar nicht Hitler, ist mein Vater, ist meine Kindheit, meine Erfahrung, BIN ICH ...«

Das Zitat stammt aus dem Romanessay »Die Reise« von Bernward Vesper[102], dem Sohn des NS-Schriftstellers Will Vesper, ehemaligen Verlobten der Linksterroristin Gudrun Ensslin und seinerzeitigen Apo-Verleger. Unwillkürlich löst die Stelle Assoziationen mit der mittelalterlichen Legende von Ahasverus, dem fluchbeladenen Juden, aus, von dem A. Silbermann in seinem Buch »Der ungeliebte Jude/Zur Soziologie des Antisemitismus« schreibt[103]: »Es wird mysteriös und diffus eine fortdauernde jüdische Schuld, ein unerbittlicher Fluch, konstatiert, der – und das ist wesentlich – nicht davon ausgeht, was der Jude tut, sondern davon, was er ist, also von seinem Wesen, seiner Natur her.« – Bernward Vespers Buch wurde von der »Weltwoche« als »Nachlaß einer ganzen Generation« gewürdigt. Eine Bestandsaufnahme dieses Nachlasses ist nicht uninteressant.

Anläßlich einer wissenschaftlichen Vortragsreihe der Münchner Carl-Friedrich-von-Siemens-Stiftung im Oktober 1979 wurde das geistige Klima der Bundesrepublik von den Veranstaltern folgendermaßen definiert[104]:

»Die Deutschen von heute, welcher Generation auch immer, leben in einer besonderen, nicht normalen Situation. Diese Situation ist durch die Epoche der Weltkriege und ihre Interpretation bestimmt. Die Anormalität der Lage scheint schwer erträglich zu sein und Abwehrmechanismen nahezulegen. Einer besteht darin, das Anormale für normal zu halten, ein anderer, bestimmte Ereignisse aus dem Gedächtnis zu verbannen. Mißlingen solche Versuche, so kommt es zu neurotischen Konflikten. Handlungsfähig ist ein Volk erst, wenn es in der Lage ist, seine Geschichte zu erzählen und sich mit ihr und durch sie zu identifizieren. Die Deutschen können heute diesen notwendigen Prozeß nicht oder nur unter großen Schwierigkeiten vollziehen. Ihre Identität ist damit gefährdet.«

Während die Siemens-Stiftung 1979 »die deutsche Neurose« als Arbeitstitel wählte, überschrieb 1982 Jürgen Leinemann eine einschlägige Serie im Spiegel mit »deutscher Depression«. Der Journalist diagnostiziert nach Untersuchung des deutschen Seelenzustandes in Anlehnung an das Psychiatrie-Lehrbuch von W. Schulte und J. Tölle u. a. die folgenden psychischen Störungen und Traumata[105]: »Verlust an Geborgenheit. Ungewißheit. Selbstwertzweifel. Autoaggression. Selbstvorwürfe ... Verlust an Wirklichkeitssinn«. Zu ähnlichen Ergebnissen kam die Mehrheit der anwesenden Auslandskorrespondenten bei dem vierten Medienkongreß der unionsnahen Hanns-Seidel-Stiftung im gleichen Jahr in Augsburg. Michel Meyer vom französischen Fernsehen z. B. machte sich mit vielen Franzosen »Sorgen um die politische Gesundheit« in Deutschland und bemerkte »Existenzangst bis ins Knochenmark«[106].

Die Selbstzeugnisse der Intellektuellen hören sich ebenso an: »Selbst-Antipathie« und »Frustrierung« (Francois Bondy[107]). – »Man erwartet von mir geradezu, daß ich mein Deutschsein mit einer Art Fassung ertrage, wie man ein Leiden erträgt, für das man nichts kann, das man aber auch nicht mehr loswerden kann« (Martin Walser[108]). – »Immer, wenn ich in den letzten Wochen versuchte, über Deutschland nachzudenken, um über Deutschland zu schreiben, stellte sich ein Gefühl der Ohmacht ein, ein leichtes Schwindeln, eine Blutleere im Kopf, die mich in einem leeren Starren, einem dösigen, ziellosen Warten festhielt. Nach ein paar Minuten mußte ich aufstehen, mich bewegen, es abschütteln, mich einer anderen Sache zuwenden.« (Dieter Wellershoff[109])

Die deutsche Krankheit scheint ansteckend zu sein. Der amerikanische Verleger Irving Kristol empfindet das Nachkriegsdeutschland als irgendwie entwurzelt, eine dahinschwimmende nationale Wesenheit, sanft auf dem Strom der Zeit schwankend, so daß er schließlich eine Art Seekrankheit verspürte. Auf dem Londoner Flughafen gelandet, hatte er »den überwältigenden Eindruck, wieder festen Boden unter den Füßen zu haben«[110].

Umgekehrt registrieren heimkehrende Deutsche wie z. B. der Botschafter Günter Diehl nach langjähriger Auslandstätigkeit zu Hause »frappanten Mangel an Selbstachtung, Unsicherheit und neurotische Verhaltensweisen«[111].

Der Niedergang des deutschen Selbstwertgefühls, die deutsche Depression, läßt sich auch demoskopisch belegen. Nach einer 1982 in Washington veröffentlichten weltweiten Umfrage des Gallup-Instituts sind die Iren das glücklichste, die Deutschen das unglücklichste Volk der Welt; nur jeder zehnte Bewohner der Bundesrepublik hält sich für glücklich[112].

Im Ausland konnte der Verfasser mehr als einmal beobachten, wie einzelne deutsche Reisende versuchten, sich für Angehörige einer anderen Nation auszugeben. Das Verhalten erinnert an gewisse Naturvölker; z. B. wird von den Kanumirembe auf Neuguinea berichtet, sie ließen sich gern für einen Nachbarstamm, die Marind-anim, halten, und von den Birartschen, einem tungusischen Stamm in der Mandschurei, heißt es, sie würden sich Fremden gegenüber – wegen der vermeintlich höheren Zivilisation – für Chinesen ausgeben[113].

Daß rassische, ethnische, kulturelle oder religiöse Gruppen eine Art von Selbsthaß entwickeln, wenn sie aus irgendwelchen Gründen in eine Abseits-Position geraten, ist in der soziologischen und sozialpsychologischen Literatur oft und ausführlich beschrieben worden.

Eine klassische Untersuchung ist die von Clark und Clark aus dem Jahr 1947[114]. Sie gaben Negerkindern im Alter zwischen 3 und 7 Jahren »weiße« und »schwarze« Puppen mit Fragen wie: »Mit welcher Puppe möchtest du gern spielen? Zeig mir die Puppe, die böse aussieht«, usw. Mehrheitlich wollten die Kinder mit der weißen Puppe spielen; die schwarze Puppe wurde als »böse« bezeichnet.

Eine der zahlreichen Analysen des jüdischen Selbsthasses stammt von K. Lewin. In seinem Buch »Revolving Social Conflicts« beschreibt der Autor die eigenen Minderwertigkeitsgefühle als Heranwachsender und fährt dann fort[115]: »Das Minderwertigkeitsgefühl des Juden ist nur ein Indikator der Tatsache, daß er die jüdischen Angelegenheiten mit den Augen der unfreundlichen Mehrheit sieht.« Das Ergebnis dieses Zustandes bezeichnet er als »negativen Chauvinismus«[116]. – Kein Geringerer als Nahum Goldmann, der langjährige Präsident des Jüdischen Weltkongresses, sieht im Selbsthaß bzw. in der Tatsache, sich nicht restlos selbst zu bejahen, eine der augenfälligsten Gemeinsamkeiten der jüdischen und der deutschen Traditionen[117]. Generell bemerkt Edmund Silberner[118]: »Haß gegen die eigene, ursprüngliche Nationalität ist bei assimilierten Individuen oder solchen, die es unbedingt werden wollen, keine seltene Erscheinung und kann bei Juden wie Nichtjuden festgestellt werden (so zum Beispiel bei der zweiten Generation italienischer Einwanderer in Amerika). Wenn er bei den Juden oder, besser gesagt, bei gewissen Juden häufiger auftritt als anderswo, so ist das wohl größtenteils dem stärkeren Druck des sozialen Milieus, dem sie ausgesetzt sind, zuzuschreiben.«

Daß bei türkischen Gastarbeitern und ihren Kindern in Deutschland z. T. ein ähnlicher Selbsthaß auftritt, ist von der Psychologin Anneliese Ude erst neulich untersucht worden[119]. Die neurotischen Folgen sind oft gravierend[120].

Besonders schwere psychische Schäden bei den Überlebenden der kommunistischen Schreckensherrschaft werden aus Kambodscha berichtet. Viele Menschen können die Tatsache nicht verarbeiten, daß sie die Pol-Pot-Diktatur überlebt haben, daß sie nicht rebellierten, daß sie ihre Freunde und Verwandten nicht retten konnten. Einem Berichterstatter fiel auf, daß sich mehrfach Menschen bei ihm entschuldigten, daß sie noch am Leben seien, und er meint, die Kambodschaner wirkten heute wie Patienten, die einer psychologischen Massentherapie bedürften[121].

Daß Selbsthaß und Minderwertigkeitsgefühle auch Produkt gezielter Manipulation sein können, beweist das Beispiel Südafrika, wo sich noch zu Anfang der siebziger Jahre der Unterrichtsminister nicht entblödete, das Bewußtsein der Inferiorität als Erziehungsziel bei der farbigen Bevölkerung zu bezeichnen.

Die klassischen Selbsthaß-Symptome sind zwar in der Regel bei Minderheiten zu registrieren[122], doch zeigen die letztgenannten Beispiele, daß es auch Ausnahmen von dieser Regel gibt. Im Fall der deutschen Nachkriegs-Neurose übernehmen im wesentlichen die elektronischen Massenmedien die Rolle der repressiven Mehrheit und die gleichsam sprachlose Bevölkerung die der Minderheit. Durch hilfreiche Vermittlung dieser Massenkommunikationsmittel sehen sich die Deutschen z. Zt. nicht mit ihren eigenen Augen, sondern mit den Augen der ehemaligen Kriegsgegner mit allen historischen alliierten

Irrtümern und Vorurteilen, vor allem sehen sie sich aus der Perspektive des Antigermanismus der vierziger Jahre.
Bei einem inhaltsanalytischen Seminar, das 1968 am Mainzer »Institut für Publizistik« zur Erforschung der Langzeitwirkung der Medien veranstaltet wurde, ergab sich z. B., daß in den untersuchten Magazinsendungen des Fernsehens bei den Bezugnahmen auf Deutsche, die eine Wertung enthielten, fast immer der Ton der Schelte vorherrschte[123]; die direkten Angriffe auf das Selbstwertgefühl waren häufiger als bei den verglichenen Druckerzeugnissen.
Interessant ist in diesem Zusammenhang auch, daß sich in den ersten Nachkriegsjahren und teilweise noch nach dem endgültigen Ende der alliierten Zensur im Jahr 1949 die Erörterung von Vertreibung und Vertreibungsverbrechen in den Funkhäusern als schwieriger erwies als in den Zeitungsredaktionen[124]. Die prominente Meinungsforscherin Noelle-Neumann hat mit gewichtigen Argumenten ausgeführt, daß der anhaltende Rückgang des deutschen Selbstwertgefühls, der sich demoskopisch unschwer belegen läßt, in erster Linie auf den Einfluß der elektronischen Medien zurückzuführen ist[125].
Die innenpolitischen Auswirkungen der deutschen Neurose sind vielfältig und nicht immer im Sinne der Verursacher. In seinem Vortrag zum Studium Generale der Universität Mainz warnte 1968 Gerhardt Schmidtchen[126]: »Für Deutschland ist es sehr wichtig, eine Basis der Selbstbewertung zu finden, der internationale Anerkennung sicher ist und die so gesehen normal ist. Eine sozialpsychologische Analyse der NPD-Wählerschaft zeigt, daß unter anderem auch Selbstwertkonflikte für den Anhängerzustrom verantwortlich sind. Insofern sind systematische Verunglimpfungen eines Landes dazu geeignet, den Boden für gefährliche politische Entwicklungen zu bereiten.«
Teilweise ist auch der Terrorismus der westdeutschen Linksradikalen mit einer verspäteten Frontstellung gegen das – publizistisch allgegenwärtige – Dritte Reich in Verbindung gebracht worden[127].
Wohlmeinende Nachbarn wie der schweizerische Literaturwissenschaftler Muschg[128] mahnen: »Nur die befriedigte Selbstachtung kann gute Nachbarschaft halten; die unterdrückte schwankt zwischen Selbstverkleinerung und Hochmut.« Wer's nicht glaubt, der stelle sich für ein paar Minuten an einen beliebigen Behörden- oder Bankschalter und warte, bis ein Gastarbeiter an die Reihe kommt.

Zum Thema Gastarbeiter konstatierten Herbert Ammon und Kanzler-Sohn Peter Brandt in ihrer Dokumentation »Die Linke und die nationale Frage«: »Toleranz, Verständnis, ja Wertschätzung der kulturellen Besonderheiten der Einwanderer wird unseres Erachtens nur erwachsen, wenn man sich auf deutscher Seite der eigenen kulturellen Identität versichert. Hierzu gehört aber ein Wissen um die wertvollen wie die erschreckenden Geschichtstraditionen ebenso wie die daraus resultierende Anerkennung der Legitimität der eigenen national-politischen Aspirationen.«[129]
Während die Katholiken 1980 für das deutsche Volk eine »patriotische Perspektive, die sich in seiner Geschichte und in der Achtung vor Menschenwürde und Recht gründet«, forderten[130], rief schon 1977 der Studentenrebell Rudi Dutschke am Grab von Ernst Bloch aus[131]: »Was für ein gespaltenes, geschichtsloses, von heute auf morgen dahinvegetierendes, finanziell reiches, geistig immer ärmer werdendes Volk der Gekrümmten!«
Daß sich Zusammenhalt und Identität der Nation nicht durch Wohlstand oder andere schöne Dinge ersetzen läßt, hat erst ab 1980 die beginnende Wirtschaftskrise einer breiteren Öffentlichkeit bewußt gemacht, wie Jürgen Leinemann in der oben zitierten Serie »Die deutsche Depression« zutreffend konstatiert[132]. Nicht anders sieht es der ehemalige Berliner Wissenschaftssenator und SPD-Bundesgeschäftsführer Peter Glotz[133]: »Gesellschaften können mit Kulturkrisen viele Jahrzehnte, vielleicht auch Jahrhunderte existieren. Erst wenn kulturelle und ökonomische Krise in einem einzigen historischen Punkt zusammenfallen, explodieren die Konflikte. Weil aber die ökonomische Stabilität der beiden letzten Jahrzehnte in den nächsten beiden nicht garantiert werden kann, bedeutet der achselzuckende Verzicht auf kollektive Identität ein waghalsiges Risiko.«
Und so singen heute offenbar, soweit sie über den Tag hinaus denken, Intellektuelle aller Couleur unisono mit Heinrich Heine: Oh Bund, du Hund, du bist nicht gesund. – Man kann es drehen und wenden wie man will; wie alle Völker dieser Welt wird auch das deutsche um ein Minimum an kollektiver Identität und – horribile dictu – Nationalbewußtsein nicht herumkommen. Dieses Minimum ist leicht zu definieren: So viel, wie zum Überleben nötig – nicht mehr, aber auch nicht weniger. Eine Familie ohne Familiensinn ist auf die Dauer nicht vorstellbar.

Wie sich die deutsche Neurose in der Bonner Außenpolitik auswirkt, ist einer Äußerung des früheren britischen Premiers Edward Heath von 1979 zu entnehmen[134]: »Wenn ich immer wieder von meinen deutschen Freunden höre, ›Nein, das geht nicht, sehen Sie doch, was in der Vergangenheit passiert ist, die anderen wollen das nicht‹, so halte ich diesen Standpunkt für völlig falsch.«

Das Zentralkomitee der Deutschen Katholiken betonte in seiner Bonner Erklärung vom 23. Mai 1980[135], daß sich die Bundesrepublik Deutschland »kein Stillhalten und auch nicht den Versuch des Wegduckens unter den Stürmen der Weltauseinandersetzung leisten kann. Friede und Freiheit sind nicht dadurch zu bewahren, daß man andere handeln läßt.«

Der Historiker Golo Mann schließlich sprach 1977 in einem Zeitungsinterview von einer »planmäßigen Hetzkampagne« gegen Deutschland, die von denen organisiert werde, »die die Bundesrepublik Deutschland moralisch isolieren wollen – von Leuten, die daran interessiert sind, daß z. B. Deutsche und Franzosen keine Freunde bleiben.« Es handle sich um Kommunisten und ihre Sympathisanten. Die Bundesregierung wirke in dieser Lage hilflos[136]. Warum sowjetische und tschechische Geheimdienste mit Vorliebe westdeutsche Synagogen und Kirchen mit NS-Parolen beschmieren und Drohbriefe an jüdische Bürger schreiben lassen, hat dann 1978 der Bundestagsabgeordnete Hans Graf Huyn in einer gründlichen Analyse dargelegt[137].

Daß der lärmende Antiamerikanismus der achtziger Jahre durchaus mit dem Antigermanismus konformgeht und damit Manns Interpretation nicht widerlegt, sondern bestätigt, ist u.a. Büchern wie »Der gefesselte Riese« – herausgegeben zum 30jährigen Bestehen des prominenten Bonner »Vereins der ausländischen Presse« – zu entnehmen[138].

Wem vor dem Hintergrund eines weltweiten Kampfes um die Menschenrechte und die Freiheit der Völker die Verunsicherung und Manipulierbarkeit eines der wichtigsten Länder der demokratischen Hemisphäre, wem also ein »kranker Mann am Rhein« vor allem nützt, das zu erraten bedarf keiner besonders ausgeprägten Phantasie.

Angesichts der deutschen Neurose werden also diejenigen nach dem Psychiater rufen müssen, die weder dem »Herrsche und Teile« des sowjetischen Imperialismus huldigen noch den rassistischen Lehren

Louis Nizers, wonach die Mitteleuropäer die biologische Evolution des Menschen zum Höheren verpaßt haben und daher als gemeingefährliche Frankensteins physisch (Theodore N. Kaufman) oder zumindest politisch (Henry Morgenthau jun.) zu kastrieren seien. Die Therapie ist leichter, als es auf den ersten Blick scheinen mag; sie ist in jedem beliebigen Lexikon unter dem Stichwort Psychoanalyse nachzulesen[139]: »Die Einsicht in die unbewußte Konfliktursache und die klare Auseinandersetzung damit befreit die für die Verdrängung gebrauchte psychische Energie und läßt zugleich auch die Symptome verschwinden.«

Im gegebenen Fall ist daran zu erinnern, daß der neurotische Selbsthaß diskriminierter Minderheiten auf der Übernahme von Vorurteilen der feindseligen Mehrheit beruht. Bei der deutschen Neurose fungieren vor allem die elektronischen Massenmedien als »Mehrheit«, das Volk als Minderheit; das übernommene Vorurteil liegt in der rassistisch gefärbten Kollektivschuld-Theorie; es läuft parallel mit der fehlenden Aufarbeitung der Vertreibungsverbrechen und ähnlicher Aspekte der Zeitgeschichte. Sobald die von der Neurose Betroffenen den unwissenschaftlichen Charakter der genannten Theorie zur Kenntnis genommen haben, verschwinden die Verunsicherung und die moralische Orientierungslosigkeit von selbst; die Gesellschaft lernt wieder, die ungekürzte Ausgabe der Zeitgeschichte zu lesen, und sie kann die Aufgaben des Tages nach moralischen und rationalen Kriterien in Angriff nehmen. Und die Geschichte verwandelt sich vom Gespenst wieder in eine Lehrmeisterin.

So sind also Kollektivschuld-Theorie und Nachkriegsverbrechen, Bewältigung der Vergangenheit und Bewältigung der Zukunft aufs engste miteinander verbunden. Die Auseinandersetzung mit dem letzten Kapitel der unbewältigten Vergangenheit ist aber mehr als ein Gebot der historischen Redlichkeit und der politischen Vernunft.

In seinem Buch über den Völkermord an den Armeniern hat Yves Ternon gesagt, was dazu zu sagen ist[140]: »Wenn die Menschheit Verbrechen gegen die Menschlichkeit hinnimmt, spricht sie sich selbst das Urteil.«

19. Resümee

Bei der Bewältigung der Vertreibungsverbrechen ist per Saldo daran zu erinnern, daß hier – wie demoskopische Erhebungen zeigen – ein auffallendes Informationsdefizit besteht. Die verbreitete Unwissenheit hängt zusammen mit der unzureichenden Behandlung des Gegenstandes in Massenmedien, Film und Literatur. Die Möglichkeiten der gerichtlichen Verfolgung der einschlägigen Straftaten wurden nicht ausgeschöpft, und amtliche Dokumentationen zum Thema konnten z. T. nur unter größten Schwierigkeiten erscheinen.

Es existiert auch kein irgendwie bemerkenswertes Denkmal für die Opfer dieses größten Verbrechenskomplexes der Nachkriegsgeschichte.

Vordergründig scheint das wichtigste Hindernis in Bonn zu liegen; denn die Bundesregierung hat in den sechziger und siebziger Jahren mehrfach erklärt, daß sie einer publizistischen Bewältigung der Vertreibungsverbrechen ablehnend gegenüberstehe. Als Begründung wurden überwiegend Gesichtspunkte der Entspannungspolitik (Ostpolitik) angeführt, obwohl die kommunistischen Staaten Vergangenheitsbewältigung aus ihrer Perspektive und Entspannung nicht als Gegensätze betrachten. In Bonn wurde auch übersehen, daß eine dauerhafte Versöhnung nur auf dem Fundament der Wahrheit und der Achtung der Menschenrechte, vor allem des Lebens jedes einzelnen der anderen Gruppe, möglich ist.

Ob der verlorene Krieg oder die Untaten der diktatorischen Epoche in diesem Zusammenhang immer noch nachwirken, erscheint zumindest zweifelhaft, weil z. B. die ehemaligen Diktaturen Japan und Italien heute keine »Geschichtsschreibung der Sieger« und auch keine Kollektivschuld-Gedanken kennen. Eine plausiblere Erklärung liegt in dem traditionell schwachen kollektiven Selbstbewußtsein der Deutschen. Nach Meinungsumfragen liegt Deutschland in puncto Nationalbewußtsein im westlichen Europa an letzter Stelle (105 Punkte gegenüber dem Spitzenreiter Frankreich mit 284 Punkten). Nach einem der neueren Parkinsonschen Gesetze füllt sich ein Informationsvakuum »in kürzester Zeit mit falscher Darstellung, Gerücht, Geschwätz und Gift«. Im gegebenen Fall füllt sich das Vakuum beim Thema Vertreibungsverbrechen zum einen mit der wiedererstandenen Kollektivschuld-Theorie, zum anderen mit östlicher

Propaganda. Die spektakulärsten inländischen Beispiele dafür sind die Vertriebenen-Denkschrift der EKD und die deutsch-polnischen Schulbuch-Empfehlungen.

Im Ausland ist eine Renaissance des Deutschlandbildes der Roosevelt-Stalin-Ära zu beobachten. Vor allem in den Schulbüchern und Fernseh-Produktionen der englischsprechenden Länder werden Deutsche vielfach mit Nazis gleichgesetzt. Nachdem Verbrechen gegen die Menschlichkeit fast nur anhand des Dritten Reiches demonstriert und östliche und andere Massenverbrechen kaum publiziert werden, entsteht der Eindruck, Völkermord sei ein »teutonisches Phänomen«; seine Ursachen seien nicht politisch bzw. soziologisch, sondern abstammungsmäßig zu erklären. Da die historischen Vertreibungsverbrechen im Sinne der Kollektivschuld-Theorie gerechtfertigt erscheinen, tritt eine Desensibilisierung gegenüber ähnlichen Massenverbrechen der Gegenwart ein.

In Deutschland selbst sind immer häufiger Verhaltensweisen zu beobachten, die an den Selbsthaß diskriminierter Minderheiten erinnern. Bei dieser »deutschen Neurose« übernehmen vor allem die elektronischen Massenmedien die Rolle der repressiven Mehrheit und die gleichsam sprachlose Bevölkerung die der Minderheit. Die Folgen sind innenpolitische Desorientierung und Destabilisierung und außenpolitische Lähmung und Manipulierbarkeit eines der wirtschaftlich stärksten Länder der demokratischen Hemisphäre.

Für die Therapie der Neurose gelten die allgemeinen Regeln der Psychotherapie, d. h. »die Einsicht in die unbewußte Konfliktursache und eine klare Auseinandersetzung damit befreit die für die Verdrängung gebrauchte psychische Energie«. Sobald die Gesellschaft die wiedererstandene Kollektivschuld-Theorie als Konfliktursache erkannt hat, kann sie wieder die ungekürzte historische Wahrheit zur Kenntnis nehmen und die Aufgaben des Tages nach rationalen und moralischen Kriterien bewältigen.

Anhang

Bemerkungen zum Bildmaterial

Das Bildmaterial in diesem Buch ist nicht repräsentativ. Es kann nicht alle Vertreibungsgebiete berücksichtigen, weil seinerzeit entweder das Fotografieren nicht möglich war oder weil die Bilder heute nicht zugänglich sind.

Auf deutscher Seite entstanden Fotos fast immer nur nach erfolgreichen militärischen Operationen, wie z. B. bei den Komplexen Nemmersdorf 1944 oder Bromberg 1939; die Fotos von Verbrechensopfern nach ihrem Eintreffen im Westen geben nur eine entfernte Vorstellung vom Grauen jener Tage. Im Osten war das Fotografieren für Deutsche meist ein lebensgefährliches Abenteuer. Vom Schicksal eines gefangenen deutschen Fotoreporters wird z. B. berichtet:

»Beim Marsch durch die Tschechoslowakei nach Rußland trat in der Nähe von Budweis am 1.6.1945 ein ehemaliger Kriegsberichter zwei Schritte neben die marschierende Kolonne und machte ein oder zwei Aufnahmen von am Straßenrand erschlagenen Frauen und Kindern. Wie es ihm gelungen war, einen Fotoapparat durch die mehrfachen Filzungen zu schmuggeln, entzieht sich meiner Kenntnis. Ich sah, wie ihm dieser weggerissen und er selbst, ohne daß die Marschkolonne auch nur anhielt, mit der Maschinenpistole am Straßenrand erschossen wurde und liegen blieb.«

Das westliche Böhmen wurde 1945 von den Amerikanern besetzt. Hier entstand u.a. ein Film kurz nach einem tschechischen Massaker; er wurde zunächst von der US-Armee gesperrt und erst nach längerer Zeit freigegeben. Einige Bilder hieraus enthält dieses Buch.

In den östlichen Ländern war man nicht daran interessiert, die Untaten der eigenen Seite zu filmen geschweige denn zu publizieren. Die einzige Ausnahme bilden – neben einigen privaten Schnappschüssen – die tschechischen Aufnahmen von Pogromen gegen Deutsche, vor allem in Prag. Da es in Böhmen kaum nennenswerten Widerstand

gegen Hitler gegeben hatte, versuchte man durch solche Aufnahmen die Rolle der Tschechen bei der Befreiung glaubhaft zu machen; ausserdem sollte die eigene Bevölkerung von der Rechtmäßigkeit der Ausschreitungen überzeugt werden. Daß hier Versuche mit unqualifizierten Mitteln gemacht wurden, merkte man vermutlich erst, als die Bilder schon veröffentlicht waren.
Die vorstehenden Informationen stammen aus dem Band von Rudolf Mühlfenzl (Hrsg.): Geflohen und vertrieben/Augenzeugen berichten/Nach der Fernseh-Dokumentation »Flucht und Vertreibung«, Königstein/Ts. 1981, S 16 ff.

Bildnachweis

(Zahl der verwendeten Bilder)

Bibliothek für Zeitgeschichte Stuttgart 1
Bilderdienst Süddeutscher Verlag 7
Bundesarchiv 19
Chronos-Film GmbH 10
Henrich C. 1
Keystone 1
Seliger-Archiv 1
Sudetendeutsches Archiv 9
Ullstein Bilderdienst 1

Literaturauswahl

Adler, H.G.: Theresienstadt 1941–1945, Das Antlitz einer Zwangsgemeinschaft, Tübingen, 1955

Ahlfen, H. von: Der Kampf um Schlesien, München, 1963

Ahrens, Wilfried (Hrsg.): Verbrechen an Deutschen, die Opfer im Osten, 4. Aufl., 8029 Arget, 1981 (das Buch enthält u. a. die zusammenfassende Dokumentation des Bundesarchivs über die Vertreibungsverbrechen)

– Verbrechen an Deutschen, Dokumente der Vertreibung, 8029 Arget, 1983

Arbeitsgemeinschaft zur Wahrung sudetendeutscher Interessen: Dokumente zur Austreibung der Sudetendeutschen, München, 1952

Aurich, Peter: Der deutsch-polnische September 1939, München, 1970

Bachstein, Martin: Wenzel Jaksch und die sudetendeutsche Sozialdemokratie, München, 1974

Becker, Cajus: Flucht übers Meer, Oldenburg, 1964

Bierschenk, Theodor: Die deutsche Volksgruppe in Polen 1934–1939, Kitzingen, 1954

Blum, John Morton: From the Morgenthau Diaries, Years of War 1941–1945, Boston, 1967

Böddeker, Günter: Die Flüchtlinge, München, Berlin, 1980

Böhme, Kurt W.: Gesucht wird .../Die dramatische Geschichte des Suchdienstes, München, 1965

Bötzer, Brigitte: Das Vertriebenenproblem in der Münchener Tagespresse, 1945–1953, Dissertation München, 1957

Bohmann, Alfred: Bevölkerungsbewegungen in Böhmen 1847–1947, München, 1958

– Menschen und Grenzen, Bd. 1–4, Köln, 1969–1975

– Die deutsche Bevölkerung in der Sowjetunion, in: Außenpolitik, 1961, S. 261 ff

– Die Bevölkerung der Oder-Neiße-Gebiete, in: Außenpolitik, 1959, S. 438–443

– Polens Drang nach Westen, in: Außenpolitik, 1960, S. 92–104

– Die Ausweisung der Sudetendeutschen, dargestellt am Beispiel des Stadt- und Landkreises Aussig, Marburg, 1955

Bosl, Karl (Hrsg.): Das Jahr 1945 in der Tschechoslowakei, München, 1971

Brancion, Yves: Die Oder-Neiße-Linie, Stuttgart, 1970

Brand, Walter: Die sudetendeutsche Tragödie, Nürnberg, 1949

Bräutigam, Otto: So hat es sich zugetragen, Würzburg, 1968

Breyer, Richard: Das deutsche Reich und Polen 1932–1937, Würzburg, 1955

Broszat, Martin: Zweihundert Jahre deutsche Polenpolitik, München, 1963
– Nationalsozialistische Polenpolitik 1939–1945, Stuttgart, 1961
Brügel, Johann:
– Tschechen und Deutsche 1918–1938 (Bd. 1), München, 1967
– Tschechen und Deutsche 1939–1946 (Bd. 2), München, 1974
Brustat-Naval, Fritz: Unternehmen Rettung, Herford, 1970
Bücherei des deutschen Ostens (Herne): Bestandskatalog, Bd. 1–5, Herne, 1982–1984
Bund der Vertriebenen: Verletzung von Menschenrechten, Bonn, 1980
Bundesarchiv, vgl. Wilfried Ahrens
Bundesministerium für Vertriebene, Flüchtlinge und Kriegsgeschädigte (Hrsg.): Dokumentation der Vertreibung der Deutschen aus Ost-Mitteleuropa, bearbeitet von Theodor Schieder, 8 Bände, 3 Beihefte, Bonn, 1953–1962; Taschenbuch-Reprint: München, 1984
Bundesministerium für Vertriebene, Flüchtlinge und Kriegsgeschädigte (Hrsg.): 10 Jahre nach der Vertreibung – Äußerungen des In- und Auslandes und eine Zeittafel; Bonn, 1956
Burckhardt, Carl J.: Meine Danziger Mission, München, 1980

Conquest, Robert: Stalins Völkermord, Wien, 1970

Deuerlein, Ernst: Potsdam 1945. Ende und Anfang, Köln, 1970
Dieckert, Kurt und Grossmann, Horst: Der Kampf um Ostpreußen, München, 1960
Dörr, F., und Kerl, W.: Ostdeutschland und die deutschen Siedlungsgebiete in Ost- und Südosteuropa in Karte, Bild und Wort, München, 1983
Dorthleff, Katharina: Laßt sie selber sprechen, Berichte rußlanddeutscher Aussiedler, Hannover, 1978

Eggert, Oskar: Geschichte Pommerns, Hamburg, 1974
Ehrenburg, Ilja: Memoiren, Menschen – Jahre – Leben, 3 Bde., München, 1962
– The War 1941–1945, Cleveland, 1964
Eissner, Albin: Personelle Kriegsverluste des polnischen Volkes, in: Außenpolitik, 1963, S. 44 ff
– Polnische Annexionen nach dem Ersten Weltkrieg, in: Außenpolitik, 1962, S. 50 ff
– Die tschechische Bevölkerung im Zweiten Weltkrieg, in: Außenpolitik, 1962, S. 328 ff

– Das Schicksal der polnischen Ostgebiete, in: Außenpolitik, 1961, S. 397 ff
– Polen drängt weiter nach Westen, in: Außenpolitik, 1966, S. 438 ff
Esser, Heinz: Lamsdorf. Dokumentation über ein polnisches Vernichtungslager, Bonn, 1971
Evangelische Kirche in Deutschland (EKD): Die Lage der Vertriebenen und das Verhältnis des deutschen Volkes zu seinen östlichen Nachbarn, Hannover, 1965

Fechner, Helmuth (Hrsg.): Deutschland und Polen 1772–1945, Würzburg, 1964
Fischer, Alexander: Sowjetische Deutschlandpolitik 1941–1945, Stuttgart, 1975
– (Hrsg.): Teheran, Jalta, Potsdam; Köln, 1968
Fish, Hamilton: FDR, The Other Side of the Coin, New York, Washington, Atlanta, Hollywood, 1976
Franzel, E.: Die Vertreibung Sudetenland 1945–1946, München, 1980
Fredmann, Ernst: Sie kamen übers Meer, Köln, 1971

Göttinger Arbeitskreis:
– Das östliche Deutschland, Würzburg, 1959
– Dokumente der Menschlichkeit, Würzburg, 1960
Golczewski, Frank: Das Deutschlandbild der Polen 1918–1939, Düsseldorf, 1974
Gollancz, Victor: Unser bedrohtes Erbe, Zürich, 1947
– Stimme aus dem Chaos, Frankfurt, 1960
Golombek, Oskar (Hrsg.): Die katholische Kirche und die Völker-Vertreibung, Köln, 1966
Grau, K.F.: Schlesisches Inferno, Stuttgart, 1966
Grünwald, Leopold: Sudetendeutscher Widerstand gegen Hitler (I), München, 1978

Habel, Fritz Peter: Dokumente zur Sudetenfrage, München, 1984
Hoefer, Karl: Oberschlesien in der Aufstandszeit 1918–1921, Berlin, 1938
Höhne, Heinz: Der Orden unter dem Totenkopf, München, 1979
Hornig, Ernst (Hrsg.): Die Evangelische Kirche von Schlesien 1945–1947, Augenzeugen berichten, Düsseldorf, 1969
Hossbach, Friedrich: Die Schlacht um Ostpreußen, Überlingen, 1951
Hupka, Herbert (Hrsg.): Letzte Tage in Schlesien, München, 1981

Jahn, Hans-Edgar: Pommersche Passion, Preez, 1964
Jaksch, Wenzel: Europas Weg nach Potsdam, Stuttgart, 1958

Kaps, Johannes: Die Tragödie Schlesiens 1945/46 in Dokumenten, München, 1952/53
Karweina, Günter: Der große Treck, Stuttgart, Wien, 1958
Kaufman, Theodore N.: Germany must Perish!, Newark, N.J., 1941
Kennan, George F.: Memoiren eines Diplomaten, Suttgart, 1968
Kopelew, Lew: Aufbewahren für alle Zeit, Hamburg, 1976
Kraus, Herbert: Massenaustreibung und Völkermord, Kitzingen, 1953
Kulturstiftung der deutschen Vertriebenen: Materialien zu deutsch-polnischen Schulbuchempfehlungen, Bonn, 1980

Lapardelle Geoffre de: Verjagt, beraubt, erschlagen, Wiesbaden, 1961
Lasch, Otto: So fiel Königsberg, München, 1958
Lass, Edgar: Die Flucht – Ostpreußen 1944–45, Bad Nauheim, 1964
Lehndorff, Hans Graf: Ostpreußisches Tagebuch, München, 1980
Lemberg, Eugen, und Gotthold Rhode (Hrsg.): Das deutsch-tschechische Verhältnis seit 1918, Stuttgart, 1969
Loewenheim, Francis L., & Others: Roosevelt and Churchill. Their Secret Wartime Correspondence, New York, 1975
Lorenz, Franz (Hrsg.): Schicksal Vertreibung/Aufbruch aus dem Glauben, Köln, 1980

Marzian, Herbert: Annexion und Massenvertreibung, Festschrift für Herbert Kraus, Würzburg, 1964
Mee, Charles L. jun.: Die Teilung der Beute – Die Potsdamer Konferenz 1945, Wien, München, Zürich, Innsbruck, 1977
Morgenthau, Henry: Germany is our Problem, New York, 1945
Mühlfenzl, Rudolf (Hrsg.): Geflohen und vertrieben, Königstein, 1981
Muraswki, Erich: Die Eroberung Pommerns durch die Rote Armee, Boppard, 1969

Neuhoff, Hans; Parplies, H.G.: Die deutsch-polnischen Schulbuchempfehlungen: Zur Nachkriegsgeschichte, Bonn, 1976
Nizer, Louis: What to do with Germany, New York, 1944

Peisl, Anton, Mohler, Armin (Hrsg.): Die deutsche Neurose, Frankfurt, Berlin, Wien, 1980
Ploetz: Raum und Bevölkerung in der Weltgeschichte, Bevölkerungs-Ploetz, Bd. 2, Würzburg, 1955

Raschhofer, Hermann: Die Sudetenfrage. Ihre völkerrechtliche Entwicklung vom Ersten Weltkrieg bis zur Gegenwart, München, 1953

Reece, Caroll: Das Recht auf Deutschlands Osten, Göttingen, 1957
Reichenberger, E.J.: Ostdeutsche Passion, München, 1948
Reitzner, Almar: Das Paradies läßt auf sich warten / Erinnerungen eines Sozialdemokraten, München, 1984
Rhode, Gotthold: Die Ostgrenze Polens, Köln, 1955
– Geschichte Polens. Ein Überblick, Darmstadt, 1966
– (Hrsg.): Die Ostgebiete des Deutschen Reiches, Würzburg, 1955
Rhode, Gotthold, und Wagner, Wolfgang: Quellen zur Entstehung der Oder-Neiße-Linie in den diplomatischen Verhandlungen des Zweiten Weltkrieges, 2. Aufl., Stuttgart, 1959
Roos, Hans: Die Geschichte der polnischen Nation 1918–1978, Stuttgart, 1979
Rothenpieler, Friedrich Wilhelm: Der Gedanke der Kollektivschuld in juristischer Sicht, Berlin, 1982
Rothfels, H.: Deutsche Opposition gegen Hitler, Frankfurt, 1977

Schickel, Alfred: Die polnischen Kriegsverluste 1939–1945, in: Zeitschrift für Politik Nr. 3 (1978), S. 291 ff
– Deutsche und Polen, Bergisch Gladbach, 1984
Schieder, Theodor (Hrsg.): vgl. Bundesministerium für Vertriebene
– Die Vertreibung der Deutschen aus dem Osten als wissenschaftliches Problem, in: Vierteljahreshefte für Zeitgeschichte, Jg. 8 (1960), S. 1 ff
Schild, Hermann (Hrsg.): Das Morgenthau-Tagebuch, Leoni, 1970
Schrenck-Notzing, Caspar von: Charakterwäsche, Die Politik der amerikanischen Umerziehung in Deutschland, München, 1981
Schwarz, Wolfgang: Die Flucht und Vertreibung – Oberschlesien, Bad Nauheim, 1965
Schwinge, Erich: Bilanz der Kriegsgeneration, Marburg, 1978
Sherwood, Robert E.: Roosevelt und Hopkins, Hamburg, 1950
Solschenizyn, Alexander: Ostpreußische Nächte, Darmstadt, Neuwied, 1976
Starlinger, Wilhelm: Die Grenzen der Sowjetmacht, Kitzingen, 1954
Statistisches Bundesamt: Die deutschen Vertreibungsverluste, Wiesbaden, 1958
Ströbinger, Rudolf: Roter Kolonialismus, Osnabrück, 1981
Stumpp, Karl: Die Rußland-Deutschen, Freilassing, 1964

Thorwald, Jürgen: Die große Flucht (Es begann an der Weichsel – Das Ende an der Elbe), München, Zürich, 1979
Thurnwald, Wilhelm vgl. Arbeitsgemeinschaft zur Wahrung sudetendeutscher Interessen
Tolstoy, Nikolai: Stalin's Secret War, New York, 1982

Veale, F.J.P.: Der Barbarei entgegen, Hamburg, 1954
Vierheller, Viktoria: Polen und die Deutschlandfrage 1939–1949, Köln, 1970

Wagner, Wolfgang: Die Entstehung der Oder-Neiße-Linie, Stuttgart, 1964
Werth, Alexander: Rußland im Krieg 1941–1945, München, 1968
Wilkens, Hans Jürgen von (Hrsg.): Die große Not, Danzig–Westpreußen 1945, Münster, 1981

Zayas, Alfred M. de: Die Anglo-Amerikaner und die Vertreibung der Deutschen, München, 1977 und 1980
– Zeugnisse der Vertreibung, Krefeld, 1983
Zayas, Alfred M. de, Rabus, Walter: Die Wehrmacht-Untersuchungstelle, unveröffentlichte Akten über alliierte Völkerrechts-Verletzungen im Zweiten Weltkrieg, München, 1979
Ziemer, Gerhard: Deutscher Exodus, Stuttgart, 1973.

Fußnoten

1. Warum dieses Buch geschrieben wurde

[1] Dokumente zur Austreibung der Sudetendeutschen, herausgegeben von der Arbeitsgemeinschaft zur Wahrung Sudetendeutscher Interessen, 3. Auflage (München 1952), S. 139

2. Reden oder schweigen

[1] Martin und Sylvia Greiffenhagen: Ein schwieriges Vaterland – zur politischen Kultur Deutschlands (München 1979), S. 333. Nach einer Umfrage sind z. B. 74% der Bevölkerung dagegen zu fragen, ob jemand während des Dritten Reiches einen führenden Posten hatte. Vgl. ferner Peter Steinbach: Nationalsozialistische Gewaltverbrechen (Berlin 1981), S. 11

[2] Tessa Hofmann (Herausg.): Der Völkermord an den Armeniern vor Gericht – der Prozeß Talaat Pascha (Göttingen 1980), Vorwort; Ives Ternon: Tabu Armenien, Geschichte eines Völkermordes (Frankfurt, Berlin 1981), S. 11; die Authentizität des Hitler-Zitats ist allerdings nicht unbestritten.

[3] Ein Bild von der Kaltblütigkeit des Völkermords gibt das Telegramm des türkischen Innenministers Talaat Pascha vom 15.5.1915: »Es ist bereits mitgeteilt worden, daß die Regierung auf Befehl des Djemiet beschlossen hat, alle Armenier, die in der Türkei wohnen, gänzlich auszurotten. Diejenigen, die sich diesem Befehl und diesem Beschluß widersetzen, verlieren ihre Staatsangehörigkeit. Ohne Rücksicht auf Frauen, Kinder und Kranke, so tragisch die Mittel der Ausrottung auch sein mögen, ist, ohne auf die Gefühle des Gewissens zu hören, ihrem Dasein ein Ende zu machen.« Vgl. Hofmann a.a.O., S. 133

[4] Kursbuch 57, S. 208

[5] Offizielle Moskauer Angabe. Die Schätzungen reichen von 12 bis 21 Millionen, vgl. Hannah Arendt: Elemente und Ursprünge totaler Herrschaft (Frankfurt 1962), S. 479 f. Nikolai Tolstoy: Stalin's Secret War (New York 1982), S. 280, hält auch Zahlen zwischen 20 und 30 Millionen für möglich, betont aber, daß über die Hälfte davon Opfer des stalinistischen Terrors (»Stalins geheimer Krieg«) gegen Systemgegner und nichtrussische Völker in der UdSSR wurde, der während des Weltkriegs ungeahnte Ausmaße erreichte, vgl. Tolstoy a.a.O., S. 284.

[6] Ariane Barth/Tiziano Terzani: Holocaust in Kambodscha (Hamburg 1980), S. 13, 50; Hubert Gundolf: Massenmord (München 1981), S. 328; Süddeutsche Zeitung vom 3./4.11.1979; Augsburger Allgemeine vom 13./

14.10.1979; Gespräche des Verfassers mit Augenzeugen aus der internationalen Rotkreuz-Organisation

[7] a) Türken erklärten, man sei durch das Beispiel der Engländer im Burenkrieg auf den Gedanken der KZs gekommen. Vgl. Tessa Hofmann a.a.O., S. 57

b) Hitler äußerte einmal bewundernd über Stalin: »Das ist eine ungeheuere Persönlichkeit ..., der mit eiserner Faust dieses Riesenreich zusammengefaßt hat ... An der Spitze ein Mann, der sagte: Finden Sie den Verlust von 13 Millionen Menschen zuviel für eine große Idee?« Vgl. Adolf Hitler, Monologe im Führerhauptquartier 1941–1944 (Herausg. W. Jochmann), Hamburg 1980, S. 366

c) H. Morgenthau berief sich bei seinen Vertreibungsplänen auf die Aussiedlung der Griechen aus der Türkei nach dem 1. Weltkrieg. Er sagte wörtlich: »Wenn man eine Million verschieben kann, kann man auch zwanzig Millionen verschieben.« (Besprechung vom 4.9.1944); vgl. Hermann Schild (Herausg.): Das Morgenthau-Tagebuch, Leoni 1970, S. 126

[8] Abgedruckt in »Gott in Auschwitz« (Freiburg i.Br./Basel/Wien 1979), S. 22

[9] Urteil vom 18.9.1979, AZ. VI zr 140/78-, veröffentlicht in den »Entscheidungen des BGH in Zivilsachen« Bd. 75, Seite 160 ff (Nr. 22). Auszüge in Die Welt vom 31.10.1979
Das Oberlandesgericht Köln hat 1981 in einem ähnlichen Fall von Geschichtsfälschung auch Volksverhetzung in Tateinheit mit Aufstachelung zum Rassenhaß gesehen, vgl. Die Welt vom 7.8.1981.

[10] Dokumentation der Vertreibung der Deutschen aus Ost-Mitteleuropa, herausgegeben vom Bundesministerium für Vertriebene, Bonn 1953–1962, Bd. V, S. 449

[11] Essay in Die Welt vom 3.11.1979

3. Hinweise für den Leser

[1] John Toland: Das Finale – die letzten hundert Tage (München/Zürich 1978), S. 503. Das Bundesarchiv selbst gibt den Bestand mit »88 laufenden Metern« an.

[2] Wilfried Ahrens (Hrsg.): Verbrechen an Deutschen – die Opfer im Osten; Selbstverlag des Herausgebers in 8029 Arget (3. Auflage 1981). Das Buch enthält die zusammenfassende »Dokumentation der Vertreibungsverbrechen« des Bundesarchivs, allerdings ohne die hier nicht interessierenden Gemeindelisten udgl., ferner Auszüge aus der Bundestagsdebatte vom 25.9.1974 zur Frage der Veröffentlichung der Dokumente. Die Ausgabe

wurde nicht vom Bundesarchiv autorisiert, stimmt aber mit dem Original überein.

[3] Bundesministerium für Vertriebene: »Dokumentation der Vertreibung der Deutschen aus Ost-Mitteleuropa«.

Bd. I/1–2	Die Vertreibung der deutschen Bevölkerung aus den Gebieten östlich der Oder-Neiße
Bd. II	Das Schicksal der Deutschen in Ungarn
Bd. III	Das Schicksal der Deutschen in Rumänien
Bd. IV/1–2	Die Vertreibung der deutschen Bevölkerung aus der Tschechoslowakei
Bd. V	Die Vertreibung der Deutschen aus Jugoslawien
3 Beihefte	(Bonn 1953–1962)

[4] Zentralstelle des Kirchlichen Suchdienstes (Herausg.): Gesamterhebung zur Klärung des Schicksals der deutschen Bevölkerung in den Vertreibungsgebieten (München 1965)

5. Opfer der Roten Armee

[1] Bundesarchiv: Dokumentation der Vertreibungsverbrechen, zitiert nach Ahrens, vgl. Fußnote[2] zu 3; S. 39

[2] Bundesarchiv a.a.O., S. 39 f

[3] entfällt

[4] Bundesministerium für Vertriebene: Dokumentation der Vertreibung der Deutschen aus Ost-Mitteleuropa, Band I 2 (Bonn 1953–1962), S. 462

[5] Dokumentation der Vertreibung, Bd. I 2, a.a.O., S. 246

[6] Alfred M. de Zayas: Die Anglo-Amerikaner und die Vertreibung der Deutschen (C.H. Beck, München 1977), S. 80. Das Buch ist 1980 auch als Taschenbuch bei dtv erschienen (Seitenzahl identisch).

[7] Dokumentation der Vertreibung, Bd. I 1, a.a.O., S. 7 f

[8] Alfred M. de Zayas/Walter Rabus: Die Wehrmacht-Untersuchungsstelle (München 1979), S. 40

[9] Zayas, die Anglo-Amerikaner, a.a.O., S. 212. Der Autor nimmt an, daß der Bericht vernichtet wurde.

[10] Zayas, a.a.O., S. 82

[11] Zayas, a.a.O., S. 82

[12] Zayas, a.a.O., S. 80 ff

[13] vgl. Zayas/Rabus, a.a.O.

[14] Zayas/Rabus, a.a.O., S. 71, 74, 245

[15] Zayas/Rabus, a.a.O., S. 19
[16] Zayas, a.a.O., S. 211
[17] Tessa Hofmann: Der Völkermord an den Armeniern vor Gericht (Göttingen 1980), mit Bildmaterial
[18] Zayas, a.a.O., S. 90
[19] Bundesarchiv a.a.O., S. 43
[20] Zayas, a.a.O., S. 87
[21] Alexander Solschenizyn: Ostpreußische Nächte (Darmstadt, Neuwied 1976)
[22] Jürgen Thorwald: Die große Flucht (München, Zürich 1979), S. 89 f
[23] Lew Kopelew: Aufbewahren für alle Zeit (Hamburg 1976), S. 120
[24] Hans Graf von Lehndorff: Ostpreußisches Tagebuch (München 1980), S. 73
[25] Lehndorff, a.a.O., S. 215
[26] Zayas, a.a.O., S. 88
[27] Kopelew a.a.O., S. 247 ff
[28] Dokumentation der Vertreibung, Bd. I 1, a.a.O., S. 62 ff
[29] Bundesarchiv S. 34 f; Zayas a.a.O., S. 92 ff
[30] Zayas, a.a.O., S. 94 f
[31] David Irving: Der Untergang Dresdens (München 1979), S. 208, ferner Augenzeugenberichte im ARD-Fernsehen (»Flucht und Vertreibung«, 1981) und im Bayerischen Rundfunk (»Die Ausgebombten«, 13.11.1982). Den Berichten zufolge flogen die Mustang-Jäger so tief, daß man die Gesichter der Piloten erkennen konnte.
[32] David Irving spricht von 135000 (Der Untergang, a.a.O., S. 241) bzw. über 100000 Toten (Von Guernica bis Vietnam, München 1982, S. 126), DDR-Quellen und Götz Bergander (Dresden im Luftkrieg, München 1979, S. 268) von nur 35000. Die letzteren Angaben erscheinen kaum glaubhaft angesichts von 50000 Opfern der Luftschläge gegen Hamburg rund um den 27.7.1943 (vgl. Irving: Von Guernica, a.a.O., S. 94, 118 f). Die schwereren Angriffe gegen das verwundbarere Dresden können nicht weniger Menschenleben gekostet haben.
Demgegenüber schätzt das Internationale Komitee vom Roten Kreuz 275 000, vgl. Zayas, a.a.O., S. 217. Andere Schätzungen reichen von 25 000 bis 400 000. Einer der wenigen noch lebenden Beamten, die seinerzeit mit der Bergung und Registrierung der Toten befaßt waren, ist Frhr. v. Fritsch-Seerhausen. Er bestätigte dem Verfasser die damals bei den kompetenten Stellen in Dresden vorherrschende Meinung, 300 000 sei die »absolute Untergrenze« der Zahl der Opfer.
[33] Zum Vergleich die Opferzahlen einiger anderer Bombenangriffe. Guerni-

ca (1937): Knapp 100; Coventry (1940): Über 568; Hiroshima (1945): Ca. 70 000 sofort getötet, ca. 22 000 später den Verletzungen erlegen; vgl. D. Irving: Von Guernica bis Vietnam (München 1982), S. 37, 62, 154

34 Dokumentation der Vertreibung Bd. I 2, a.a.O., S. 107

35 Bundesarchiv a.a.O., S. 41 f; Dokumentation der Vertreibung, a.a.O., Bd. I 1, S. 83 E

36 Bundesarchiv a.a.O., S. 45

37 Dokumentation der Vertreibung, Bd. I 2, a.a.O, S. 462

38 Bundesarchiv a.a.O., S. 45

39 v. Lehndorff, a.a.O., S. 79 bzw. 66; Dokumentation der Vertreibung. Bd. I 1, a.a.O., S. 90 E

40 z. B. Dokumentation der Vertreibung Bd. I 1, a.a.O., S. 457. Ernst Hornig in: Herbert Hupka (Hrsg.): Letzte Tage in Schlesien (München 1981), S. 149 ff

41 Hupka a.a.O., S. 190

42 Lucy Falk: Ich blieb in Königsberg (München 1965), S. 59; Lehndorff, a.a.O., S. 160; Dokumentation der Vertreibung a.a.O., Bd. I 1, S. 90 E; Bd. I 2, S. 121

43 Wilhelm Starlinger: Die Grenzen der Sowjetmacht, in: Beiheft IX zum Jahrbuch der Albertus-Universität Königsberg/Pr. (Würzburg 1955), S. 38, 53. Geringfügig abweichende Angaben in Dokumentation der Vertreibung Bd. I 2, a.a.O., S. 107

44 v. Lehndorff, a.a.O., S. 156

45 Nur die Kalmücken sind Buddhisten.

46 Robert Conquest: Stalins Völkermord (Wien 1970), S. 83, 120

47 Spiegel vom 8.11.1960, S. 68; ferner nachstehende Fußn.[48]

48 Alfred Bohmann: Menschen und Grenzen, Bd. 3 (Köln 1970), S. 72 f

49 Kurt W. Böhme: Gesucht wird ... (München 1965), S. 266, spricht von 300 000, das Bundesarchiv, vgl. Fußn.[2] zu 3., S. 45, von 270 000. Andere Schätzungen reichen bis zu 325 000.

50 Gert v. Paczensky: Die Weißen kommen (Hamburg 1970), S. 183. Das Buch ist 1979 auch als Fischer-Taschenbuch erschienen unter dem Titel »Weiße Herrschaft.« Vgl. ferner Ernst Joseph Görlich: Herrenrecht und Sklavenpeitsche (Brugg, Stuttgart, Salzburg 1971), S. 240 ff

51 Kurt W. Böhme: Gesucht wird ... (München 1965), S. 266

52 Die Zwangsarbeit war nach Meinung Moskaus eine Form der Reparationen.

53 Böhme, a.a.O., S. 275

54 Dokumentation der Vertreibung a.a.O., Bd. I 1, S. 84 E, und Bd. I 2, S. 14

55 Nikolai Tolstoy: Die Verratenen von Jalta (München 1977), S. 196

[56] Father E.J. Reichenberger: Ostdeutsche Passion (Düsseldorf 1948), S. 276
[57] Tolstoy, a.a.O., S. 103; Sacharow in Die Welt vom 30.12.1980

6. Unter polnischer Verwaltung

[1] Alfred Bohmann: Menschen und Grenzen, Bd. 1, Strukturwandel der deutschen Bevölkerung im polnischen Staats- und Verwaltungsgebiet (Köln 1969), S. 37 ff; Gerhard Ziemer: Deutscher Exodus (Stuttgart 1973), S. 36 f; Statistisches Bundesamt: Die deutschen Vertreibungsverluste (Wiesbaden 1958), S. 271 ff, besonders S. 284 ff; Helmut Fechner (Hrsg.): Deutschland und Polen 1772–1945 (Würzburg 1964), S. 159 ff, S. 114ff; Alfred M. de Zayas: Die Anglo-Amerikaner und die Vertreibung der Deutschen (München 1977), S. 27 ff; Theodor Bierschenk: Die deutsche Volksgruppe in Polen (Kitzingen/Main, 1954), S. 9 f; Albin Eissner: Polnische Annexionen nach dem Ersten Weltkrieg in: Außenpolitik, 1962, S. 52 ff
[2] Statistisches Bundesamt a.a.O., Bohmann a.a.O., S. 38 ff
[3] Statistisches Bundesamt a.a.O., S. 285; Bierschenk a.a.O., S. 351
[4] Zayas, a.a.O., S. 28 f. 204; Eissner, a.a.O., S. 52; Statistisches Bundesamt a.a.O., S. 285; Hans Roos: Die Geschichte der polnischen Nation 1918–1978 (Stuttgart 1979), S. 134, 59
[5] Zayas, a.a.O., S. 29
[6] Zum Gesamtkomplex vgl. Fechner a.a.O., S. 162 f; Roos a.a.O., S. 135, 138; Gotthold Rhode: Kleine Geschichte Polens (Darmstadt 1965), S. 482
[7] Fechner, a.a.O., S. 149; Dominique Venner: Söldner ohne Sold – die deutschen Freikorps 1918–1923, S. 275 f; Karl Hoefer: Oberschlesien in der Aufstandszeit (Berlin 1938), S. 108; Roos, a.a.O., S. 91
[8] Bohmann, Menschen und Grenzen, Bd. 1, a.a.O., S. 38
[9] Alfred M. de Zayas/Walter Rabus: Die Wehrmacht-Untersuchungsstelle (München 1979), S. 249 ff., 36
[10] Roos, a.a.O., S. 500; Bierschenk, a.a.O., S. 319 ff.
[11] Peter Aurich: Der deutsch-polnische September 1939 (München, Wien 1970) S. 48 f, 82; Bierschenk a.a.O., S. 319, 348 ff. 353; Frankfurter Allgemeine vom 31.8.1979
[12] Zayas/Rabus, a.a.O., S. 244 schätzen »wenigstens 4000–5000« und zitieren die Untersuchungen der Wehrmacht-Untersuchungstelle, die 3500–5000 ergeben haben. – Die »Posener Zentralstelle für die Gräber ermordeter Volksdeutscher« enthält 5490 Karteikarten für Tote und Vermißte, vgl.

Zayas/Rabus, S. 37. – Das Auswärtige Amt in Berlin sprach im November 1939 von »etwa 5400 Morden«, vgl. Martin Broszat, Nationalsozialistische Polenpolitik (Frankfurt/M., Hamburg 1967), S. 51. – Hans Roos: Die Geschichte der polnischen Nation 1918–1978 (Stuttgart 1979) spricht auf S. 168 von etwa 7000 Toten. Gelegentlich wird sogar die Zahl 10 000 genannt.
Die Divergenzen ergeben sich daraus, daß die deutschen Untersuchungen zunächst die sowjetische Besatzungszone Polens nicht berücksichtigen konnten. Durch Einbeziehung dieses Gebietes erhöht sich die Verlustzahl auf 6000–7000, vgl. Kurzgutachten von Hermann Graml vom Münchner Institut für Zeitgeschichte vom 2.12.1981 zu der Publikation »Der Bromberger Blutsonntag im September 1939« von Rudolf Trenkl.

13 Zayas/Rabus, a.a.O., S. 243

14 Alfred Schickel: Die polnischen Kriegsverluste 1939–1945, Zeitschrift für Politik Nr. 3/1978; ferner Zayas/Rabus a.a.O., S. 227 ff

15 Zayas/Rabus, a.a.O., S. 233 f

16 Zayas/Rabus, a.a.O., S. 241 f

17 Aurich, a.a.O., S. 94, 42; Eissner a.a.O., S. 57; Zayas/Rabus a.a.O., S. 229

18 Zayas/Rabus a.a.O., S. 234

19 Broszat, a.a.O., S. 50

20 Broszat, a.a.O., S. 51; Zayas/Rabus a.a.O., S. 37

21 Dokumentation Bundesarchiv, vgl. Fußnote[2] zu 3, S. 47 ff; Bundesministerium für Vertriebene: Dokumentation der Vertreibung der Deutschen aus Ost-Mitteleuropa (Bonn 1953–1962), Bd. I 1, S. 113 E, 127 E

22 Bundesarchiv a.a.O., S. 48

23 Zayas a.a.O., S. 141

24 Bundesarchiv a.a.O., S. 50

25 Dokumentation der Vertreibung a.a.O., Bd. I 1, S. 124 E

26 Herbert Hupka (Hrsg.): Letzte Tage in Schlesien (München 1981), S. 296

27 Hupka, a.a.O., S. 264

28 Bundesarchiv a.a.O., S. 50, mit weiteren Fundstellen

29 Bundesarchiv a.a.O., S. 50

30 z. B. Dokumentation der Vertreibung a.a.O., Bd. I 2, S. 846 ff

31 Zayas, a.a.O., S. 132

32 Zayas, a.a.O., S. 140

33 Zayas, a.a.O., S. 129

34 Heinz Esser: Die Hölle von Lamsdorf, 5. Auflage (Dülmen 1977), S. 17

35 Bundesarchiv a.a.O., S. 48

36 Bundesarchiv a.a.O., S. 49

[37] Bundesarchiv a.a.O., S. 49
[38] Dokumentation der Vertreibung a.a.O., Bd. I 1, S. 134 E
[39] Dokumentation der Vertreibung a.a.O., Bd. I 1, S. 133 E; Bd. I 2, S. 524 ff; Bundesarchiv a.a.O., S. 49
[40] Bundesarchiv a.a.O., S. 48; Dokumentation der Vertreibung a.a.O., Bd. I 1, S. 132 E
[41] Dokumentation der Vertreibung a.a.O., Bd. I 1, S. 130 E
[42] Dokumentation der Vertreibung a.a.O., Bd. I 1, S. 131 E
[43] Zayas, a.a.O., S. 82
[44] Heinz Esser, a.a.O., S. 62 ff

7. Böhmen und Mähren

[1] Jürgen Thorwald: Die große Flucht (München, Zürich 1979), S. 445
[2] Johann Wolfgang Brügel: Tschechen und Deutsche, Bd. 2 (München 1974), Anhang
[3] Bundesministerium für Vertriebene: Dokumentation der Vertreibung der Deutschen aus Ost-Mitteleuropa (Bonn 1953–1962), Bd. IV 1, S. 50 f (Fußnoten)
[4] Dokumentation der Vertreibung a.a.O., Bd. IV 1, S. 117 (Fußnote)
[5] Arbeitsgemeinschaft zur Wahrung sudetendeutscher Interessen: Dokumente zur Austreibung der Sudetendeutschen (München 1952), S. 124; spätere Neuauflage ohne Jahresangabe
[6] Dokumentation der Vertreibung a.a.O., Bd. IV 1, S. 99, 103, 105, 130; Arbeitsgemeinschaft zur Wahrung sudetendeutscher Interessen: Dokumente zur Austreibung der Sudetendeutschen (München 1952), S. XXIII, 24, 124, 525; Father E.J. Reichenberger: Ostdeutsche Passion (Düsseldorf 1948), S. 124, 157
[7] Alfred M. de Zayas: Die Anglo-Amerikaner und die Vertreibung der Deutschen (München 1977), S. 125
[8] Reichenberger, a.a.O., S. 124; ähnlich auch Dokumente zur Austreibung, a.a.O., S. 160, 233. Am bekanntesten wurden die Berichte des Labour-Abgeordneten Richard R. Stokes im Manchester Guardian und in der East Anglian Daily Times über seinen Besuch in Prag. In den Lagern überzeugte er sich persönlich davon, daß die Rationen dort unter denen des Nazi-KZs Belsen lagen; vgl. Wenzel Jaksch: Europas Weg nach Potsdam (Stuttgart 1958), S. 436 f.
[9] Dokumentation der Vertreibung a.a.O., Bd. IV 1, S. 98 ff, 103 H, 352 ff
[10] Dokumentation der Vertreibung a.a.O., Bd. IV 1, S. 99
[11] Dokumentation der Vertreibung a.a.O., Bd. IV 1, S. 98

[12] Dokumentation der Vertreibung a.a.O., Bd. IV 1, S. 520 f
[13] Rudolf Ströbinger: Roter Kolonialismus, Minderheiten im Ostblock (Osnabrück 1981), S. 15
[14] Dokumentation der Vertreibung a.a.O., Bd. IV 1, S. 100
[15] AFL-Manifest vom März 1947 gegen die Zwangsarbeit
[16] Dokumentation der Vertreibung a.a.O., Bd. IV 1, S. 102
[17] Brügel a.a.O., Bd. 2, S. 16
[18] Dokumentation der Vertreibung a.a.O., Bd. IV 1, S. 101 (Fußnote)
[19] Dokumentation der Vertreibung a.a.O., Bd. IV 1, S. 101, mit weiteren Fundstellen; ferner Dokumente zur Austreibung a.a.O., S. 107, 150, 233
[20] Dokumentation der Vertreibung a.a.O., Bd. IV 1, S. 79, 100 f; Victor Gollancz: Stimme aus dem Chaos (Nürnberg 1948), S. 180
[21] H.G. Adler: Theresienstadt 1941–1945 (Tübingen 1960), S. 15
[22] Dokumente zur Austreibung a.a.O., S. 150
[23] Dokumentation der Vertreibung a.a.O., Bd. IV 1, S. 131
[24] Dokumentation Bundesarchiv, vgl. Fußn.[2] zu 3, S. 63
[25] Dokumentation Bundesarchiv a.a.O., S. 62
[26] Dokumente zur Austreibung a.a.O., S. XXIII und 160
[27] Reichenberger, a.a.O., S. 158 f
[28] Dokumente zur Austreibung a.a.O., S. XXIII; Dokumentation der Vertreibung a.a.O., Bd. IV 1, S. 82
[29] Dokumentation der Vertreibung a.a.O., Bd IV 1, S. 62
[30] Reichenberger, a.a.O., S. 30
[31] Reichenberger, a.a.O., S. 118, 210
[32] Zayas, a.a.O., S. 135; Dokumente zur Austreibung, a.a.O. S. 230
[33] Zayas, a.a.O., S. 142
[34] Thorwald, a.a.O., S. 458 ff.
[35] Thorwald, a.a.O., S. 217
[35a] V. Mastny: Moskaus Weg zum Kalten Krieg (München 1980), S. 334
[36] Thorwald, a.a.O., S. 485 ff; Dokumentation Bundesarchiv, a.a.O., S. 60 f
[37] Reichenberger, a.a.O., S. 217
[38] Dokumente zur Austreibung a.a.O., S. 13 f; Reichenberger, a.a.O., S. 118
[39] pogrom, Zeitschrift für bedrohte Völker, Mai 1980, S. 58 ff
[40] Reichenberger, a.a.O., S. 217; Dokumente zur Austreibung a.a.O., S. 200 f
[41] Dokumentation Bundesarchiv a.a.O., S. 61;
[42] a) Bereits in der Stunde vor der Explosion begannen die Ausschreitungen, wie Augenzeugen dem Verfasser berichteten; nach der Explosion setzte

der Pogrom dann schlagartig im großen Stil ein, siehe Dokumentation der Vertreibung a.a.O., Bd. IV 2, S. 285.

b) Kurz vorher waren größere Transporte der berüchtigten Svoboda-Garde erstmals in Aussig eingetroffen, siehe Dokumente zur Austreibung a.a.O., S. 121.

c) Schließlich liegt ein Bericht vor, wonach ein tschechischer Funktionär 4 Tage vor dem Ereignis deutsche Freunde warnte; es werde in den nächsten Tagen »etwas Furchtbares passieren«. Vgl. hierzu die Broschüre von Friedwald Kumpf »Verbrechen an Deutschen«, die 1949 in der französischen Besatzungszone beschlagnahmt und später wieder aufgelegt wurde.

[43] Zayas, a.a.O., S. 116

[44] Adler, a.a.O., S. 219, 703, 730; Premysl Pitter: Unter dem Rad der Geschichte (Zürich 1977)

[45] Thorwald, a.a.O., S. 488

8. Jugoslawien

[1] Statistisches Bundesamt: Die deutschen Vertreibungsverluste (Wiesbaden 1958), S. 47; Gerhard Ziemer: Deutscher Exodus (Stuttgart 1973), S. 97

[2] Bundesarchiv, vgl. Fußn.[2] zu 3, S. 69; Bundesministerium für Vertriebene: Dokumentation der Vertreibung der Deutschen aus Ost-Mitteleuropa (Bonn 1953–1962), Bd. V, S. 89 E; Statistisches Bundesamt wie vorher, S. 47

[3] Bundesarchiv a.a.O., S. 68

[4] Dokumentation der Vertreibung a.a.O., Bd. V, S. 90 E; Bundesarchiv a.a.O., S. 68

[5] Dokumentation der Vertreibung a.a.O., Bd. V, S. 90 E ff

[6] Bundesarchiv a.a.O., S. 68

[7] Dokumentation der Vertreibung a.a.O., Bd. V, S. 261 ff

[8] Bundesarchiv a.a.O., S. 70

[9] Bundesarchiv a.a.O., S. 71

[10] Dokumentation der Vertreibung a.a.O., Bd. V, S. 112 E

[11] Bundesarchiv a.a.O., S. 71

[12] Dokumentation der Vertreibung a.a.O., Bd. V, S. 435

[13] Dokumentation der Vertreibung a.a.O., Bd. V, S. 110 E

[14] Dokumentation der Vertreibung a.a.O., Bd. V, S. 108 E f

[15] Bundesarchiv a.a.O., S. 72

[16] Bundesarchiv a.a.O., S. 71

[17] Dokumentation der Vertreibung a.a.O., Bd. V, S. 430 ff

9. Andere Gebiete

[1] Statistisches Bundesamt: Die deutschen Vertreibungsverluste (Wiesbaden 1958), S. 46

[2] Kurt W. Böhme: Gesucht wird ... (München 1965), S. 261

[3] Bundesministerium für Vertriebene: Dokumentation der Vertreibung der Deutschen aus Ost-Mitteleuropa (Bonn 1953–1962), Bd. III, S. 79 E

[4] Dokumentation der Vertreibung a.a.O., Bd. III, S. 79 E

[5] Dokumentation der Vertreibung a.a.O., Bd. III, S. 64 E, 79 E, 76 E

[6] Alfred Bohmann: Menschen und Grenzen, Band 2 (Köln 1969), S. 193

[7] Gerhard Ziemer: Deutscher Exodus (Stuttgart 1973), S. 88

[8] Dokumentation der Vertreibung a.a.O., Bd. II, S. 41 E

[9] Dokumentation der Vertreibung a.a.O., Bd. II, S. 44 E

[10] Dokumentation der Vertreibung a.a.O., Bd. II, S. 65 E

[11] Dokumentation der Vertreibung a.a.O., Bd. II, S. 65 E

[12] Dokumentation der Vertreibung, a.a.O., Bd. IV 1, S. 175 ff. Das katholisch-autonomistische Element dürfte überwogen haben.

[13] Bundesarchiv, vgl. Fußn.[2] zu 3., S. 63

[14] Bundesarchiv a.a.O., S. 63

[15] Dokumentation der Vertreibung a.a.O., Bd. IV 1, S. 177

10. Die Zahl der Opfer

[1] George Wellers: Die Zahl der Opfer der »Endlösung« und der Korherr-Bericht, am 29.7.1978 erschienen in: »Aus Politik und Zeitgeschehen«, Beilage zur Wochenschrift »Parlament«.

[2] G. Reitlinger errechnet in seinem Buch »Die Endlösung « (Berlin 1960; S. 571 ff) Zahlen zwischen 4.194.000 und 4.581.000, denen sich auch William L. Shirer in seinem Bestseller vom Aufstieg und Fall des Dritten Reiches (Berlin, Köln 1961; S. 895) anschließt. – Raul Hilberg: The Destruction of the European Jews (Chicago 1961), kommt auf 5,1 Millionen Opfer der Endlösung; Heinz Höhne: Der Orden unter dem Totenkopf (München 1979), S. 367, übernimmt diese Zahl. – In Yad Vashem, der jüdischen Forschungs- und Gedenkstätte in Jerusalem, wird die Zahl der Rassemorde mit 6 Millionen angegeben; diese wird regelmäßig von israelischen Regierungsvertretern zitiert.

[3] Von Wilfried Ahrens zitiert im Vorwort zu »Verbrechen an Deutschen«, (Dokumentation des Bundesarchivs über die Vertreibungsverbrechen), vgl. Fußn.[2] zu 3, S. 14

[4] Schimitzek: »Zum Thema der sogenannten Vertreibungsverluste«, abgedruckt in »Blätter für allgemeine und internationale Politik« 1967, S. 258 ff. Der Autor hat in Warschau 1966 die gleiche Abhandlung schon einmal

publiziert unter dem Titel: Vertreibungsverluste? Westdeutsche Zahlenspiele.

5 Gerhard Ziemer: Deutscher Exodus (Stuttgart 1973), S. 63, im Anschluß an Statistisches Bundesamt: Die deutschen Vertreibungsverluste (Wiesbaden 1958), S. 38 und 46; Alfred M. de Zayas: Die Anglo-Amerikaner und die Vertreibung der Deutschen (München 1977), S. 197, zitiert auch noch eine ältere Schätzung des Schweizerischen Roten Kreuzes, das von 18,1 Millionen spricht.

6 Die amtliche Volkszählung von 1939 weist 1,424 Millionen Deutsche in der Sowjetunion aus, vgl. Karl Stumpp: Ergebnisse über die Gesamterhebung des Deutschtums in der Sowjetunion in: Heimatbuch der Deutschen aus Rußland 1964, S. 38 ff; Alfred Bohmann: Menschen und Grenzen (Köln 1970), Bd. 3, S. 85. Die Zahl von 1,5–2 Millionen gibt das Vertriebenenministerium an, vgl. die Broschüre »1949–1969, 20 Jahre Bundesministerium für Vertriebene, Flüchtlinge und Kriegsgeschädigte« (Bonn o.J.); ebenso Zayas, a.a.O., S. 23. – Die offiziellen östlichen Angaben entsprechen nicht den Tatsachen; vgl. Die Welt vom 5. Januar 1976, S. 13, ferner Wilhelm Starlinger: Die Grenzen der Sowjetmacht (Kitzingen 1954), S. 74.

7 Bundesministerium für Vertriebene: Die Vertreibung der Deutschen aus Ost-Mitteleuropa (Bonn 1953–1962), Bd. I/1, S. 5 E. Allein 5 Millionen Kinder wurden 1940–1945 aufs Land evakuiert, vgl. C. Larass: Der Zug der Kinder, München 1983.

8 Alfred Bohmann: Menschen und Grenzen, Band IV (Köln 1975)

9 Statistisches Bundesamt a.a.O., S. 288

10 Gotthold Rhode: Völker auf dem Wege ... (Kiel 1952), S. 19; Gerhard Ziemer a.a.O., S. 101. Die Autoren sprechen zwar pauschal von Evakuierten, ohne die anderen Personengruppen zu erwähnen, meinen aber wohl die Nicht-Einheimischen insgesamt. Weitere Literatur: Statistische Berichte (Herausgeber: Statistisches Bundesamt, Wiesbaden) vom 28.2.1953: »Die Zivilbevölkerung des Deutschen Reiches 1940–1945« und vom 4.11.1959: »Die deutsche Bevölkerung in den Vertreibungsgebieten«

11 Ploetz: Raum und Bevölkerung in der Weltgeschichte, Bd. 2 (Würzburg 1955). Ähnliche Vergleiche in: Ostdeutschland, ein Hand- und Nachschlagebuch (Herausg. Göttinger Arbeitskreis), Kitzingen/Main 1953, S. 18

12 Zayas, a.a.O., S. 18

13 Oskar Golombek (Herausg.): Die katholische Kirche und die Völker-Vertreibung (Köln 1966)

14 Relativ höchste Verluste, weil Flucht verspätet

[15] Dabei sind nicht die abgerundeten, sondern die genauen Zahlen zugrundegelegt.

[16] Statistisches Bundesamt a.a.O.; zu den Zahlen siehe S. 38 und 45 f, zum Verfahren vor allem S. 26; in Kurzform auch zitiert bei Ziemer a.a.O., S. 95 f
In Ostpreußen und Brandenburg konnten die Zivilverluste bei Erdkämpfen nicht eliminiert werden, vgl. Statistisches Bundesamt a.a.O., S. 32. Andererseits sind z. B. die Massenerschießungen durch slowakische Partisanen und die Opfer des Prager Pogroms nicht in der Verlustbilanz enthalten (Stat. Bundesamt a.a.O., S. 342). Da aber die Verluste der Zivilbevölkerung bei Erdkämpfen nur einen Bruchteil der Gesamtverluste ausmachen (Stat. Bundesamt a.a.O. S. 32, 42, ferner Dokumentation der Vertreibung, a.a.O., Bd. I 1, S. 159 E), dürfte sich am Endergebnis nichts ändern.
In amtlichen Verlautbarungen wird gelegentlich auch eine Verlustzahl von 2,11 Millionen genannt, z. B. in den »Statistischen Berichten« vom 4.11.1959, S. 20. Demgegenüber ist daran zu erinnern, daß die letzte umfassende Analyse der Vertreibungsverluste anhand der Unterlagen des Kirchlichen Suchdienstes in München eine Zahl von 2,3 Millionen ergeben hat, vgl. das hektographierte Begleitschreiben des Bundesvertriebenenministers vom 22.11.1968 zur »Gesamterhebung zur Klärung des Schicksals der deutschen Bevölkerung in den Vertreibungsgebieten«, adressiert an den Bevölkerungsstatistiker Dr. A. Bohmann (Mitverfasser und Koordinator des Werks »Die deutschen Vertreibungsverluste«).

[17] Vgl. dazu Arbeitsbericht 1980 des Kirchlichen Suchdienstes und seine Broschüre »Kirchlicher Suchdienst, Aufgaben und Möglichkeiten« vom Jahr 1980. Sowohl die Untersuchung im Statistischen Bundesamt als auch die des Kirchlichen Suchdienstes errechnen die Gesamtzahl der Verluste aus den namentlich bezeugten Todesfällen und den »ungeklärten Fällen«, d. h. den verschollenen Vertriebenen. Dazu bemerkt Ziemer, a.a.O., S. 95, zutreffend, daß so viele Jahre nach dem Kriegsende die Verschollenen als umgekommen gelten müssen. Bei der Münchner Zentrale des Suchdiensts wurde dem Verfasser sogar bestätigt, daß die Verlustzahl u. U. auch höher anzusetzen ist, weil – wie Spätaussiedler der siebziger Jahre berichten – manche deutsche Dörfer bzw. Gemeinden mit deutscher Minderheitsbevölkerung in Polen, der UdSSR usw. in Deutschland bisher noch nicht bekannt und daher ihre Verluste auch nicht statistisch erfaßt wurden. Man könnte auch die relativ niedrigen offiziell beurkundeten Opferzahlen der NS-Konzentrationslager zum Vergleich heranziehen. Bekanntlich hat das Sonderstandesamt Arolsen bis zum 31.12.1980 insge-

samt 276 431 Sterbefälle in diesen Lagern beurkundet, betont jedoch, daß die Zahl nichts über die tatsächlichen Todesfälle aussagt.

18 Die Zahl 270.000 bezieht sich nur auf die Deutschen, die schon vor dem Krieg sowjetische Staatsbürger waren. Zwangsrepatriiert wurden daneben auch noch Bewohner der später annektierten Gebiete (Baltikum, Bessarabien, Ostpolen).
Zur Zahl der Verschleppten vgl. Bohmann: Menschen und Grenzen, a.a.O., Band 3, S. 71. Zur Zahl der Zwangsrepatriierten vgl. Kurt W. Böhme: Gesucht wird..., Die dramatische Geschichte des Suchdienstes (München 1965), S. 275. Die Verluste der Zwangsrepatriierten sind mit 37% zu beziffern, vgl. Böhme a.a.O., S. 275, die der Verschleppten mit »mindestens 30%«, vgl. Kirchlicher Suchdienst: Gesamterhebung zur Klärung des Schicksals der deutschen Bevölkerung in den Vertreibungsgebieten, S. 616. Vgl. im übrigen Robert Conquest: Stalins Völkermord (Wien 1970), S. 172, der bei den Krimtataren eine Verlustrate von 46,3% annimmt. Weitere Literatur zum Thema: Karl Stumpp: Die Rußlanddeutschen – zweihundert Jahre unterwegs (Freilassing 1964). Die Rußlanddeutschen selbst schätzen ihre Opfer auf über 400000, vgl. H. U. Engel (Hrsg.): 40 Jahre nach Flucht und Vertreibung (Düsseldorf 1985). S. 41

19 Dokumentation der Vertreibung a.a.O., Bd. I 1, S. 160 E

20 Dokumentation der Vertreibung a.a.O., Bd. I 1, S. 31 E

21 Ziemer a.a.O., S. 96

22 Jürgen Thorwald: Die große Flucht (München, Zürich 1979), S. 358 ff; Zayas, a.a.O., S. 214; Herbert Hupka (Herausg.): Letzte Tage in Schlesien (München 1981), S. 333 ff; Lo Warnecke: Auf der Flucht (B. Gladbach 1980); M. Boveri: Tage des Überlebens (München 1977), S. 106

23 Böhme, a.a.O., S. 272, nennt 32 000 Personen, deren Tod mit Sicherheit festgestellt werden konnte.

24 Erich Maschke, Leiter der Wissenschaftlichen Kommission für deutsche Gefangenengeschichte (Herausg.): Die deutschen Gefangenen des Zweiten Weltkriegs / Eine Zusammenfassung (Band XV der Gefangenengeschichte), München 1974, S. 226. Wegen weiterer Einzelheiten vgl. besonders Maschke, a.a.O., Bd. XIII, S. 40, 42, 48, 92, 115, 122, 143, 172

25 Maschke, a.a.O., Bd. XV, S. 224 ff

26 Maschke, a.a.O., Bd. VII, S. 49, 106 ff

27 Helmut Diwald: Geschichte der Deutschen (Frankfurt, Berlin, Wien 1978), S. 125, schätzt die Todesfälle allein in sowjetischen Lagern auf 2 Millionen. Aus neuerem Zahlenmaterial, das Prof. Hillgruber im Farbigen Ploetz (Freiburg, Würzburg 1982), S. 484 f wiedergibt, ließen sich sogar Verlustzahlen bis zu 2,5 Millionen ableiten.

[28] Dokumentation des Bundesarchivs, vgl. Fußn. [2] zu 3., S. 37

[29] Z. B. bei dem amerikanischen Politiker Carroll Reece in dessen Publikation (Nachdruck einer Parlamentsrede): Das Recht auf Deutschlands Osten (Göttingen 1957), S. 1; Rhode: Völker auf dem Wege, a.a.O., S. 19; Ploetz: Raum und Bevölkerung in der Weltgeschichte Bd. 2, (Würzburg 1955), S. 312; dtv-Atlas zur Weltgeschichte, Bd. 2 (München 1979), S. 221

[30] Bundesarchiv a.a.O., S. 77

[31] Der Bericht des Bundesarchivs spricht von 600 000 Todesfällen als unmittelbare Folge der genannten Gewaltverbrechen, vgl. Bundesarchiv a.a.O., S. 18 ff und 77 f.

[32] Reitlinger, a.a.O., S. 571, bezifferte z. B. bei den jüdischen Opfern des Nationalsozialismus den Anteil der direkten Mordopfer auf 80% im Reichsgebiet, 50% in Jugoslawien und 25% in den westlichen Ländern, Ungarn und Griechenland. – Nach geltendem Strafrecht ist der Deliktstatbestand auch dann erfüllt, wenn der Täter z. B. den Tod des Opfers zwar nicht unmittelbar angestrebt, aber »billigend in Kauf genommen« hat (bedingter Vorsatz).

[33] Süddeutsche Zeitung vom 3./4. November 1979, S. 4

[34] Die Welt vom 19.3.1982, S. 20

[35] Die Welt vom 30. Dezember 1980, S. 4

[36] Conquest, a.a.O.

[37] Reece, a.a.O., S. 3 ff

[38] Bei den landsmannschaftlichen Zusammenschlüssen der Vertriebenen ist nur mit einer begrenzten Bestandsdauer zu rechnen. – In den östlichen Ländern dürften heute noch ca. 3,5 Millionen Deutsche leben, vgl. Die Welt vom 9.2.1981.
Aufgrund ihrer Zerstreuung und der anhaltenden Diskriminierung scheinen auch die Tage dieser Restgruppen gezählt, vgl. Weißbuch über die menschenrechtliche Lage in Deutschland und der Deutschen in Osteuropa, herausgegeben von der CDU/CSU-Fraktion des Deutschen Bundestages (Bonn 1977).

[39] George F. Kennan: Memoiren eines Diplomaten (Stuttgart 1968), S. 269

12. Tschechische Motive

[1] Dokumentation des Bundesarchivs über die Vertreibungsverbrechen, vgl. Fußn.[2] zu 3., S. 60

[2] Bundesministerium für Vertriebene: Dokumentation der Vertreibung der Deutschen aus Ost-Mitteleuropa (Bonn 1953–1962), Bd. IV 1, S. 69 (ähnlich aber auch Bundesarchiv a.a.O.)

[3] Dokumentation der Vertreibung a.a.O., Bd. IV 1, S. 69 und 228

[4] Dokumentation der Vertreibung a.a.O., Bd. IV 1, S. 69 (Einheit (London) vom 11.8.1945)
[5] Dokumentation der Vertreibung a.a.O., Bd. IV 1, S. 69 (Osvobozeny Nasinec vom 17.8.1945)
[6] Dokumentation der Vertreibung a.a.O., Bd. IV 1, S. 527; Father E.J. Reichenberger: Ostdeutsche Passion (Düsseldorf 1948), S. 273; Johann Wolfgang Brügel: Tschechen und Deutsche 1939–1946, Bd. 2 (München 1974), S. 259
[7] Dokumente zur Austreibung der Sudetendeutschen, herausgegeben von der Arbeitsgemeinschaft zur Wahrung sudetendeutscher Interessen (München 1952), S. 121
[8] Kurt Glaser: Die Tschechoslowakei (Frankfurt/M. 1964), S. 127; Wenzel Jaksch: Europas Weg nach Potsdam (Stuttgart 1958), S. 425
[9] Bundesarchiv, vgl. Fußn.[2] zu 3., S. 62, in der Fußnote; Jaksch wie vorher; Joh. Wolfg. Brügel, a.a.O., Bd. 2, S. 149
[10] Dokumentation der Vertreibung a.a.O., Bd. IV 1, S. 71
[11] Dokumentation der Vertreibung a.a.O., Bd. IV 1, S. 71
[12] CSR-Außenminister; Sohn des Staatsgründers T.G. Masaryk
[13] Dokumentation der Vertreibung a.a.O., Bd. IV 1, S. 55, 110 f; Jürgen Thorwald: Die große Flucht (München, Zürich 1979), S. 456
[14] Reichenberger, a.a.O., S. 217
[15] Dokumentation der Vertreibung a.a.O., Bd. IV 1, S. 291
[16] Jaksch, a.a.O., S. 413 f
[17] Eugen Lemberg, Gotthold Rhode (Hrsg.): Das deutsch-tschechische Verhältnis seit 1918 (Stuttgart 1969), S. 92; Dokumentation der Vertreibung, Bd. IV. 1, S. 38
[18] Bundesarchiv, a.a.O., S. 59 f
[19] Jürgen Thorwald: Die große Flucht (München, Zürich 1979), S. 445
[20] Jaksch, a.a.O., S. 414, 425; Albin Eissner: Die tschechische Bevölkerung im II. Weltkrieg, in: Außenpolitik, Jahrgg. 1962, S. 328 ff; G. v. Schmoller: Heydrich im Protektorat Böhmen und Mähren, in: Vierteljahrshefte für Zeitgeschichte 1979, S. 642 f
[21] Lemberg, Rhode a.a.O., S. 82; während des Krieges betrug der Geburtenüberschuß insgesamt 236 447, vgl. Eissner wie oben.
[22] Henry Picker: Hitlers Tischgespräche (München 1979), S. 306
[23] Jaksch, a.a.O., S. 371, 425
[24] Jaksch, a.a.O., S. 338
[25] wörtliches Zitat aus Picker, a.a.O., S. 322
[26] Es werden z. T. auch 172 oder 191 Personen genannt. Zum Gesamtkomplex vgl. Heinz Höhne: Der Orden unter dem Totenkopf – die Geschichte

der SS (Essen 1969), S. 457; Dokumentation der Vertreibung a.a.O., Bd. IV 1, S. 40 f; Zayas, a.a.O., S. 56; Jörg K. Hoensch: Geschichte der Tschechoslowakischen Republik 1918–1965 (Stuttgart 1966), S. 113

27 Hannah Arendt: Eichmann in Jerusalem (München, Zürich 1976), S. 250; A. Rückerl: NS-Vernichtungslager (München 1977), S. 208 f

28 Hoensch, a.a.O., S. 31 f; Jaksch, a.a.O., S. 209 ff

29 Die Zahl 650 wurde geschätzt vom Sudetendeutschen Rat, 8000 München 22, Triftstr. 1. Das Ortsverzeichnis erschien in Prag unter dem Titel »Statisticky lexikon obci ČSSR 1965«.

30 Lemberg, Rhode, a.a.O., S. 82, zitieren die offizielle Prager Statistik, wonach mindestens 36700 Tschechen umgekommen sein sollen. Ähnliche Angaben bei Hoensch, a.a.O., S. 112. Die Juden wurden nur zum kleineren Teil der tschechischen Nationalität zugerechnet (nach der Volkszählung von 1930 bezeichneten sich 36% der Juden in Böhmen und Mähren als Tschechen); ihre Verluste sind in dieser Zahl nicht enthalten. Schriftsteller wie Kafka, Werfel und Brod gehören zu den bekanntesten Vertretern des deutsch-böhmischen Judentums.

31 Wenzel Jaksch: Europas Weg nach Potsdam (Stuttgart 1958), S. 338; Leopold Grünwald: Sudetendeutscher Widerstand gegen Hitler I (München 1978), S. 53

32 Brügel, a.a.O., Bd. 2, S. 106, 221

33 Brügel, a.a.O., Bd. 2, S. 207

34 Picker, a.a.O., S. 412

35 Picker wie vorher, S. 317 f; Dokumente zur Austreibung a.a.O., S. XV; Nicolaus v. Below: Als Hitlers Adjutant (Mainz 1980), S. 155; Brügel, Bd. 2, a.a.O., S. 104. – Auf einer Konferenz in der Reichskanzlei soll Hitler am 5.11.1937 vor Ministern und Armeespitzen geäußert haben, es »könne die Einverleibung der Tschechei und Österreichs den Gewinn von Nahrungsmitteln für 5–6 Millionen Menschen bedeuten unter der Zugrundelegung, daß die zwangsweise Emigration aus der Tschechei von zwei, aus Österreich von einer Million Menschen zur Durchführung gelange«, vgl. Dankwart Kluge: Das Hoßbach-Protokoll (Leoni 1980), S. 135. Die Zuverlässigkeit des einschlägigen Gedächtnisprotokolls des Oberst Hoßbach ist allerdings nicht unbestritten. – Ungleich radikaler war der von der SS favorisierte »Generalplan Ost«. Er sah eine beschleunigte Gangart bei der Germanisierung unter gleichzeitigem Abschub aller »rassisch Unerwünschten« nach Rußland vor. Diese Fieberträume aus der Zeit 1941/1942 wurden allerdings schon am 13.1.1943 ad acta gelegt, vgl. Helmut Heiber: Der Generalplan Ost, in: Vierteljahrshefte für Zeitgeschichte 1958, S. 285, 292.

[36] Picker, a.a.O., S. 322
[37] Paul Schall: Geschichte des Elsaß (Karlsruhe 1978), S. 56 f; FAZ, 21.4.82
[38] Friedhelm Golücke: Studentenwörterbuch (Würzburg 1979), S. 266
[39] »Die Welt« vom 23.2.1981, S. 15
[40] Vgl. z. B. »Die Welt« vom 21.8.1979, 19.8.1980, 22.12.1982; L. Pachmann, Laßt die Hoffnung nicht sterben (Freiburg 1976), S. 70
[41] Jaksch, a.a.O., S. 130
[42] Hoensch, a.a.O., S. 30 ff; Lemberg, Rhode a.a.O., S. 25
[43] Hoensch, a.a.O., S. 25
[44] Lemberg, Rhode, a.a.O., S. 26
[45] Hoensch, a.a.O., S. 31 f; Jaksch a.a.O., S. 209 ff
[46] Zayas, a.a.O., S. 44 f
[47] Zayas, S. 47 f
[48] Glaser, a.a.O., S. 52
[49] Lemberg, Rhode, a.a.O., S. 33
[50] Zayas, a.a.O., S. 50
[51] Zayas, a.a.O., S. 51, 49
[52] Höhne, a.a.O., S. 259
[53] Jaksch, a.a.O., S. 334
[54] Brügel, a.a.O., S. 238, mit kritischen Anmerkungen; Dokumentation der Vertreibung a.a.O., Bd. IV 1, S. 36; Robert Müller-Sternberg: Deutsche Ostsiedlung (Bielefeld 1971), S. 75; Gotthold Rhode in: Jahrbuch der Albertus-Magnus-Universität zu Königsberg/Pr., Bd. IV (Kitzingen 1954), S. 115
[55] Jaksch, a.a.O., S. 335
[56] Jaksch, a.a.O., S. 440
[57] Brügel, Bd. 2, a.a.O., S. 34 ff
[58] Brügel, Bd. 2, a.a.O., S. 40
[59] Brügel, Bd. 2, a.a.O., S. 51
[60] Brügel, Bd. 2, a.a.O., S. 147
[61] Jaksch, a.a.O., S. 438
[62] Jaksch, a.a.O., S. 438
[63] Jaksch, a.a.O., S. 440; Dokumente zur Austreibung a.a.O., S. XVI
[64] Zayas, a.a.O., S. 178, 239; Foreign Relations of the United States, Vol. II (Washington 1970), S. 122 ff.
[65] Zayas, a.a.O., S. 55
[66] v. Below, a.a.O., S. 138 f
[67] Brügel, Bd. 2, a.a.O., S. 239
[68] Jaksch, a.a.O., S. 393 f
[69] Brügel, Bd. 2, a.a.O., S. 163

[70] Vorwort zu dem Buch »Der Prozeß Talaat Pascha«, vgl. Fußn.[2] zu 2
[71] Zitiert nach Walter Lippmann: Die Gesellschaft freier Menschen (Bern 1945), S. 487

13. Sowjetische Motive

[1] Alexander Werth, Rußland im Krieg (München, Zürich 1965), S. 295
[2] Werth, a.a.O., S. 295
[3] Werth, a.a.O., S. 296
[4] Werth, a.a.O., S. 296
[5] Alfred M. de Zayas: Die Anglo-Amerikaner und die Vertreibung der Deutschen (München 1977), S. 85; ebenso Alfred M. de Zayas/Walter Rabus: Die Wehrmacht-Untersuchungsstelle (München 1979), S. 286
[6] Das Original des Flugblatts befindet sich im Bundesarchiv/Militärarchiv in Freiburg i.Br. (Bestands-Bezeichnung H:SU). Die Rückseite des Blattes trägt die Überschrift »Da ist er, der blutrünstige deutsche Unterdrükker« und zeigt einen deutschen Soldaten, der seinen genagelten Stiefel auf ein gefesseltes Mädchen stützt; sein Dolch steckt in der Brust der Jugendlichen.
[7] Werth, a.a.O., S. 295
[8] Ilja Ehrenburg: Woina (Der Krieg), Moskau 1943, Bd. 2, S. 22 f. Diese Stelle wird auch von Zayas, a.a.O., S. 85, zitiert. Das russische Original wurde aus naheliegenden Gründen nicht ins Deutsche übersetzt und ist heute eine Rarität. Einen der wenigen Texte in Westeuropa besitzt das Bundesinstitut für ostwissenschaftliche und internationale Studien in Köln. – Ehrenburgs »Woina« enthält in drei Bänden die wichtigsten der ca. 3000 Aufrufe und Artikel des Verfassers aus der Kriegszeit.
[9] Ehrenburg, Woina, a.a.O., S. 39–41. Der Artikel trägt die Überschrift »Fritz – der Biologe« und bezieht sich auf den Aufsatz eines gewissen Dr. Hermann Hoepke »Der Affe stammt vom Menschen ab? Zum Problem der Menschwerdung« in »Velhagen und Klasings Monatsheften« vom Juni 1942, S. 594 ff. Ehrenburg legt die Abhandlung so aus, als wolle der zitierte Biologe die deutsche Rasse zum Menschenaffen zurückentwickeln und fährt dann fort: »Auf mich hat der Artikel des Dr. Hoepke einen tiefen und, offen gesagt, erfreulichen Eindruck gemacht. Oft fragte ich mich, wieso die Deutschen, die ja in ihren Reihen Dichter, Philosophen, Komponisten, Gelehrte haben, zu rassigen Fritzen werden? Aber Dr. Hoepke hat das erklärt: Fritze – das sind von Menschen abstammende Affen ... Die Hitlerianer träumen von abgeschnittener Stirn, vom vorragenden Kinn. Sie wollen auf vier Pfoten gehen, von dichtem Fell bewachsen sein und et-

was Kostbareres als das Ritterkreuz mit Eichenlaub – wörtlich: ein fünftes Glied – einen entwickelten, beweglichen und greiffähigen Schwanz. Zum Schwanz werden die Fritze jedoch nicht kommen – diese Rasse werden wir vernichten. Und den letzten Fritz wird man in den Zoologischen Garten stecken können mit der Überschrift: ›Fritz vulgaris, laut Wissenschaftler Dr. Hoepke vom Menschen abstammend.‹ 25. Oktober 1942«.

Die Träume von einem »entwickelten, beweglichen und greiffähigen Schwanz« und andere Details hat Ehrenburg frei erfunden. Von Schwänzen etc. ist in dem Hoepke-Artikel nicht die Rede.

10 Zitate aus Ehrenburgs Aufruf »Töte!«, vgl. Dok. 17

11 Zayas, a.a.O., S. 85

12 Zayas, a.a.O., S. 85

13 Werth, a.a.O., S. 644

14 Zayas, a.a.O., S. 85

15 Bundesministerium für Vertriebene: Dokumentation der Vertreibung der Deutschen aus Ost-Mitteleuropa (Bonn 1953–1962), Bd. I 1, S. 52 E. Ein Flugblatt fordert z. B.: »Tötet! Es gibt nichts, was an den Deutschen unschuldig ist, die Lebenden nicht und die Ungeborenen nicht! Folgt der Weisung des Genossen Stalin und zerstampft für immer das faschistische Tier in seiner Höhle. Brecht mit Gewalt den Rassehochmut der germanischen Frauen! Nehmt sie als rechtmäßige Beute!« Wegen der umstrittenen Urheberschaft vgl. dazu Zayas, a.a.O., S. 213.

16 Zayas, a.a.O., S. 83

17 Dokumentation der Vertreibung a.a.O., Bd. I 1, S. 52 E

18 Herbert Michaelis, Ernst Schraepler, Günter Scheel (Herausg.): Ursachen und Folgen des deutschen Zusammenbruchs 1918 und 1945 bis zur staatlichen Neuordnung Deutschlands in der Gegenwart (Berlin o.J.), Bd. XXII, S. 343

18a H. Magenheimer: Abwehrschlacht an der Weichsel (Freiburg 1976), S. 106; V. Mastny: Moskaus Weg zum Kalten Krieg (München, Wien 1980), S. 285; A. de Zayas: Zeugnisse der Vertreibung (Krefeld 1983), S. 64 ff

19 Bundesarchiv: Dokumentation der Vertreibungsverbrechen, vgl. Fußn.[2] zu 3., S. 31

20 Dokumentation der Vertreibung, a.a.O., Bd. II, S. 41 E

21 Werth, a.a.O., S. 644

22 Robert Müller-Sternberg: Deutsche Ostsiedlung (Bielefeld 1971), S. 73

23 Lew Kopelew: Aufbewahren für alle Zeit (Hamburg 1976), S. 128

24 Dokumentation Bundesarchiv a.a.O., S. 34

25 Zu den Einzelheiten vgl. Werth, a.a.O., S. 646 ff

26 Von ihren Erlebnissen in einem deutschen Schützengraben vor Berlin be-

richtet z. B. die Schauspielerin Hildegard Knef: »... hör plötzlich Schreie, grauenvolle, fürchterliche, spitzehoheschrille. Ich ruf rüber, ruf leise zum nächsten Schützenloch: Was ist das?
Russen – sind in dem Haus da – nehmen sich die Frauen vor – Scheiße gottverdammte.«
(Zitat aus H. Knef: Der geschenkte Gaul, Wien/München/Zürich 1970, S. 84).
Sogar Ehrenburg erwähnt die Schreie beiläufig in seinen Memoiren als Teil seiner ostpreußischen Impressionen, vgl. Ilja Ehrenburg: Menschen, Jahre, Leben III 1942–1965, Bd. 6 der Kindler-Sonderausgabe (München 1972), S. 195.

27 Werth, a.a.O., S. 646 ff

28 Werth, a.a.O., S. 646

29 Ehrenburg: Menschen, Jahre, Leben, a.a.O., S. 210

30 Vgl. Ehrenburg: Menschen, Jahre, Leben, a.a.O., S. 194, 201; vollkommen unkritisch z. B. auch Helen von Ssachnos Rezension der Ehrenburg-Memoiren in der Süddeutschen Zeitung vom 22.7.1972.
Besonders suspekt erscheint das gelegentlich vorgetragene Argument, Ehrenburgs Mordappelle seien durch seine jüdische Abstammung erklärbar bzw. entschuldbar. Die jüdische Presse hat sich diese Perspektive nie zueigen gemacht. Auch in Gesprächen mit dem Autor erklärten Juden regelmäßig, sie würden eine Identifikation Ehrenburgs mit dem Judentum als Diskriminierung empfinden; im übrigen wird auf Ehrenburgs opportunistisches Verhalten gegenüber Stalins Antisemitismus verwiesen und darauf, daß sein Deutschenhaß schon in den zwanziger Jahren bekannt war. – Ehrenburgs Teilnahme an antisemitischen Pressekampagnen erwähnt auch Heinz Abosch: Antisemitismus in Rußland (Darmstadt 1972), S. 61.

31 Dokumentation der Vertreibung a.a.O., Bd. I 1, S. 69 E

32 »Im besetzten Deutschland«, erschienen 1947, hier zitiert nach der Dokumentation des Bundesarchivs a.a.O., S. 30

33 Bundesarchiv a.a.O., S. 33

34 Rudolf Mühlfenzl (Herausg.): Geflohen und vertrieben (Königstein, Ts. 1981), S. 20 f

35 Katharina Drotleff: Laßt sie selber sprechen – Berichte rußlanddeutscher Aussiedler (Hannover 1978), S. 38 f

36 Vgl. Paul Reinwald: Vom Geist der Massen (Zürich 1948), S. 574 f

37 Bundesarchiv a.a.O., S. 33

38 Otto Peter Schweling: Die deutsche Militärjustiz in der Zeit des Nationalsozialismus (Marburg/Lahn 1978), S. 373; Zayas/Rabus, a.a.O., S. 70 ff

39 Kopelew, a.a.O., S. 386

[40] Ariane Barth/Tiziano Tezani: Holocaust in Kambodscha (Hamburg 1980), S. 37
[41] Heiner Legewie, Wolfram Ehlers: Knaurs Moderne Psychologie (München, Zürich 1972), S. 202
[42] Adalbert Rückerl (Hrsg.): Nationalsozialistische Vernichtungslager (München 1977), S. 295
[43] zitiert nach Zayas, a.a.O., S. 88
[44] Kopelew, a.a.O., S. 118
[45] Kopelew, a.a.O., S. 95
[46] Bundesarchiv a.a.O., S. 35; ähnlich Dokumentation der Vertreibung a.a.O., Bd. I 1, S. 68 E
[47] Bundesarchiv a.a.O., S. 31
[48] Bundesarchiv a.a.O. S. 32
[49] Herbert Hupka (Herausg.): Letzte Tage in Schlesien (München 1981), S. 337
[50] Bundesarchiv a.a.O., S. 32; Werth, a.a.O., S. 644
[51] Bundesarchiv a.a.O., S. 32
[52] Gotthold Rhode: Völker auf dem Wege... (Kiel 1952), S. 12 ff
[53] Leopold Schwarzschild: Der rote Preuße (Stuttgart 1954), S. 217 ff.; Edmund Silberner: Sozialisten zur Judenfrage (Berlin 1962), S. 135 f
[54] Gerd-Klaus Kaltenbrunner (Herausg.): Was ist deutsch (München 1980), S. 144
[55] Kaltenbrunner, a.a.O., S. 143 ff
[56] Schwarzschild, a.a.O., S. 280, 285 ff; Silberner, a.a.O., S. 136 f. Silberner hat allein in Marxens Briefen 10 verschiedene antisemitische Bezeichnungen des Marx-Konkurrenten Lassalle gezählt, angefangen von »Baron Itzig« bis »jüdischer Nigger«.
[57] Silberner, a.a.O., S. 294
[58] Henry Picker: Hitlers Tischgespräche im Führerhauptquartier (München 1979), S. 457
[59] Abosch, a.a.O., S. 58 ff
[60] Abosch, a.a.O., S. 90, 88
[61] Abosch, a.a.O., S. 65
[62] Robert Conquest: Stalins Völkermord (Wien 1970), S. 134
[63] Rudolf Ströbinger: Roter Kolonialismus, Minderheiten im Ostblock, (Osnabrück 1981), S. 69
[64] Conquest, a.a.O.
[65] Ströbinger a.a.O., S. 69, 77
[65a] Riga-Sendung des ARD-Fernsehens vom 26.7.1982, vgl. auch Die Welt vom gleichen Tag.

[66] Wilhelm Starlinger: Die Grenzen der Sowjetmacht (Kitzingen 1954), S. 70

[67] Die Welt vom 5.2.1980, S. 7

[68] Die Welt vom 22.4.1981 und 21.5.1981; afghanische Sprecher nannten 1981 1 Million Tote und über 3 Millionen Flüchtlinge, vgl. Die Welt vom 15.10.1981, S. 1. Bis Ende 1982 dürfte die Zahl von 1 Million Toten überschritten sein und die Zahl der Flüchtlinge zwischen 4 und 5 Millionen liegen, vgl. RCDS-Magazin Nr. 5/1982.

[69] (Berlin-Ost, 1979), S. 357

[70] Werth, a.a.O., S. 658

[71] Erich v. Manstein: Verlorene Siege (Bonn 1955), S. 152, 241

[72] Erich Schwinge: Bilanz der Kriegsgeneration (Marburg/Lahn 1981), S. 51. Als weitere Ursachen für die extrem hohen Verluste der Roten Armee sind genannt worden: Bewußtes »Verheizen« von Strafbatallionen, Tötung eigener Verwundeter auf dem Rückzug, Liquidation unzuverlässiger Armeeteile usw., vgl. Nikolai Tolstoy: Stalin's Secret War (New York 1982), S. 281 ff.

[73] Durchaus human war z. B. die Behandlung der Gefangenen beim Einsatz in landwirtschaftlichen Betrieben u.dgl.

[74] Aus der neueren Literatur wären zu nennen: Alfred Streim: Die Behandlung sowjetischer Kriegsgefangener im »Fall Barbarossa« (Heidelberg/Karlsruhe 1981); Christian Streit: Keine Kameraden (Stuttgart 1978). Leider wird bei Streit wie in manchen anderen Diskussionsbeiträgen z. T. unhaltbares Zahlenmaterial verwendet, vgl. dazu Alfred Schickel: Zeitgeschichte in leichtfertigen Händen (Bayernkurier vom 26.1.1980); ähnlich Streim a.a.O., S. 246.

[75] Nikolai Tolstoy: Die Verratenen von Jalta (München/Wien 1977), S. 44

[76] Werner Rings: Leben mit dem Feind (München 1979), S. 126, mit weiterem Literaturnachweis; Andrzej Kaminski: Konzentrationslager 1896 bis heute (Stuttgart 1982), S. 211, 215. In diesem Zusammenhang ist auch an den Kampf antikommunistischer (!) Partisanen im Baltikum und in der Ukraine zu erinnern, der noch Jahre nach dem Krieg andauerte, vgl. Tolstoy, Stalin ..., a.a.O., S. 264 f.

[77] Werth, a.a.O., S. 470 ff

[78] Tolstoy, Die Verratenen..., a.a.O., S. 46; Rings, a.a.O., S. 126

[79] »Der russische Raum ist unser Indien«, meinte Hitler unter Anspielung auf die englische Kolonialpolitik. Nur die ukrainische Schwarzmeer-Küste sollte langfristig germanisiert werden, vgl. Adolf Hitler, Monologe im Führerhauptquartier (Hamburg 1980), S. 48, 62.

[80] Hierzu z. B. Schreiben des Reichsministers für die besetzten Ostgebiete Rosenberg vom 13. Mai 1942, abgedruckt bei Hans-Adolf Jacobsen

(Hrsg.): Mißtrauische Nachbarn (Düsseldorf 1970), S. 151 ff, 180 ff. Über die militärische Opposition gegen die Besatzungsmethoden der Nazis vgl. z. B. Alexander Dallin: Deutsche Herrschaft in Rußland 1941–1944 (Düsseldorf 1958), S. 558 ff.

81 Jacobsen, a.a.O., S. 76 f

82 Alfred M. de Zayas/Walter Rabus: Die Wehrmacht-Untersuchungsstelle (München 1979), S. 72 ff; Nicolaus v. Below: Als Hitlers Adjutant (Mainz 1980), S. 279

83 »Die Welt« vom 1.3.1980

84 Lord Moran überlieferte das Gespräch, vgl. Schwinge a.a.O., S. 19 f

85 Hans Graf Huyn: Der Angriff (Wien, München 1978), S. 26 f; Zeitschrift »Student« Nr. 98/1982, S. 6. Hamilton Fish, republikanischer Abgeordneter und Kommunismus-Experte, nimmt an, daß unter Stalin allein 30 Millionen Menschen getötet wurden, vgl. Hamilton Fish: FDR The Other Side of the Coin (New York, Washington, Atlanta, Hollywood 1976), S. 42 f. – Nach Schätzungen russischer Soziologen forderte der Sowjetkommunismus bisher schon 52–66 Millionen Menschenleben, vgl. Die Welt vom 4.9.1982

86 Die Schätzungen der sowjetischen Kriegsopfer reichen von 12 bis 21 Millionen, vgl. Hannah Arendt: Elemente und Ursprünge totaler Herrschaft (Frankfurt 1962), S. 479 f. Diese Zahlen enthalten allerdings auch die Verluste der deportierten Krimtataren, Wolgadeutschen usw., die von Stalin liquidierten Zwangsrepatrianten und ähnlicher Personengruppen.

87 Offener Brief des Friedens-Nobelpreisträgers Sacharow an den Präsidenten der Sowjetischen Akademie der Wissenschaften Alexandrow, abgedruckt in der »Welt« vom 30.12.1980; Bericht des Komitees zur Verteidigung der Menschenrechte, abgedruckt in der »Welt« am 1. März 1973; Süddeutsche Zeitung vom 15.9.1966, S. 6, über den Mihajlov-Prozeß in Jugoslawien. Tolstoy, Die Verratenen..., a.a.O., S. 103, spricht von 16–20 Millionen in Lagern.

87a Tolstoy, Stalin ..., a.a.O., S. 280 ff; Kaminski a.a.O., S. 215 ff; A. Antonow-Owssejenko: Stalin (München, Zürich 1984), S. 256 ff

88 Zayas/Rabus, a.a.O., S. 326–361

88a Tolstoy, Stalin..., a.a.O., S. 219

89 Heinz Arzt: Mörder in Uniform (München 1979), S. 143

90 Dokumentation der Vertreibung a.a.O., Bd. I 1, S. 65 e, Bd. II, S. 44 E

91 Martin Brozat: Zweihundert Jahre deutsche Polenpolitik (Frankfurt/Main 1972), S. 314

92 George F. Kennan: Memoiren eines Diplomaten (Stuttgart 1968), S. 220

92a Tolstoy, Stalin..., a.a.O., S. 269, 266

[93] Viktoria Vierheller: Polen und die Deutschland-Frage 1939–1949 (Köln 1970), S. 119

[94] Alfred Schickel: Fragen, Argumente und Probleme zur Ostpolitik (München 1972), S. 31

[95] John Toland: Das Finale, Die letzten hundert Tage (München, Zürich 1967), S. 88 f; Dokumentation der Vertreibung a.a.O., Bd. I 1, S. 138 E

[96] Zayas, a.a.O., S. 104

[97] zitiert nach Thorwald: Die große Flucht (München, Zürich 1979), S. 91

14. Anglo-amerikanische Motive und Kollektivschuld

[1] Alfred M. de Zayas: Die Anglo-Amerikaner und die Vertreibung der Deutschen (München 1977), S. 126 f

[2] Zayas, a.a.O., S. 126

[3] Franz Lorenz (Herausg.): Schicksal Vertreibung, Aufbruch aus dem Glauben (Köln 1980), S. 116

[4] Louis Nizer: What to do with Germany (New York 1944). Die im folgenden zitierte Militärausgabe stellt bereits eine gemilderte Version der Urfassung dar.

[5] Nizer wie voher, S. 22, 26, 27, 34

[6] Einband-Text von Nizers Schrift; ferner Caspar von Schrenck-Notzing: Charakterwäsche, die amerikanische Besatzung in Deutschland und ihre Folgen (Stuttgart 1965), S. 61 ff, neu erschienen 1981 bei Kristall/Langen-Müller, München (Seitenzahl identisch)

[7] Zayas, a.a.O., S. 37

[8] Hamilton Fish: FDR The Other Side of the Coin (New York, Washington, Atlanta, Hollywood 1976), S. 33, 67, 195. (Das Buch erschien als »Der zerbrochene Mythos« Ende 1982 in deutscher Übersetzung.) Nach Roosevelts Angaben war Hopkins für Stalin »Feuer und Flamme«. Vgl. ferner Robert E. Sherwood: Roosevelt and Hopkins (New York 1948), S. 4

[9] Detlef Junker: Franklin D. Roosevelt (Göttingen 1979), S. 148

[10] Friedrich Wilhelm Rothenpieler: Der Gedanke einer Kollektivschuld in juristischer Sicht (Berlin 1982), S. 80, 97 f; vgl. im übrigen Schrenck-Notzing, a.a.O., S. 54

[11] Hermann Schild (Herausg.): Das Morgenthau-Tagebuch (Leoni 1970), S. 17

[12] John Morton Blum: From the Morgenthau Diaries/Years of War 1941–1945 (Boston 1967), S. 332

[13] Schild, a.a.O., S. 197
[14] Blum, a.a.O., S. 328
[15] Schild, a.a.O., S. 68
[16] Zayas, a.a.O., S. 149
[17] Der Spiegel vom 22.7.1964, S. 43
[18] Victor Gollancz: Stimme aus dem Chaos (hier aus dem Essay: Unser bedrohtes Erbe), Nürnberg 1948, S. 205
[19] Zitiert nach Rothenpieler, a.a.O., S. 71
[20] Rothenpieler, a.a.O., S. 70, 72
[21] Nizer, a.a.O., S. 23; Zayas, a.a.O., S. 37
[22] Zayas, a.a.O., S. 63
[23] Joh. Wolfg. Brügel: Tschechen und Deutsche 1939–1946, Bd. 2 (München 1974), S. 37
[24] Wenzel Jaksch: Europas Weg nach Potsdam (Stuttgart 1958), S. 373
[25] Bundesministerium für Vertriebene: Dokumentation der Vertreibung der Deutschen aus Ost-Mitteleuropa (Bonn 1953–1962), Bd. IV 1, S. 50 f (Fußnoten)
[26] Zayas, a.a.O., S. 38
[27] Zayas, a.a.O., S. 38
[28] Lorenz, a.a.O., S. 61
[29] Zayas, a.a.O., S. 38
[30] Theodore N. Kaufman: Germany must perish (Newark 1941), S. 87
[31] Heinz Höhne: Der Orden unter dem Totenkopf, die Geschichte der SS (München 1981), S. 298
[32] Wolfgang Benz in Vierteljahrshefte für Zeitgeschichte, Heft 4/1981, S. 615
[33] David Irving: Der Nürnberger Prozeß (München 1980), S. 5, 19
[34] Erich Schwinge: Bilanz der Kriegsgeneration (Marburg/Lahn 1981), S. 33
[35] Irving, a.a.O., S. 19
[36] Nachdem der britische Premier auf den Vorschlag Stalins ärgerlich reagiert hatte, sagte Roosevelt wörtlich: »Es ist klar, daß ein Kompromiß zwischen Ihrer Auffassung, Herr Stalin, und der des Premierministers gefunden werden muß. Wir können vielleicht sagen, daß wir uns nicht auf 50 000, sondern auf eine kleinere Zahl, sagen wir rund 49 500, von Kriegsverbrechern einigen, die summarisch hingerichtet werden sollen.« Churchill selbst erwähnt die Szene in seinen Memoiren, ebenso der Präsidentensohn Elliot Roosevelt.

Gegen Ende des Krieges begann sich Churchill mit dem Gedanken summarischer Hinrichtungen zu befreunden, traf aber jetzt auf den verstärkten Widerstand amerikanischer Stellen, vgl. Lutz Graf Schwerin von Krosigk: Die großen Schauprozesse (München 1981), S. 346. Vgl. im übrigen

Erich Schwinge: Summarische Exekutionen, Festschrift für Erich Schmidt-Leichner (München 1977), S. 185 ff, 191 ff

[37] Irving a.a.O., S. 25, unter Bezugnahme auf ein Geheim-Memorandum des britischen Lord-Kanzlers Simon von 1945

[38] Hinweise auf Hootons Artikel auch bei Schrenck-Notzing a.a.O., S. 62

[39] vgl. dazu noch Bundesminsterium für Vertriebene: Dokumentation der Vertreibung der Deutschen aus Ost-Mitteleuropa (Bonn 1953), Bd. I 1, S. 79 ff. In einem Brief an Roosevelt erklärte sich Churchill am 24.11.44 sogar mit der Verschickung von »zwei oder drei Millionen Nazis« als Zwangsarbeiter einverstanden, vgl. Foreign Relations of the United States 1944, Vol. I (Washington 1966), S. 565

[40] Joe Heydecker, Johannes Leeb: Bilanz der tausend Jahre. Die Geschichte des III. Reiches im Spiegel des Nürnberger Prozesses (München 1975), S. 533 ff; Irving wie vorher, S. 17; Zayas a.a.O., S. 90

[41] Irving, a.a.O., S. 18, 21

[42] David Irving: Von Guernica bis Vietnam (München 1982), S. 114

[43] Schild, a.a.O., S. 339 ff; Die Welt vom 4. Mai 1981, S. 18; Irving: Von Guernica bis Vietnam, a.a.O., S. 114

[44] Schild, a.a.O., S. 154, 122, 126

[44a] Dietrich Aigner: Winston Churchill (Göttingen 1975), S. 140 f

[45] Blum, a.a.O., S. 379

[46] Rothenpieler a.a.O., S. 92. Trotz öffentlicher Distanzierung im Oktober 1944 blieb Roosevelt Anhänger des Plans.

[47] Schild, a.a.O., S. 393

[48] Schild, a.a.O., S. 397. Ursprünglich plante Morgenthau die Amputation aller linksrheinischen Gebiete südlich der Mosel, vgl. Schild a.a.O., S. 178

[49] Zayas, a.a.O., S. 108

[50] Bundesvertriebenenministerium: Zeittafel der Vorgeschichte und des Ablaufs der Vertreibung ... (Bonn 1959), S. 45; vgl. auch Heydecker, Leeb a.a.O., S. 509, 522, 535

[51] z. B. Wilhelm Frick; vgl. Heydecker, Leeb a.a.O., S. 534 f

[52] Yves Brancion: Die Oder-Neiße-Linie (Stuttgart 1969), S. 91

[53] Nikolai Tolstoy: Die Verratenen von Jalta (München, Wien 1977), S. 21, 50 ff. Über Jugoslawien vgl. N. Tolstoy: The Klagenfurt Conspiracy, in: Encounter (London) 1983, Nr. 5; H. W. Neulen: An deutscher Seite (München 1985), S. 219 ff; Hellmut Diwald: Geschichte der Deutschen (Frankfurt, Berlin, Wien 1978), S. 123

[54] Tolstoy a.a.O., S. 51

[55] Nicholas Bethell: Das letzte Geheimnis (Frankfurt, Berlin, Wien 1980), S. 12

[56] Tolstoy a.a.O., S. 13

[57] Tolstoy a.a.O., S. 287 ff; Paul Carell/Günter Böddeker: Die Gefangenen (Frankfurt, Berlin, Wien 1980), S. 261 ff. Auf S. 256 f berichtet Tolstoy, a.a.O., z. B. folgende Szene, die der britische Korporal Edward Stewart überliefert hat: »Zu der Zeit (der Auslieferung) konnte ich noch keine Gewalttätigkeit gegen die Kosaken beobachten, aber ich ...stellte mich an dem Punkt der Nimmerwiederkehr auf... Doch in der folgenden Nacht und am nächsten Tag begannen wir die Gewehrsalven zu zählen, die, zusammen mit dem schönsten Männergesang, den ich je gehört habe, aus dem russischen Sektor zu uns herüberdrangen. Die Stimmen hallten in der ganzen Gegend wider. Dann hörte man, wie auf das Gewehrfeuer Beifallgejohle folgte.«

[58] Sunday Telegraph vom 7.3.1982, S. 1

[59] Hans Rothfels: Deutsche Opposition gegen Hitler (Frankfurt/M. 1977), S. 35

[60] Erich Schwinge: Bilanz der Kriegsgeneration (Marburg/Lahn 1981), S. 13.

[61] Schwinge a.a.O., S. 10 ff

[62] Alfred Schickel in der Frankfurter Allgemeinen vom 19.10.1970. Weitere Meinungsäußerungen über Hitler zitiert das Buch von Philipp W. Fabry: Mutmaßungen über Hitler, Urteile von Zeitgenossen (Droste Verlag Düsseldorf), sowie Schwinge a.a.O.

[63] Schwinge a.a.O., S. 10 ff

[64] Brigitte Granzow: A Mirror of Nazism, British Opinion and the Emergence of Hitler (London 1964)

[65] Granzow a.a.O., S. 181

[66] Schwinge a.a.O. S. 11

[67] Rothfels a.a.O., S. 28

[68] Rothfels a.a.O., S. 187

[69] Gollancz a.a.O., S. 170 f

[70] Der Spiegel vom 22.7.1964, S. 44

[71] Blum a.a.O., S. 332

[72] Zayas a.a.O., S. 60

[73] Zayas a.a.O., S. 31

[74] Zayas a.a.O., S. 34

[75] Gollancz a.a.O., S. 205

[76] Gollancz a.a.O., S. 246; Anton Peisl, Armin Mohler (Herausg.): Die deutsche Neurose (Frankfurt, Berlin, Wien 1980), S. 110

[77] Der Spiegel vom 22.7.1964, S. 44

[78] Rothfels a.a.O., S. 158, 230

[79] Detlef Junker: Franklin D. Roosevelt (Göttingen 1979), S. 31

[80] Junker a.a.O., S. 132, 116, 73; zur Frage der Kriegsbereitschaft Roosevelts, insbesondere zu seiner zweifelhaften Rolle beim Ausbruch des Krieges mit Japan, vgl. Der Spiegel 1982, Nr. 14 ff; Hamilton Fish: FDR The Other Side of the Coin (New York, Washington, Atlanta, Hollywood 1976), S. 131 ff; Curtis B. Dall: FDR My Exploited Father-in-Law (Tulsa/O. 1968), S. 161 ff, 187; John Toland: Infamy (Garden City, New York 1982)

[81] Schrenck-Notzing a.a.O., S. 36, 79; Fish a.a.O., S. 7, 33, 66, 195; Dall a.a.O., S. 68 ff, 82 f, 116

[82] Schrenck-Notzing a.a.O., S. 34, 36

[83] Schrenck-Notzing a.a.O., S. 52. Von Verschwörungen begann man schon im 19. Jahrhundert zu sprechen.

[84] Fish a.a.O., S. 42 f

[85] Junker a.a.O., S. 141; Schrenck-Notzing a.a.O., S. 49 f; Schwinge a.a.O., S. 32 f, 91 f; Die Welt vom 10.11.1981, S. 7

[86] Junker a.a.O., S. 141 f; Schrenck-Notzing a.a.O., S. 49 f

[87] Fish a.a.O., S. 44; Schrenck-Notzing a.a.O., S. 51

[88] Kommunistische Internationale (Vereinigung aller K-Parteien)

[89] Schrenck-Notzing, a.a.O., S. 50

[90] Fish a.a.O., S. 64 ff

[91] Wegen Roosevelts Freundschaft mit Stalin vgl. Fish a.a.O., S. 8; Junker, a.a.O., S. 142. Auch in seinem Briefwechsel mit Churchill pflegte Roosevelt den Diktator regelmäßig als Onkel Joe zu bezeichnen, vgl. Francis L. Loewenheim, Harold D. Langley, Manfred Jonas: Roosevelt and Churchill, Their Secret Wartime Correspondence (New York 1975)

[92] Ladislaus Singer: Sie litten alle an Größenwahn (Stuttgart 1966), S. 191

[93] Hellmut Diwald: Geschichte der Deutschen (Frankfurt/M., Berlin, Wien 1978), S. 22

[94] Schwinge a.a.O., S. 30

[95] Schwinge a.a.O., S. 34

[96] Schwinge a.a.O., S. 181

[97] Schwinge a.a.O., S. 38

[98] An Roosevelt z. B. erinnert nicht nur eine eigene Forschungs- und Gedenkstätte in der Ortschaft Hyde Park unweit von New York, sondern auch ein überlebensgroßes Standbild vor der amerikanischen Botschaft in London, ferner zahlreiche amerikanische Denkmäler und Straßennamen.

[99] Die sowjetischen Volkszählungen ergaben 1926:147 und 1939:170 Millionen Einwohner der UdSSR, vgl. Encyclopaedia Britannica 1962, Bd. 19, S. 724.

[100] Zahl der kommunistischen Staaten nach dem Stand von 1982, Zahl der Einwohner nach dem Stand von 1975: 1,355 Milliarden, vgl. Das neue Fischer-Lexikon in Farbe (Frankfurt 1979)
[101] Zayas a.a.O., S. 128
[102] Zayas a.a.O., S. 101
[103] Rothfels a.a.O., S. 176
[104] Bundeszentrale für Heimatdienst: 20. Juli 1944 (Freiburg 1961), S. 259
[105] wie vorher, S. 52
[106] Rothfels a.a.O., S. 152 f
[107] Zayas a.a.O., S. 133 f
[108] Hans-Georg Lehmann: Der Oder-Neiße-Konflikt (München 1979), S. 70
[109] Rudolf Ströbinger: Roter Kolonialismus (Osnabrück 1981), S. 16; Jaksch a.a.O., S. 428
[110] Singer a.a.O., S. 87
[111] Nizer a.a.O., S. 34
[112] Präsident Truman, vgl. Zayas a.a.O., S. 149
[113] Rothenpieler a.a.O., S. 198 ff, 202 ff
[114] Wilfried Schlau: »Die blockierte Mehrheit« in Anton Peisl, Armin Mohler (Herausgeber): Die deutsche Neurose (Frankfurt, Berlin, Wien 1980), S. 180 f
[115] Der Spiegel vom 22.7.1964, S. 44
[116] Rothfels, a.a.O., S. 101
[117] Heydecker, Leeb, a.a.O., S. 164
[118] Carl J. Burckhardt: Meine Danziger Mission (München 1980), S. 155
[119] George F. Kennan: Memoiren eines Diplomaten (Stuttgart 1968), S. 114
[120] Heinz Boberach (Herausg.): Meldungen aus dem Reich (München 1968), S. 37 f
[121] Schild, a.a.O., S. 127
[122] Walter Laqueur: Was niemand wissen wollte (Frankfurt/M., Berlin, Wien 1981), S. 107, 251 ff. Vgl. ferner Martin Gilbert: Auschwitz and the Allies (New York 1981)
[123] Am 17. September 1937 schrieb z. B. Churchill: »Wir bewundern die Behandlung der Juden oder Katholiken oder Protestanten in Deutschland nicht. Aber solange diese Dinge sich nur in Deutschland abspielen, gehen sie uns nichts an.« Zitiert nach Schwinge, a.a.O., S. 14. – Im Juli 1941 vertrat das Planungskomitee im britischen Informationsministerium die Ansicht, die Propaganda habe sich lediglich mit der Behandlung »einwandfrei unschuldiger Menschen zu befassen. Nicht mit gewalttätigen politischen Opponenten. Und nicht mit Juden.« Vgl. Laqueur, a.a.O., S. 116. – Auch nach Anlaufen der »Endlösung« im großen Stil lehnte der Chef des South-

ern Department im Londoner Foreign Office eine eingehende Beschäftigung mit den vorliegenden Schreckensnachrichten ab, da dies verschiedene Dienststellenchefs zwingen könnte, »einen unverhältnismäßig großen Teil ihrer Zeit mit jammernden Juden zu verschwenden«, vgl. Laqueur, a.a.O., S. 107

[124] Rothfels, a.a.O., S. 41

[125] Vgl. z. B. G. Reitlinger: Die Endlösung (Berlin 1979), Adalbert Rückerl (Herausg.): Nationalsozialistische Vernichtungslager (München 1979), Heinz Höhne: Der Orden unter dem Totenkopf (München 1979).

[125a] E. Jäckel u. J. Rohwer: Der Mord an den Juden im Zweiten Weltkrieg (Stuttgart 1985)

[126] Höhne wie vorher, S. 302 ff

[127] Joachim C. Fest: Hitler (Frankfurt 1973), S. 929 ff; Rückerl wie vorher, S. 15, 61, 96, 101, 334; ferner Martin Broszat: Nationalsozialistische Polenpolitik 1939–1945 (Frankfurt, Hamburg 1967), S. 41, 223

[128] P. Märtesheimer/J. Frenzel (Herausg.): Im Kreuzfeuer: Der Fernsehfilm Holocaust (Frankfurt 1979), S. 239; Schwinge, a.a.O., S. 5; vgl. ferner den Bericht des Gleiwitzer Schriftstellers Horst Bienek in R. Mühlfenzl (Herausg.): Geflohen und vertrieben (Königstein 1981), S. 33

[129] H.D. Leuner: Gerettet vor dem Holocaust (München 1979), S. 39 f

[130] Hannah Arendt: Eichmann in Jerusalem (München, Zürich 1976), S. 159; Werner Rings: Leben mit dem Feind (München 1979), S. 216 f

[131] Arendt wie vorher, S. 153; Reitlinger, a.a.O., S. 574; Robert Pendorf: Mörder und Ermordete, Eichmann und die Judenpolitik des Dritten Reiches (Hamburg 1961), zitiert nach Arendt, wie oben

[132] Laqueur, a.a.O., S. 40

[133] Laqueur, a.a.O., S. 44

[134] Brewster S. Chamberlain: Todesmühlen/Ein Versuch der Umerziehung 1945–1946 in: Vierteljahrshefte für Zeitgeschichte, Heft 3/1981, S. 420 f

[135] Chamberlain, a.a.O., S. 424, 428

[136] Laqueur, a.a.O., S. 17

[137] Laqueur, a.a.O., S. 245–249

[138] Reitlinger, a.a.O., S. 221

[139] Alle drei Zitate nach Hans Rothfels, a.a.O., S. 42

[140] Rudolf Vogel: Ein Stempel hat gefehlt (München, Zürich 1977), S. 78

[141] Wörtliches Zitat aus Adolf Hitler: Monologe im Führerhauptquartier 1941–1944 (Hrsg. W. Jochmann), Hamburg 1980, S. 143

[142] Albert Speer: Spandauer Tagebücher, abgedruckt in Die Welt am 29.8.1975, S. 5

[143] Reitlinger, a.a.O., S. 389. Vgl. ferner Heinz Artzt: Mörder in Uniform

(München 1979), S. 191. Umfassende Darstellung des Problems bei Höhne, a.a.O., S. 298 ff

144 Höhne, a.a.O., S. 175 ff

145 Alfred M. de Zayas/Walter Rabus: Die Wehrmacht-Untersuchungsstelle (München 1979), S. 74, 245 usw.; Rückerl, a.a.O., S. 96 f

146 Höhne, a.a.O., S. 352 ff

147 Arendt, a.a.O., S. 161

148 Rings, a.a.O., S. 218

149 Vogel, a.a.O., S. 79

150 Burckhardt, a.a.O., S. 307

151 Nicolaus v. Below: Als Hitlers Adjutant 1937–1945 (Mainz 1980), S. 417

152 v. Below, a.a.O., S. 405

153 Arendt, a.a.O., S. 142 f

154 Rothfels, a.a.O., S. 24; Bayer. Landeszentrale für Heimatdienst (Herausg.): Bilder und Dokumente zur Zeitgeschichte 1933–1945 (München 1961), S. 72

155 Höhne, a.a.O., S. 7

156 Heydecker, Leeb, a.a.O., S. 12

157 Peter Hoffmann: Die Sicherheit des Diktators (München, Zürich 1975), S. 251 f. Noch ausführlicher Hoffmanns 1000-Seiten-Buch: Widerstand-Staatsstreich-Attentat (München 1979).

158 Hoffmann, a.a.O., S. 249

159 Hoffmann, a.a.O., S. 247

160 Rothfels, a.a.O., S. 185

161 Burckhardt, a.a.O., S. 79

162 H.J. Schoeps: Preußen (Frankfurt, Berlin 1975), S. 332. Von Marwitz verweigerte als preußischer Offizier im Februar 1761 die Plünderung des Schlosses Hubertusburg in Sachsen und reichte seinen Abschied von der Armee ein.

163 Rothfels, a.a.O., S. 74

164 Rothfels, a.a.O., S. 76

165 Rothfels, a.a.O., S. 154 ff

166 Rothfels, a.a.O., S. 161 ff

167 Dall, a.a.O., S. 148 ff; Fish, a.a.O., S. 237 ff

168 Rothfels, a.a.O., S. 181

169 Rothfels, a.a.O., S. 158

170 Rothenpieler, a.a.O., S. 106

171 Rothfels, a.a.O., S. 177

172 Rothfels, a.a.O., S. 183

173 Kennan, a.a.O., S. 124 f

[174] Der Spiegel 1961/Nr. 46, S. 68
[175] Heydecker, Leeb, a.a.O., S. 10
[176] Gollancz, a.a.O., S. 205
[177] Zitiert nach Rothenspieler, a.a.O., S. 21 f
[178] Rothenspieler, a.a.O., S. 84
[179] Oskar Golombek (Herausg.): Die katholische Kirche und die Völkervertreibung (Köln 1966), S. 52
[180] Schrenck-Notzing, a.a.O., S. 68
[181] Bayerische Landeszentrale für Heimatdienst a.a.O., S. 90 f
[182] Ein Beispiel für viele andere ist das Buch des amerikanischen Geistlichen Edward E. Swanstrom: Pilgrims of the Night (New York 1950), S. 6 und 8
[183] Henry Picker: Hitlers Tischgespräche im Führerhauptquartier (München 1979), S. 456
[184] Bundeszentrale für Heimatdienst, a.a.O., S. 173 f
[185] Wörtliches Zitat aus Karlheinz Deschner: Abermals krähte der Hahn (Stuttgart 1968), S. 459
[186] Gregory Baum: Die Juden und das Evangelium (Benzinger Verlag, 1963), S. 16 f
[187] Der Spiegel, Nr. 1–2/1964, S. 27
[188] Leon Poliakov: Über den Rassismus (Stuttgart 1979), S. 91 f
[189] Ariane Barth, Tiziano Terzani: Holocaust in Kambodscha (Hamburg 1980), S. 43
[190] pogrom, Zeitschrift für bedrohte Völker, Mai 1980, S. 66
[191] Thomas Babington Macaulay: Politik und Moral (Ulm 1947), S. 117 f

15. Polnische Motive

[1] Bundesarchiv: Dokumentation der Vertreibungsverbrechen, vgl. Fußn.[2] zu 3, S. 47
[2] Bundesministerium für Vertriebene: Dokumentation der Vertreibung der Deutschen aus Ost-Mitteleuropa (Bonn 1953–1962), Bd. I 1, S. 115 E
[3] Pilsudski war zeitweise Staatspräsident, Minister bzw. Diktator in der Zeit nach dem 1. Weltkrieg
[4] Hans Roos: Die Geschichte der polnischen Nation 1918–1978 (Stuttgart 1979), S. 217
[5] Dokumentation der Vertreibung a.a.O., Bd. I 1, S. 109 E
[6] Hans-Georg Lehmann: Der Oder-Neiße-Konflikt (München 1979), S. 35
[7] Bundesarchiv, a.a.O., S. 47
[8] Herbert Hupka (Herausg.): Letzte Tage in Schlesien (München 1981), S. 236 f

9 Hupka, a.a.O., S. 296 f
10 Hans v. Lehndorff: Ostpreußisches Tagebuch (München 1980), S. 262
11 Bundesarchiv a.a.O., S. 39
12 Martin Broszat, Nationalsozialistische Polenpolitik 1939–1945 (Frankfurt, Hamburg 1967), S. 32; Heinz Höhne: Der Orden unter dem Totenkopf (München 1979), S. 276 ff
13 Helmut Krausnick: Hitler und die Morde in Polen, Vierteljahreshefte für Zeitgeschichte 1963, S. 207
14 Krausnick, a.a.O.
15 Martin Broszat: Zweihundert Jahre deutscher Polenpolitik (Frankfurt 1972), S. 280 f
16 F. Fischer, K.D. Grothusen, G. Moltmann: Die Selbstbehauptung einer Nation, Nationalsozialistische Kulturpolitik und polnische Widerstandsbewegung im Generalgouvernement 1939–1945 (Düsseldorf 1971), S. 200
17 Dokumentation der Vertreibung a.a.O., Bd. I 1, S. 139 E
18 Viktoria Vierheller: Polen und die Deutschland-Frage 1939–1949 (Köln 1970), S. 117 ff
19 Vierheller wie vorher, S. 23
20 Helmut Fechner (Hrsg.): Deutschland und Polen 1772–1945 (Würzburg 1964), S. 117, 87 ff
21 Albin Eissner: Das Schicksal der polnischen Ostgebiete in: Außenpolitik, 1961, S. 403
22 Eissner wie vorher. Maximal wäre die Zahl der Polen östlich der Curzon-Linie auf 3 Millionen zu schätzen.
23 Zu dem Gesamtkomplex, vor allem in statistischer Beziehung, vgl. Eissner wie vorher; ferner: Roos, a.a.O., S. 212 f; Gotthold Rhode: Völker auf dem Wege (Kiel 1952), S. 20; Alfred Bohmann: Polens Drang nach Westen in: Zeitschrift für Außenpolitik 1960, S. 100; Dokumentation der Vertreibung a.a.O., Bd. I 1, S. 117 E; Oskar Golombek (Hrsg.): Die katholische Kirche und die Völkervertreibung (Köln 1966), S. 202
24 Oder-Neiße-Gebiete unter polnischer Verwaltung einschließlich Danzig. Siehe Statistisches Bundesamt a.a.O., S. 38 und 45
25 Eissner, a.a.O., S. 408
26 Martin Broszat: Nationalsozialistische Polenpolitik 1939–1945 (Frankfurt, Hamburg 1967), S. 44 f
27 Hans-Adolf Jacobsen (Herausg.): Mißtrauische Nachbarn (Düsseldorf 1970), S. 139, mit weiteren Dokumenten. Auszüge auch bei Broszat wie vorher.
28 Broszat, Zweihundert Jahre ... a.a.O., S. 304
29 Vierheller, a.a.O., S. 32

[30] Vierheller, a.a.O., S. 32; Broszat, NS-Polenpolitik ... a.a.O., S. 158 ff; Helmut Heiber: Der Generalplan Ost in: Vierteljahreshefte für Zeitgeschichte 1958, S. 283 ff

[31] Broszat, Zweihundert Jahre ..., a.a.O., S. 293; Roos, a.a.O., S. 182

[32] Broszat, NS-Polenpolitik ..., a.a.O., S. 98; Fischer, a.a.O., S. 44. Bei William L. Shirer: Aufstieg und Fall des Dritten Reiches (Köln, Berlin 1961), S. 607, liest man – ohne Angabe der Quelle – die Zahl 1,2 Millionen. Dagegen spricht, daß selbst Himmler, der gerne in hohen »Erfolgszahlen« schwelgte, nur 365 000 angab. Vermutlich hat Shirer die 750 000 Polen einbezogen, die ohne Vertreibung aus ihren Wohnungen hinausgeworfen oder von Grundstücken verdrängt wurden.

[33] Broszat, NS-Polenpolitik ... a.a.O., S. 164; Höhne, a.a.O., S. 291 ff

[34] Fischer u. a., a.a.O., S. 43, 184 f

[35] Verlustzahl nach Fechner, a.a.O., S. 207; Zusammensetzung der Deportierten nach Eissner: Polnische Ostgebiete, a.a.O., S. 404 ff. Andrzej Kaminski: Konzentrationslager 1896 bis heute (Stuttgart 1982), S. 200 ff, 162, rechnet mit 1,8–2,5 Millionen Verschleppten.

[36] Alfred M. de Zayas/Walter Rabus: Die Wehrmacht-Untersuchungsstelle (München 1979), S. 355

[37] Zayas/Rabus, a.a.O., S. 333; Hermann Raschhofer: Der Fall Oberländer (Tübingen 1962)

[38] Ploetz: Raum und Bevölkerung in der Weltgeschichte, Band 2, (Würzburg 1955), S. 231

[39] Alfred Bohmann: Menschen und Grenzen, Band 1, Strukturwandel der deutschen Bevölkerung im polnischen Staats- und Verwaltungsbereich (Köln 1969), S. 43

[40] Heinrich Jaeneke im Magazin stern vom 30.7.1981

[41] Edmund Silberner: Sozialisten zur Judenfrage (Berlin 1962), S. 295 f

[42] Frank Golczewski: Das Deutschlandbild der Polen 1918–1939 (Düsseldorf 1974), S. 279

[43] Golczewski, a.a.O., S. 278

[44] Golczewski, a.a.O., S. 285. Zum Vorkriegs-Antisemitismus vgl. z. B. Jan Jozef Lipski im Magazin Kontinent Nr. 22 und Emanuel Ringelblum: Ghetto Warschau (Stuttgart 1967)

[45] Fischer, a.a.O., S. 177

[46] Anton Peisl, Armin Mohler (Herausg.): Die deutsche Neurose (Frankfurt, Berlin, Wien 1980), S. 212

[47] Karlheinz Deschner: Abermals krähte der Hahn (Stuttgart 1968), S. 456

[48] Golczewski, a.a.O., S. 295 f; Alfred M. de Zayas: Die Anglo-Amerikaner und die Vertreibung (München 1977), S. 177

[49] Heinz Abosch: Antisemitismus in Rußland (Darmstadt 1972), S. 128 f
[50] Golczewski, a.a.O., S. 279
[51] Albin Eissner: Personelle Kriegsverluste des polnischen Volkes, in der Zeitschrift Außenpolitik, 1963, S. 48; Roos, a.a.O., S. 205 f
[52] Ploetz, a.a.O., S. 316, nennt z. B. 4,52 Millionen
[53] Alfred Schickel: Die polnischen Kriegsverluste 1939–1945 in: Zeitschrift für Politik Nr. 3/1978, S. 291 ff
[54] Schickel, a.a.O., bringt einen Überblick über den neueren Stand der Forschung. Unzutreffende Gleichsetzung der gesamten polnischen Kriegsverluste mit NS-Opfern z. B. im Spiegel vom 17.1.1966 und 7.6.1976.
[55] Schickel, a.a.O.
[56] Schickel, a.a.O.
[57] Eissner: Personelle Kriegsverluste ... a.a.O., S. 44 ff; Schickel, a.a.O.
[58] Schickel, a.a.O.; Eissner: Personelle Kriegsverluste ... a.a.O. Trotz der Verluste dürfte im deutschen Besatzungsgebiet die Zahl der Polnischsprechenden leicht angestiegen sein.
[59] Robert Müller-Sternberg: Die deutsche Ostsiedlung (Bielefeld 1971), S. 74
[60] Yves Brancion: Die Oder-Neiße-Linie (Stuttgart 1969), S. 93; Carroll Reece: Das Recht auf Deutschlands Osten (Göttingen 1957), S. 26
[61] Albin Eissner: Polen drängt weiter nach Westen, in: Außenpolitik 1966, S. 438 ff
[62] Golombek, a.a.O., S. 196 f
[63] Die Karte ist abgedruckt in der Frankfurter Allgemeinen vom 31.8.1979
[64] Golczewski: a.a.O., S. 240 f
[65] Wolfgang Wagner: Die Entstehung der Oder-Neiße-Linie (Stuttgart 1964), S. 1–18; Wilfried Schlau: Politik und Bewußtsein (Köln 1971), S. 543 ff; Bohmann: Polens Drang, a.a.O., S. 96 f; Fechner a.a.O., S. 165
[66] Brancion, a.a.O., S. 133; Jan Jozef Lipski a.a.O.
[67] Golczewski, a.a.O., S. 247
[68] Golczewski, a.a.O., S. 271
[69] Müller-Sternberg, a.a.O., S. 61
[70] Georg Seeßlen, Claudius Weil: Western-Kino (Hamburg 1979), S. 19
[71] Golczweski, a.a.O., S. 248
[72] Werner König: dtv-Atlas zur deutschen Sprache (München 1978), S. 46 f, 54 f; ähnlich dtv-Atlas zur Weltgeschichte Bd. 1, S. 108, 114; Göttinger Arbeitskreis: Das östliche Deutschland (Würzburg 1959), S. 37
[73] Die Welt vom 2.12.1978, S. IV, vom 9.4.1981, S. 25, und vom 19.2.1976, S. 15

[74] Marian Tumler: Der Deutsche Orden (Bonn 1974), S. 34 f; L. Kilian: Zu Herkunft und Sprache der Preußen (Bonn 1982), S. 59

[75] Adolf Hitler: Monologe im Führerhauptquartier (Herausg. W. Jochmann), Hamburg 1980, S. 124

[76] Fischer usw. a.a.O., S. 31

[77] Rudolf Ströbinger: Roter Kolonialismus (Osnabrück 1981), S. 37

[78] Golombek, a.a.O., S. 203

[79] 87 Einwohner/qkm in Polen gegenüber rund 143 in Deutschland, vgl. Knaurs Weltatlas (Berlin 1938), S. 88, 59

[80] Die Welt vom 13.8.1981, S. 1

[81] Die Welt vom 17./18.4.1982, S. 1

[82] Ploetz: Raum und Bevölkerung in der Weltgeschichte, Bd. 2 (Würzburg 1955), S. 319

[83] Wenzel Jaksch: Europas Weg nach Potsdam (Stuttgart 1958), S. 34

[84] Theodor Bierschenk: Die deutsche Volksgruppe in Polen 1934–1939 (Kitzingen 1954), S. 82

[85] Martin und Sylvia Greiffenhagen: Ein schwieriges Vaterland/Zur politischen Kultur Deutschlands (München 1979), S. 316 f

[86] Greiffenhagen, a.a.O., S. 316

[87] Vgl. dazu auch das 18. Kapitel (»Das Informationsdefizit ...«)

[88] Golczewski, a.a.O., S. 18, 26, 247, 250; vom Antisemitismus war schon voher die Rede.

[89] Bierschenk, a.a.O., S. 257 f

[90] wie vorher, S. 99 f; Bierschenk, a.a.O., S. 257

[91] Vierheller, a.a.O., S. 13

[92] Bierschenk, a.a.O., S. 85

[93] Fechner, a.a.O., S. 164; Gotthold Rhode: Kleine Geschichte Polens (Darmstadt 1965), S. 490 f; Peter Aurich: Der deutsch-polnische September 1939 (München, Wien 1970), S. 26. – Christian Höltje: Die Weimarer Republik und das Ostlocarno-Problem (Würzburg 1958), S. 193

[94] Auf der Sitzung des Reichstagsausschusses für Auswärtige Angelegenheiten vom 23.2.1927 z. B. waren sich die Vertreter aller Parteien einig, daß in der ersten Hälfte der 20er Jahre »die Gefahr des Verlustes von Ostpreußen und Oberschlesien an die Polen akut« gewesen sei, vgl. Höltje, a.a.O., S. 248 ff. – 1931 und 1932 traf Pilsudski diplomatische und militärische Vorbereitungen für einen Marsch gegen Deutschland wegen eines befürchteten Erstarkens der Reichswehr, vgl. Höltje, a.a.O., S. 194 ff. – Ähnliche Informationen enthält die eidesstattliche Erklärung des ehemaligen Zentrums-Abgeordneten, Ministers und Reichskanzlers Dr. Josef Wirth vom 8.3.1948 anläßlich des amerikanischen Krupp-Prozesses

(Staatsarchiv Nürnberg, KV-Prozesse, Fall 10, K-33, Krupp-141). – Vgl. ferner A. Schickel: Deutsche und Polen (B. Gladbach 1984), S. 187, 193, 203 f.

95 Gotthold Rhode: Kleine Geschichte Polens a.a.O., S. 484 ff; Fechner, a.a.O., S. 165

96 Fechner, a.a.O., S. 164; Rhode: Kleine Geschichte Polens a.a.O., S. 491; Peter Aurich, a.a.O., S. 25 f

97 Frankfurter Allgemeine vom 31.8.1979 (»Polen mit britischen Augen«)

98 Carl J. Burckhardt: Meine Danziger Mission (München 1980), S. 156 f

16. Jugoslawische Motive

1 Bundesministerium für Vertriebene: Dokumentation der Vertreibung der Deutschen aus Ost-Mitteleuropa (Bonn 1953–1962), Bd. V, S. 61 E

2 Kurt W. Böhme: Die deutschen Kriegsgefangenen in Jugoslawien 1941–1949, Band I 1 der Reihe »Zur Geschichte der deutschen Kriegsgefangenen des Zweiten Weltkrieges«, herausgegeben von Prof. Erich Maschke (Bielefeld 1976), S. 70

3 Böhme, a.a.O., S. 18. Gefangene wurden häufig verstümmelt oder gefoltert.

4 Böhme, a.a.O., S. 25

5 Böhme, a.a.O., S. 16

6 Dokumentation der Vertreibung, Bd. V, a.a.O., S. 65 E ff

7 Dokumentation der Vertreibung, Bd. V, a.a.O., S. 67 E

8 Dokumentation der Vertreibung, Bd. V, a.a.O., S. 80 ff; Hannah Arendt: Eichmann in Jerusalem (München, Zürich 1976), S. 138, unter Bezugnahme auf Günther Weisenborn: Der lautlose Aufstand

9 Böhme, a.a.O., S. 5; Dokumentation der Vertreibung a.a.O., Bd. V, S. 64 E ff; Dokumentation Bundesarchiv, vgl. Fußn.[2] zu 3, S. 69

10 Rudolf Ströbinger: Roter Kolonialismus (Osnabrück 1981), S. 42 f

11 Gotthold Rhode: Völker auf dem Wege … (Kiel 1952), S. 20

12 Böhme, a.a.O., S. 254

18. Das Informationsdefizit und seine Folgen

1 Alfred M. de Zayas: Nemesis at Potsdam (London 1977), S. XX. In deutscher Sprache erschien das Buch unter dem Titel: Die Anglo-Amerikaner und die Vertreibung … (München 1977 bzw. 1980)

2 Die Welt vom 28.1.1981, S. 3

3 Gerhard Ziemer: Deutscher Exodus (Stuttgart 1973), S. 95

4 Westermanns Monatshefte 1980 Nr. 5 (Mai-Nummer), S. 104

5 Zitiert aus dem Anhang zu: Bundesarchiv: Dokumentation der Vertrei-

bungsverbrechen, veröffentlicht von Wilfried Ahrens unter dem Titel »Verbrechen an Deutschen« (2. Auflage 1979), S. 83 f

6 Leserbrief in der Frankfurter Allgemeinen vom 7.7.1979, S. 9

7 Bundesarchiv a.a.O.

8 Die Welt vom 10.10.1974, S. 6

9 Peter Steinbach: Nationalsozialistische Gewaltverbrechen (Berlin 1981), S. 29

10 Auch amerikanische Untersuchungsbeamte bedienten sich z. T. der Folter, um Geständnisse zu erpressen, was in Deutschland 25 katholische Bischöfe veranlaßte, an die USA zu appellieren: »Werden nicht die Folterungen in den Voruntersuchungen in Schwäbisch Hall und Oberwesel und die Massenhinrichtungen in Landsberg einst dem siegreichen Amerika mehr Schaden antun als eine verlorene Schlacht?« Vgl. dazu Lutz Graf Schwerin von Krosigk: Die großen Schauprozesse (München 1981), S. 340 f. Die Kritik der Nürnberger Kriegsverbrecherprozesse bezieht sich außer auf eine Reihe prozessualer Unregelmäßigkeiten und die Vertretung der Stalin-Diktatur im Gericht vor allem auf die Schaffung von Straftatbeständen mit Wirkung für die Vergangenheit, also auf den Verstoß gegen das rechtsstaatliche Prinzip »keine Strafe ohne vorheriges Gesetz«. Diese Umstände sind besonders bedauerlich, weil auch bei einem korrekten Verfahren vermutlich über die Hälfte der Angeklagten verurteilt worden wäre. Vgl. dazu Werner Maser: Nürnberg/Tribunal der Sieger (Wien, Düsseldorf 1977), S. 523.

11 Adalbert Rückerl (Herausg.): Nationalsozialistische Vernichtungslager (München 1977), S. 34; Die Welt vom 7.2.1979

12 Erich Schwinge: Bilanz der Kriegsgeneration (Marburg/Lahn 1981), S. 3

13 Sie sind heute fast ausschließlich Prozeßgegenstand. Die einzige nennenswerte Ausnahme dürfte das Verfahren gegen die früheren Mitglieder des NS-Volksgerichtshofs bilden.

14 Die Welt vom 10.3.1977, S. 3, und vom 28.2.1980

15 Bild am Sonntag am 28.1.1979, S. 14

16 Infolge der erhöhten Sendefrequenz konnte der Zuschauer an manchen Tagen zwischen ähnlichen Sendungen des Ersten und Zweiten Programms auswählen, z. B. am 17. Mai 1982 zwischen »Ein Stück Himmel« (achtteilige Folge über den Leidensweg eines jüdischen Mädchens in Polen) und »Das Boot ist voll«. Am 29.1.1983 befaßten sich sogar 8 TV-Sendungen mit dem III. Reich.

16a Andrzej Kaminski: Konzentrationslager (Stuttgart 1982), S. 36

17 Die Fernseh-Verfilmung des Romans »Jauche und Levkojen« von Christine Brückner kann nicht als Beitrag zur Vertreibungsgeschichte gewertet

werden. In dieser Chronik eines pommerschen Adelsgeschlechts, die den Zeitraum vom Ersten Weltkrieg bis Ende 1945 umfaßt, liegt der Schwerpunkt bei familiären Ereignissen in der Vorkriegszeit und während des Dritten Reichs. Das Zusammentreffen mit der Roten Armee wird auf 2 von 315 Seiten der Taschenbuch-Ausgabe geschildert. Die Episode berichtet andeutungsweise von einer Vergewaltigung, erweckt aber beim unbefangenen Leser den Eindruck, insgesamt sei im Osten nicht allzuviel passiert, vgl. Brückner, Jauche und Levkojen (Frankfurt, Berlin, Wien 1980), S. 294 f

Dem entsprechenden Kapitel ist ein Nestroy-Zitat vorangestellt: »Der Ernst hat eine feierliche Seite, eine schauerliche Seite, überhaupt sehr viele ernsthafte Seiten, aber ein elektrisches Fünkerl hat er doch immer, und da fahren bei gehöriger Reibung Funken der Heiterkeit heraus.« Im Text heißt es u.a.: »Als es dann doch dazu kommt, macht sie nicht viel Aufhebens davon ... Er schiebt mit der Hand ihr Kopftuch zurück und sagt: ›Komm kleine Frau!‹ Ein zusätzliches Eigenschaftswort nur, aber es macht die Sache ein wenig besser ... Eine Vergewaltigung war es nicht, was da stattfand. Maximiliane fühlte sich, wie sie es später einmal ausdrückte, seit Tagen schon ›so allgemein‹. Sie umarmte ja auch Bäume. Der Unterschied zu Viktors (ihres Mannes) Umarmungen war so groß nicht.« Morde und andere Verbrechen werden in dem Roman nicht erwähnt, auch nicht in den Gesprächen mit anderen Flüchtlingen. In diesem Zusammenhang ist an die Dokumentation des Bundesarchivs zu erinnern; die Auswertung von Tausenden von Augenzeugenberichten gibt ein anderes Bild von dem Geschehen im Osten: (Die Sexualverbrechen) »vollzogen sich oft in brutalster und schamlosester Weise ... Viele Frauen mußten in vielfacher Folge nacheinander Vergewaltigungen erdulden, selbst bis zur Todesfolge. Auch wurden Frauen nach den Vergewaltigungen getötet und ihre Leichen in sadistischer Weise geschändet. In erheblicher Zahl haben Frauen Selbstmord verübt, um den wiederholten Vergewaltigungen zu entgehen.«

18 Tessa Hofmann in pogrom, Zeitschrift für bedrohte Völker (Göttingen), Mainummer 1980, S. 4

19 Die Welt vom 19.5.1980; Sunday Telegraph vom 7.3.1982, S. 1

20 Albin Eissner: Die tschechische Bevölkerung im 2. Weltkrieg in »Außenpolitik« 1962, S. 328 ff

21 Informationsbrief für sudetendeutsche Heimatarchive und Heimatmuseen, Juni-Ausgabe 1979, S. 48

22 Die Welt vom 18.5.1982, S. 4

23 Die Welt vom 2./3. April 1981

[24] Die Welt vom 15.4.1983; Washington Post vom 3.3.1983

[25] Die Welt vom 24.4.1979

[26] Der Spiegel, Nr. 46/1961, S. 68

[27] Der offizielle Name des Friedhofs lautet: Silvermere Haven Pets' Cemetary; es sind dort auch einige Katzen beigesetzt. Der Platz liegt südwestlich der Hauptstadt unweit von Weybridge.

[28] Das größte Vertriebenendenkmal dürfte die württembergische 28 000-Seelen-Stadt Geislingen an der Steige mit ihrem 22,5 m hohen Ostlandkreuz besitzen; das Monument trägt keine Inschrift. Befragte Einwohner konnten dem Verfasser keine näheren Angaben über die Bedeutung des Kreuzes machen. Im übrigen findet man auf Friedhöfen – meist in kleineren Gemeinden – z. T. Kreuze oder Steine mit wenig informativen Inschriften wie »Den Toten der Heimatvertriebenen«. Lediglich in Österreich geben einige Gedenkstätten genauere Kunde, z. B. (in Poysdorf, Drasenhofen, Wetzelsdorf usw.) vom Todesmarsch der über 20 000 Brünner Deutschen von Mähren nach Niederösterreich im Jahr 1945.

[29] Zitat aus Rudolf von Jhering: Der Geist des Rechts/Eine Auswahl aus seinen Schriften (Bremen 1965), S. 203 f, 222

[30] Wilfried Ahrens, (Herausg.): Verbrechen an Deutschen, 3. Aufl. (Arget 1981), S. 81

[31] Hans Rothfels: Deutsche Opposition gegen Hitler (Frankfurt 1977), S. 140

[32] Peter Steinbach: Nationalsozialistische Gewaltverbrechen a.a.O., S. 66

[33] Herbert Hupka: Letzte Tage in Schlesien (München 1981), S. 298

[34] Die Welt vom 2.7.1975

[35] Die Welt vom 24.3.1976; Hans-Georg Roth im Magazin Criticon Nr. 71 (Mai/Juni 1982), S. 113 ff

[36] Die Welt vom 29.12.1979, S. III

[37] Caspar v. Schrenck-Notzing: Charakterwäsche, die amerikanische Besatzung in Deutschland und ihre Folgen (Stuttgart 1965), S. 135 f; neu erschienen 1981 bei Kristall/Langen-Müller (München)

[38] Eugen Ehrenberg/Friedrich Edding: Die Vertriebenen in Westdeutschland, hier Karl O. Kurth: Presse, Film und Rundfunk, Bd. III, S. 402 ff (Kiel 1959)

[39] Kurth, a.a.O., S. 403 f.
Wegen weiterer Einzelheiten vgl. Brigitte Bötzer: Das Vertriebenenproblem in der Münchner Tagespresse 1945–1953, Dissertation München 1957

[40] Karlheinz Deschner: Abermals krähte der Hahn/Eine kritische Kirchengeschichte (Stuttgart 1968), S. 470; Hans Dollinger: Schwarzbuch der

Weltgeschichte (München 1973), S. 78 ff

41 Elisabeth Noelle-Neumann: Die Schweigespirale/öffentliche Meinung – unsere soziale Haut (München, Zürich 1980), S. 52 ff

42 Klaus Kracht (Hrsg.): Japan nach 1945 (Wiesbaden 1979), S. 71; Süddeutsche Zeitung vom 11./12. September 1966, S. 8; Die Welt vom 10.2.1981 und 11.9.1982; Der Spiegel vom 4.10.1982

43 Der Spiegel vom 17. Mai 1982, S. 163

44 a) Die umstrittenen Eilande sind z. T. nur dreieinhalb km von der japanischen Nordinsel Hokkaido entfernt und dienen heute als vorgeschobener Militärstützpunkt für eine Division der Roten Armee mit Panzern, Artillerie, Hubschraubern, Raketen und Kampfflugzeugen, vgl. Fred de la Trobe in: Die Welt vom 4.2.1982, S. 5.

b) Karelien, einst die fruchtbarste und am dichtesten besiedelte Provinz Finnlands, ist heute ein verödeter Landstrich. Nachdem in vielen Dörfern nach der Vertreibung der Finnen niemand einziehen wollte, ließ man die Häuser einfach abreißen. In der karelischen Hauptstadt Wiborg (Viipori) ließ Stalin ausschließlich Invaliden und Krüppel aus der ganzen UdSSR ansiedeln. Trotz des späteren Zuzugs von Familien zählt die einstige 300 000-Einwohner-Stadt heute nur 70 000 Seelen. Vgl. dazu Klaus Bodem in: Die Welt vom 17.10.1981, S. III

c) In Ostpreußen entwickelten sich die Dinge unter sowjetischer Verwaltung ähnlich. Statt der Krüppel bestimmen hier KZ-Personal und Irrenärzte das Bild. Aufgrund der auffallenden Konzentration von Lagern und Nervenkliniken schreibt der jüdisch-sowjetische Dissident Avraham Shifrin in seinem »UdSSR-Reiseführer durch Gefängnisse und Konzentrationslager der Sowjetunion« (Seewis/Schweiz 1980) auf S. 190: »So also ›nutzt‹ und ›entwickelt‹ die Sowjetunion den besetzten Teil Deutschlands: 5 Lager, 1 Gefängnis und 2 psychiatrische Sonderhaftanstalten für Bürgerrechtler.«

45 Die Welt vom 10.2.1981, 10.9.1981 und 4.2.1982

46 Bericht von Henry Marx in: Die Welt vom 28.5.1982, S. 19

47 Hubert Armbruster u.a. (Hrsg.): Pressefreiheit (Berlin und Neuwied 1970), S. 101 f; Helmut Hammerschmidt (Herausg.): Zwanzig Jahre danach, eine deutsche Bilanz 1945–1965 (München, Wien, Basel 1965), S. 97 f

48 z. B. Emnid-Umfrage von 1977 zum Nationalstolz bei den verschiedenen Altersgruppen, vgl. Martin und Sylvia Greiffenhagen: Ein schwieriges Vaterland (München 1979), S. 426; ähnlich spätere Umfragen, vgl. Die Welt vom 27.3.1981, Augsburger Allgemeine vom 8.7.1983 und FAZ vom 6.8.1982, S. 10

[49] Germaine de Stael: Über Deutschland (Stuttgart 1963), S. 57
[50] Die Welt vom 10.4.1981, S. 1
[51] Ulrich Sonnemann: Das Land der unbegrenzten Zumutbarkeiten (Hamburg 1963), S. 71
[52] Der Spiegel vom 8.5.1967, S. 106
[53] Erschienen im Verlag des Amtsblattes der Evangelischen Kirche in Deutschland, Hannover 1965
[54] Otto von Corvin: Der Pfaffenspiegel (Schwerte/Ruhr, ohne Jahresangabe), S. 86 f
[55] G.B. Ginzel (Herausg.): Auschwitz als Herausforderung für Juden und Christen (Heidelberg 1980), Zitat S. 268; im übrigen vgl. S. 266 ff, 444 ff
[56] Ginzel, a.a.O., S. 280 f
[57] Karlheinz Deschner: Abermals krähte der Hahn (Stuttgart 1980), S. 460
[58] Deschner, a.a.O., S. 461
[59] Bayerische Landeszentrale für Heimatdienst (Herausg.): Bilder und Dokumente zur Zeitgeschichte 1933–1945 (München 1961), S. 110
[60] Rudolf Vogel: Ein Stempel hat gefehlt (München, Zürich 1977), S. 26
[61] Friedrich Wilhelm Rothenpieler: Der Gedanke der Kollektivschuld in juristischer Sicht (Berlin 1982), S. 186 ff, 195 ff. Vgl. im übrigen das 14. Kapitel.
[62] Rothenpieler, a.a.O., S. 213 ff; Schwinge, a.a.O., S. 76 ff
[63] »Aus Politik und Zeitgeschichte«, Beilage zur Wochenzeitung »Das Parlament« vom 26.11.1977; Materialien zu deutsch-polnischen Schulbuch-Empfehlungen (Herausg.: Kulturstiftung der deutschen Vertriebenen, Bonn 1980)
[64] »Materialien« wie vorher, S. 95
[65] wie vorher, S. 102
[66] wie vorher, S. 109
[67] wie vorher, S. 109
[68] wie vorher, S. 108
[69] wie vorher, S. 111
[70] wie vorher, S. 91, 94
[71] Die Welt vom 17.7.1978, S. 15
[72] Augsburger Allgemeine vom 23.5.1980, S. 15; ähnlich Die Welt vom 10.7.1978, 17.7.1978, 22.8.1979 und 5.3.1982
[73] Die Welt vom 22.8.1979
[74] Augsburger Allgemeine vom 23.5.1980, S. 15; Die Welt vom 5.3.1982, S. 4
[75] Greiffenhagen, a.a.O., S. 420
[76] Greiffenhagen, a.a.O., S. 420

[77] Schwinge, a.a.O., S. 1

[78] Georg Seeßlen/Claudius Weil: Western-Kino, Geschichte und Mythologie des Western-Films (Hamburg 1979), S. 146

[79] Seeßlen/Weil, a.a.O., S. 146 f

[80] Nizer-Zitate im 14. Kapitel, Abschnitt »Das angloamerikanische Deutschlandbild 1945«

[81] Schrenck-Notzing, a.a.O., S. 66, 277. Shirer war führendes Mitglied der »Gesellschaft zur Verhütung des III. Weltkriegs«, einem Sammelbecken des amerikanischen Antigermanismus. Die Society for the Prevention of World War III tat sich vor allem durch phantasievolle Deutschlandpläne hervor. Shirer selbst plädierte für nicht weniger als die Auslöschung des deutschen Staates. Einer seiner Artikel, der am 26.1.1943 im Look erschien, trug z. B. die sprechende Überschrift: They are all guilty, punish them (Vgl. dazu Schrenck-Notzing, a.a.O., S. 65 f, 170, 304 mit weiteren Literaturhinweisen).

[82] Bestseller auf diesem Gebiet war Thomas Gifford mit seinem Roman »The Wind Chill Factor«, vgl. Die Welt vom 14.10.1976.

[83] Augsburger Allgemeine vom 23.10.1976, S. 6

[84] Die Welt vom 23.2.1981

[85] Weitere Beispiele in Die Welt vom 27.11.1979; Der Spiegel Nr. 30/1964 (mit Abbildungen)

[86] Die Welt vom 27.11.1979

[87] »Mythos Japan«, Beilage zum Magazin »stern« Nr. 40 vom 24. September 1981

[88] Die Welt vom 15.9.1979

[89] Der Spiegel vom 22.7.1964, S. 44

[90] Leserbriefe in Die Welt vom 29.1.1979, 8.2.1974, 5.2.1974; ferner Augsburger Allgemeine vom 23.10.1976 mit Auszügen aus der angloamerikanischen Presse

[91] Augsburger Allgemeine vom 23.10.1976, S. 6

[92] Leserbrief, veröffentlicht in Die Welt am 29.1.1979. Ähnliche Erfahrungen wurden dem Verfasser von Deutschamerikanern berichtet.

[93] Peter R. Hofstätter: Einführung in die Sozialpsychologie (Stuttgart 1963), S. 385 ff; ähnliches kann man heute bei der Kriminalität der Gastarbeiter in Deutschland beobachten, vgl. »Plus«, Beilage zu Handelsblatt, Die Welt, Die Weltwoche, Nr. 28/1981, S. 14.

[94] Alfred M. de Zayas in seiner Analyse »Verformtes Deutschlandbild« im Rheinischen Merkur vom 2.2.1979, in seinem Leserbrief an Die Welt vom 29.1.1979 und in: »Kulturpolitische Korrespondenz« (zitiert nach Die Welt vom 10.7.1978); Augsburger Allgemeine vom 23.5.1980

[95] wie vorher
[96] David P Calleo: Legende und Wirklichkeit der deutschen Gefahr (Bonn 1980), S. 18 f
[97] Die Welt vom 3.10.1980 unter Auswertung einer Computerstudie des Washingtoner Brooking-Instituts. Aus dieser Studie berechnete der Friedensforscher Prof. Kende für die genannten Kriege und Konflikte eine Gesamtdauer von 369 Konfliktjahren.
[98] Augsburger Allgemeine vom 5.10.1979
[99] Zitiert nach Rudolf Mühlfenzl (Herausg.): Geflohen und vertrieben (Königstein/Ts. 1981), S. 20
[100] Dokumentation der Vertreibung der Deutschen aus Ost-Mitteleuropa, herausgegeben vom Bundesminsterium für Vertriebene (Bonn 1953–1963), Bd. I 1, S. 63 E
[101] Der Spiegel, Nr. 42/1979, S. 38 ff
[102] Der Spiegel Nr. 4/1979, S. 71 f
[103] Silbermann, a.a.O. (Zürich 1981), S. 18
[104] Anton Peisl, Armin Mohler (Herausg.): Die deutsche Neurose (Frankfurt, Berlin, Wien 1980), S. 240
[105] Der Spiegel, Nr. 3/1982, S. 69; ähnlich z. B. Leitartikel in Le Figaro vom 30.12.1982 über die »Schuldideologie«
[106] Augsburger Allgemeine vom 24.4.1982
[107] Süddeutsche Zeitung vom 29./30.12.1979
[108] Jürgen Habermas (Herausg.): Stichworte zur »Geistigen Situation der Zeit«, 1. Band (Frankfurt 1980), S. 47
[109] Habermas, a.a.O., S. 77
[110] Süddeutsche Zeitung vom 5.8.1967, S. 4
[111] 4. Medienkongreß der Hanns-Seidel-Stiftung in Augsburg, vgl. Augsburger Allgemeine vom 29.4.1982
[112] Die Welt vom 21.5.1982
[113] Eugen Lemberg: Nationalismus II (Reinbek bei Hamburg 1964), S. 80
[114] Hofstätter, a.a.O., S. 235 f
[115] Kurt Lewin: Revolving Social Conflicts (New York 1948), S. 198
[116] Lewin, a.a.O., S. 193
[117] Nahum Goldmann: Mein Leben als deutscher Jude (München, Wien 1980), S. 465, 467. Umfangreiches Zitatenmaterial zu diesem Komplex bei Jörg von Uthmann: Doppelgänger, du bleicher Geselle, zur Pathologie der deutsch-jüdischen Beziehungen (Stuttgart 1976)
[118] Edmund Silberner: Sozialisten zur Judenfrage (Berlin 1962), S. 292
[119] Anneliese Ude: Achmet – Geschichte einer Kindertherapie (München 1981)

120 Sie reichen vom Bettnässen bei Kindern, vgl. Ude, a.a.O., bis hin zur verstärkten Anfälligkeit für Geisteskrankheiten, vgl. Alphons Silbermann: Der ungeliebte Jude, zur Soziologie des Antisemitismus (Zürich 1981), S. 76

121 Ariane Barth/Tiziano Terzani: Holocaust in Kambodscha (Hamburg 1980), S. 36 f

122 Hofstätter, a.a.O., S. 389

123 Armbruster, a.a.O., S. 102

124 Kurth, a.a.O., S. 423 f; Forschungsergebnisse zur Linkstendenz von Hörfunk-Nachrichten in: Die Welt vom 29.11.1984

125 Armbruster, a.a.O., S. 101 ff

126 Armbruster, a.a.O., S. 102

127 Der Spiegel vom 22.1.1979, S. 71

128 Gerd-Klaus Kaltenbrunner (Herausg.): Was ist deutsch? (München 1980), S. 23

129 Peter Brandt, Herbert Ammon (Hrsg.): Die Linke und die nationale Frage (Reinbek bei Hamburg 1981), S. 24

130 Die Welt vom 24.5.1980, S. 1

131 Zitiert aus Wolfgang Venohr (Herausg.): Die deutsche Einheit kommt bestimmt (Bergisch Gladbach 1982), S. 155 f

132 Der Spiegel Nr. 3/1982, S. 70

133 Hubert Grosser (Herausg.): Das Volk ohne Staat (Bad Neustadt/Saale 1981), S. 23

134 Die Welt vom 30.1.1979, S. 1

135 Die Welt vom 24.5.1980, S. 1

136 Die Welt vom 2.9.1977

137 Hans Graf Huyn: Der Angriff (Wien, München 1978), S. 35 ff. Das Buch wurde 1984 mit dem Titel »Sieg ohne Krieg« neu aufgelegt. – Vgl. im übrigen RCDS-Magazin Nr. 4/1978. Zur Gründung »neonazistischer« Gruppen durch östliche Nachrichtendienste vgl. Bericht des Bundeskriminalamts vom Februar 1982 (Die Welt vom 19.2.1982)

138 Jaura/Fürböck/Pond/Grigoriants: Der gefesselte Riese/Die Bundesrepublik Deutschland aus der Sicht ausländischer Korrespondenten (Düsseldorf, Wien 1981)

139 Das neue Fischer-Lexikon in Farbe (Frankfurt 1979)

140 Yves Ternon: Tabu Armenien (Frankfurt, Berlin 1981), S. 12

DEUTSCHE SIEDLUNGSGEBIETE IN OST- UND SÜDOSTEUROPA

DIE VERTREIBUNG
Internationale Grenzen vor und nach dem Zweiten Weltkrieg
deutsche Sprachgrenze vor und nach der Vertreibung*
sonstige Grenzen
LETTLAND
LITAUEN
DÄNE - MARK
Kopenhagen
Ostsee
Memel
Memel
Gumbinnen
Königsberg
Danzig
Elbing
Ostpreußen
Allenstein
Kolberg
Pommern
West-Pr.
Hamburg
Stettin
Bromberg
Elbe
Weichsel
Oder
Berlin
Frankfurt
Posen
Warschau
Brandenburg
Warte
POLEN
Lodz
Neiße
Oder
Leipzig
Liegnitz
Breslau
Görlitz
Dresden
Schlesien
Oppeln
Reichenberg
Beuthen
Gleiwitz
Weichsel
Karlsbad
Glatz
Sudet
Krakau
Eger
Prag
Sudetenland
TSCHECHO - SLOWAKEI
Nürnberg
Brünn
Budweis
Kaschau
Donau
Preßburg
Wien
München
UNGARN
ÖSTERREICH
Budapest
Donau
*in Gebieten mit teilweise zweisprachiger Bevölkerung wie z.B. Oberschlesien ist die Sprachgrenze nach Volksentscheiden und Wahlen eingetragen
150 km

Register

Bitte beachten Sie
die folgenden Seiten:

Gerald Fleming

Hitler und die Endlösung

Mit einem Vorwort von Saul Friedländer

Ullstein Buch 33083

Zeitgeschichte

Der renommierte Historiker Gerald Fleming hat durch jahrelange Forschungsarbeit in internationalen Archiven und durch eine umfangreiche Korrespondenz mit Betroffenen Beweise für die eindeutige Hauptschuld Hitlers an der »Endlösung der Judenfrage« zusammengetragen. So entstand ein wichtiger Beitrag zur dokumentarischen Aufarbeitung dieses größten systematischen Massenmordes in der modernen Geschichte.